등대의 세계사

등대의 세계사

등대는 바다를 건너서, 시간을 건너서 온다

라메르La Mer 총서 004

초판 1쇄 발행 2018년 6월 5일
초판 2쇄 발행 2019년 11월 10일

지은이   주강현
펴낸이   이영선
책임편집   강영선

편집   강영선 김선정 김문정 김종훈 이민재 김연수 이현정
디자인   김회량 정경아
독자본부   김일신 김진규 정혜영 박정래 손미경 김동욱

펴낸곳 서해문집 | 출판등록 1989년 3월 16일(제406-2005-000047호)
주소 경기도 파주시 광인사길 217(파주출판도시)
전화 (031)955-7470 | 팩스 (031)955-7469
홈페이지 www.booksea.co.kr | 이메일 shmj21@hanmail.net

ⓒ 주강현, 2018
ISBN 978-89-7483-936-9 03900

이 도서의 국립중앙도서관 출판예정도서목록(CIP)은 서지정보유통지원시스템
홈페이지(http://seoji.nl.go.kr)와 국가자료공동목록시스템(http://www.nl.go.kr/
kolisnet)에서 이용하실 수 있습니다.(CIP제어번호: CIP2018015298)

등대의 세계사

등대는
바다를 건너서
　시간을 건너서
온다

주강현 지음

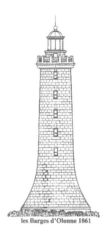
les Barges d'Olonne 1861

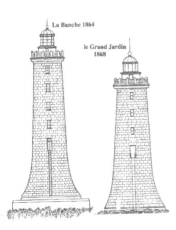
Chauveau 1842　Le Four 1847
La Banche 1864
le Grand Jardin
1868

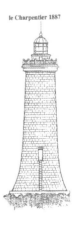
le Charpentier 1887

서해문집

'해양 문명의 아이콘'
등대에 바치는 헌사

이 책은 '등대를 통해서 본 인류 문명사'다. 바다를 헤쳐온 인류 문명사는 곧바로 '액체의 문명사'이며, 그 문명사적 원형질이 등대이기 때문이다. 등대에 바치는 '해양 문명의 아이콘'이라는 헌사는 온당한 일이다. 등대는 항해의 역사가 시작된 이래로 인류 문명의 숙명과도 같은 존재다. 수구(水球)라는 조건에서 밤하늘의 별과 같은 인류의 발명품이 진화, 발전해왔다.

알렉산드리아의 파로스 등대로부터 로마의 오스티아 등대에 이르기까지 고대 등대는 지중해 문명을 밝혔다. 로마제국은 에스파냐 갈리시아와 영국 도버에까지 등대 유산을 남겼다. 중세의 해양 유산은 의외로 드물어, 아일랜드의 훅, 에스파냐의 헤라클레스, 에스토니아의 코푸 등대 등에 그 지문을 선명하게 남겼다. 페니키아와 그리스, 로마로 이어지는 지중해 해양력의 궤적은 훗날 제노바, 베네치아 등의 도시국가로 이어졌고, 그에 따라 곳곳에 등대가 들어섰다. 그리고 무엇보다 에스파냐와 포르투갈 등 이베리아 세력이 추동한 대항해시대에 등대가 필수적이었음은 두말할 나위가 없다.

북해와 발트해는 '바이킹의 바다'이자 중세 '한자동맹의 바다'였다. 영국에서 슬라브권에 이르는 해역을 항해하는 무역선의 안전을 위해 오늘날의 독일, 폴란드, 덴마크, 네덜란드, 노르웨이, 스웨덴 등에 등대가 들어섰다. 그러나 등대의 선두 주자는 단연 잉글랜드였다. 에디스톤 등대에 적용된 시멘트 공법을 매개로 근대 등대의 출발을 알렸다. 잉글랜드와 분명한 변별력을 갖는 아일랜드와 스코틀랜드의 해양력도 중요하다. 프레넬 렌즈의 발명과 확산으로 항해 역사의 신기원을 만들어낸 프랑스도 특별히 중요한 위치를 차지한다.

이 책은 등대를 바라보는 오리엔탈리즘 시각의 극복을 시종일관 강조한다. 지금까지 세계 해양 문명사의 서술은 오로지 서구 중심이었다. 그러나 이베리아의 대항해는 안달루시아의 이슬람 유산에 빚지고 있다. 인도양은 아라비아와 페르시아 상인의 무대였으며, 이슬람의 모스크가 바로 등대였다. 중국의 산정에 세워진 불탑은 등탑으로 기능했으며, 일본의 항·포구나 사찰의 석등도 전통 등대였다. 제주도의 도대불 같은 전통 등대의 시도 역시 해양 문화적 자기 정체성과 관련이 있다. 이제 서양식 등대 관념을 벗어나 아시아적 전통 등대와 항로표지 기술을 재발견, 재평가할 때가 되었다.

거친 파도와 바람, 전쟁으로 수많은 등대가 사라졌으나, 바다를 향한 인간의 의지는 단절 없는 등대 건설로 표현돼왔다. 등대는 인류 문명의 시초로부터 오늘에 이르기까지 바다를 건너오고 있는 장기 지속적인 그 무엇이다. 등대의 목적과 형태는 적어도 지난 2000년 넘게 변함없다. 그리고 변하지 않은 것이 또 하나 있으니, 그것은 등대가 주는 감동이다. 등대의 낭만성은 문학적 감흥으로서만이 아니라 일종의 '멘탈리티(mentality)의 역사'로도 해석할 수 있다.

'2018 세계등대총회(IALA)'가 인천에서 열렸다. IALA는 비영리를 추구하는 국제적 기술 연합체다. 현대의 첨단 항로기술로 인해 등대는 앞으로도 미래 세대를 위한 해양 아이콘이 될 것이다. 이 책의 출간이 거기에 걸맞은 기념비적 일이 되기를 희망한다.

차례

들어가는 글 • 4

1   신화시대의 빛; 파로스의 탄생   8

    알렉산드리아의 가장 빛나는 아이콘

2   고대의 빛; 로마의 유산   36

    정신적 원형, 신화적 메타포를 구현하다

3   중세의 빛; 지중해 패권의 중심   62

    이탈리아의 황금시대를 상징하는

4   북해와 발트해의 빛; 북방으로 가는 길   86

    바이킹의 바다로, 한자동맹의 바다로

5   대항해 시대의 빛 1 ; 에스파냐의 길   130

    원초적 해양력은 이슬람에서

6 대항해 시대의 빛 2; 포르투갈의 길 166

전략가 엔히크 왕자의 싱크탱크

7 켈트의 빛; 아일랜드의 DNA 208

켈트의 전통과 식민의 유산이 깊게 밴

8 제국 영국의 빛; 근대 등대의 탄생 240

시멘트 문명, 등대 건축에서 숙성되다

9 이민자의 빛; 아메리카로 가는 길 286

식민자 혹은 디아스포라의 불빛

10 근대 프랑스의 빛; 렌즈의 탄생 312

프레넬, 등대의 역사를 바꾸다

11 동아시아의 빛; 해양 실크로드의 길 338

등대, 오리엔탈리즘을 넘어서

주•368

신화시대의 빛;
파로스의
탄생

1

알렉산드리아의
가장 빛나는
아이콘

이븐바투타가 마지막으로 본
파로스 등대

1304년 모로코 탕헤르에서 태어난 영민한 이슬람 사족 이븐바투타.
그는 21세 되던 1325년 홀로 성지순례와 이슬람 동방 세계 탐험을
결심하고 대장정에 나선다. 30년간 아시아, 유럽, 아프리카 세 대륙
을 여행했으며, 고대 이집트의 수도 알렉산드리아도 방문하여 기록
을 남겼다.

도시의 부호는 중후하고 그 덕행은 가상합니다. 건물은 웅장하면서도
정교합니다. 이 도시야말로 그 숭고함과 장엄함, 황홀경의 아름다움에
서 단연 독보적이며, 동·서의 중간 지점에 자리하기에 모든 진품의 집산
지입니다.

이븐바투타는 알렉산드리아에 큰 항구가 있는데, 인도의 퀼론항,
캘리컷항(현 코지코드), 터키의 제노세항 그리고 중국의 취안저우(泉
州)항을 제외하고는 이 세상에서 이렇게 큰 항구를 본 적이 없다고
했다. 그는 항구 쪽의 파로스 등대(일명 알렉산드리아 등대)도 찾아갔는

데, 그때는 이미 등대 한쪽 벽이 지진으로 무너진 상태였다.

이븐바투타가 찾아갔을 때 등대는 하늘 높이 솟은 사각형 건물로, 문이 지상에 나 있었다. 문 앞에는 문 높이만 한 건물 한 채가 서 있었는데, 그 사이에 나무판을 가로질러놓아 문으로 통하게 했다. 나무판만 치우면 들어갈 수도 나올 수도 없는 그야말로 속수무책이었다. 문 안에는 등대지기가 앉을 자리가 하나 있고, 등대 내부에는 방이 꽤 많았다. 등대 내 통로의 너비는 약 2미터, 벽 두께는 약 2.2미터, 등대 네 변의 너비는 각각 약 3.2미터에 달했다. 등대는 삼면이 바다로 둘러싸인 길쭉한 육지에 세워져 있고, 바다는 성벽에 잇닿아 있었다.

파로스는 섬 끝에 솟구쳐 있습니다. 건축물은 8.5제곱미터 규모이며, 바다는 동쪽과 남쪽 측면을 제외하고 파로스를 둘러싸고 있습니다. 기단 벽은 6.5미터로 단애로 내려갑니다. 그러나 바다에 면하여 세웠기에 산등성이처럼 가파르게 기울어져 있으며 매우 크게 느껴집니다. 기단은 파로스의 벽을 따라 차츰 좁아지면서 올라갑니다. 파로스의 문에 도달하는 길은 매우 높아서 무려 183미터에 달합니다.[1]

1349년 이븐바투타는 모로코 마그레브로 돌아가는 길에 이 등대에 다시 들렀다. 등대는 이미 지진으로 폐허가 되어 들어갈 수도, 문까지 오를 수도 없었다. 나시르 왕이 맞은편에 같은 모양의 등대를 세우려고 공사를 시작했으나, 그의 죽음으로 완공하지 못한 상태였다. 파로스 등대에 관한 기록은 이븐바투타 이전에도 이미 있었다.

이븐바투타가 찾아오기 훨씬 전부터 파로스 등대는 다양한 순례객의 지적 호기심의 대상이었다. 그 가운데 에스파냐 북부에서 태어나 1160년 무렵 지중해를 거쳐 아시아까지 여행한 랍비 투델라의 베냐민(Benjamin of Tudela)이 있었다. 그는 지중해에서 출발해 멀리 중국에 이르는 아시아를 관찰하고 그 견문을 히브리어로 기록하여 유대인에게 소개했다. 베냐민은 여행 중 이집트에 당도하여 알렉산드리아 항구를 둘러보고 큰 감명을 받았고, 그곳에는 160킬로미터 밖에서도 보이는 등대가 있다고 기록했다. 그 도시에는 베네치아, 토스카나, 아말피, 시칠리아를 포함한 모든 '기독교 왕국', 그리스, 독일, 프랑스, 잉글랜드, 에스파냐, 프로방스, 알안달루스와 마그레브 같은 세계 곳곳에서 온 무슬림 상인이 죄다 모여 있었다. 기독교 국가는 그곳에서 인도 상인이 가져온 각종 향료를 구입했다. 각 나라는 그들만의 주거지도 보유하고 있었다. 베냐민은 이런 곳을 보고 알렉산드리아의 국제성 그리고 160킬로미터 떨어진 곳에서도 보일 정도로 뛰어난 성능을 자랑하는 파로스 등대를 언급한 것이다.

베냐민의 방문으로부터 25년 뒤,《메카 순례기》를 펴낸 에스파냐의 이슬람교도 이븐 주바이르가 1183년 알렉산드리아에 당도했다. 당시 알렉산드리아 도서관은 이미 사라지고 전설로만 남았으나, 하늘로 솟구친 돌기둥 등 방대한 고대 문명의 잔해가 도시를 채우고 있었다. 그는 당시까지 우뚝 서 있었던 등대에 경악을 금치 못했다. 등대 맨 위층에는 모스크가 있었다. 이븐 주바이르는 그곳에 올라가 기도를 드렸다. 파로스 등대가 아랍인 통치 이후 모스크 기능을 겸했음을 알 수 있다. 당시 알렉산드리아에는 모스크 1만 2000개가 있었고, 이슬람 세계를 대표하는 도시다웠다.[2] 베냐민이나 이븐 주바이르와 달리 이븐바투타는 이들이 훑고 지나간 훨씬 뒤에 등대가 무너진 상태를 목격한 셈이다.

지진으로 속절없이 무너져
상상도만 남아

이들 쟁쟁한 여행가의 방문으로부터 900여 년 뒤인 2016년 가을, 나는 이 전설의 등대를 찾아 해변을 걷고 있었다. 알렉산드리아 항구의 동쪽 돌출부에는 세계 최초의 알렉산드리아 도서관이 복원되어 웅장한 자태를 뽐냈고, 거기서 서쪽으로 걸어서 한 시간 거리에 알렉산드리아 등대가 있던 곳이 있다. 지금은 아라비아의 맘루크 술탄이 1480년 세운 카이트바이 성채(Fort of Qaitbay)가 있는 곳, 바로 등대가 있었던 자리다. 이븐바투타가 방문하고 불과 1세기 만에 등대 자리에 성채가 들어선 것이다.

파로스 등대가 알렉산드리아 파로스섬에 세워진 기원전 280~기원전 247년으로부터 2263년 만에 이를 찾아온 셈이다. 북아프리카 지중해의 거친 파도가 성곽 아래 바위로 들이친다. 남유럽 지중해와 달리 북아프리카 지중해의 파도는 남다르다. 강하게 부딪치는 파도 소리에서 북부 아프리카에 들이치던 거대한 역사의 격랑이 느껴진다. 지진으로 클레오파트라 궁전 등 많은 건축물이 바닷속으로 사라졌다. 등대 역시 지진으로 속절없이 무너졌다. 파로스 등대의 잔해는 성채를 짓는 데 재활용됐다. 왠지 그날의 파로스 등대가 지금도 그 자리에서 불을 밝히고 있을 것만 같다. 성채로 올라가 지중해 북쪽을 바라본다. 그리스와 로마에서 배가 들어오던 방향이다.

파로스 등대를 21세기의 우리가 이 정도로나마 유추할 수 있는 것은 이븐바투타의 기록뿐 아니라 많은 이들이 남긴 그림 덕분이다. 한결같이 높은 기단 위에 3단의 거대한 탑이 세워져 있고 장작을 지펴서 불을 밝히던 등대. 수중고고학을 포함한 고고학적 물질 증거와 문헌 기록, 그림 등이 그나마 완벽하게 남아 있는 사례다.

1300년대까지 그 흔적이 선명하게 남아 있었기 때문에 그만큼 증언 기록도 많다.

인간이 언제부터 불을 밝히는 등대를 만들었는지는 불분명하다. 등대는 항해의 역사만큼이나 오래된 것으로 미루어 짐작할 뿐이다. 인간은 자신이 원하는 육지에 닿기 위해 쓸 수 있는 모든 방법을 동원했을 것이다. 낮에는 산이나 건물 등의 지형지물을 이용하는 가늠 방식을 주로 썼을 것이며, 그것도 부족하면 연기를 피우기도 했을 것이다. 문제는 밤이었다. 인간이 집단으로 살아가는 촌락이나 도시에는 불빛이 있기 마련이므로 그 불빛이 우선 인도자 역할을 했을 것이다.

정확하게 포구와 항구로 진입하는 문제는 또 다른 문제였을 것이다. 안전하게 진입하기 위해서는 충분한 조건을 갖추어야 한다. 그런 점에서 등대는 인류가 낳은 가장 위대한 발명품의 하나다. 고고학에서 말하는 중간단계이론이 없기 때문에 그 유추의 한계는 분명히 지적돼야 하겠지만, 제법 규모를 갖춘 도시가 생기면서 더불어 등대가 시작됐으리라는 것은 자연스러운 이치다. 그런 점에서 제법 풍부한 자료가 남아 있는 파로스 등대는 등대와 문명, 도시와 문명의 관계를 설명하는 최적의 증거물이 아닐 수 없다. 오늘날 알렉산드리아의 수중고고학은 등대 문명사의 여명을 세밀하게 밝혀주고 있는 셈이다.

중세에 그려졌을 것으로 보이는 이 그림을 분석해보자. 상상도이기 때문에 실측도가 주는 정확한 정보는 아니지만 적어도 다음의 몇 가지는 알 수 있다. 첫째, 등대는 고지(高地)에 세워져 있었다. 지진이 나면서 등대의 기반이 바닷속으로 가라앉았음을 암시한다. 둘째, 등대가 있던 곳은 인공 다리로 연결된 연륙섬이었다. 등대섬과 육지를 연결했다는 문헌 기록이 사실이다. 셋째, 등대 바로 아래 성

파로스 등대 상상도

채가 보이고 건물도 여럿 보인다. 카이트바이 성채가 세워지기 전에도 이곳에는 다른 성채가 있었고, 등대섬을 중심으로 국제적 항구가 형성됐을 것이다. 넷째, 당연하지만 당시의 등대 조명은 장작불을 지펴서 빛을 내는 원초적 방식이었다. 등대에 오르기 위한 통로를 바벨탑처럼 건물 바깥에 나선형으로 설치했는데, 이 점은 후대의 상상도와는 조금 다르다. 다섯째, 육지에 건물이 많이 보인다. 도시 알렉산드리아의 규모가 상당했다는 뜻이다.

1994년 알렉산드리아 인근의 작은 어촌 아부키르 해안에서 6킬로미터 떨어진 수중에서 프랑스 고고학자 장이브 앙페뢰(Jean-Yves Empereur)가 이끄는 고고학 발굴대가 등대 유적을 발견했다. 무너진 잔해 수백여 점을 끌어올렸으며, 이로써 천년의 비밀이 서서히 풀렸다. 발굴대는 파로스 등대 꼭대기에 설치했던 높이 4.5미터, 무게 12톤의 화강암으로 만들어진 이시스 여신상을 인양했다. 이집트 여신의 역사에서 가장 중요한 존재이기도 한 이시스는 오시리스의 아내이자 여동생이다. 이시스는 본래 이집트 신화와는 관계가 없는 독립적인 신으로, 나일강 북쪽에서 숭배되던 토착신으로 알려진다. 오시리스 역시 시리아에서 이집트로 이주해온 이들이 믿었던 신이다. 나일강 북쪽 지중해 해변 지역에서 이시스 여신이 강력한 힘을 발휘하고 있었던 것이 아닐까.

국립 알렉산드리아 박물관의 그레코로만 컬렉션은 이들 유적이 기원전 332년 마케도니아의 왕 알렉산드로스가 시행한 메가 프로젝트의 결과임을 말해준다. 박물관에서는 마침 그레코로만 특별전을 하고 있었는데, 거기에 파로스 수중 발굴 유물도 있었다. 1921년 영국인 하워드 카터가 룩소르 왕가의 계곡에서 발견한 투탕카멘의 황금 마스크 발굴에 필적하는 것이다. 발굴대는 바닷속에서 저택과 정원, 항만 그리고 거대 조각상을 그대로 간직한 고대 도시 헤라클레이온과 메노우티프를 찾아냄으로써 신화 속의 파로스 등대를 현현시켰다. 프톨레마이오스 12세(클레오파트라의 아버지)의 얼굴에 사자 몸통을 한 스핑크스도 클레오파트라의 궁전과 전용 부두가 있던 안티로도스섬에서 인양됐다. 당시 침몰된 선박도 함께 인양됐다. 지진은 한 번이 아니라 여러 번 이 일대를 강타했던 것 같다. 2000년 전 고대 알렉산드리아 항구와 파로스섬, 안티로도스섬 등이 지진과 조류로 인해 바다 밑으로 고스란히 가라앉았다. 수중에 일부 남아 있는 전차가 달렸던 도로는 지금도 자동차가 다닐 수 있을 정도로 말끔하다.

프랑스 발굴대의 견해에 따르면, 파로스 등대가 전적으로 그리스 양식은 아니며 이집트 건축 양식도 섞여 있다. 프톨레마이오스는 이집트에 많은 신전을 건설했으며, 파로스 등대는 대리석뿐 아니라 아스완에서 화강석을 운반하여 시공할 만큼 심혈을 기울여 지었다. 그리스인의 석조 기술뿐 아니라 이집트인의 기술이 다수 포함됐다는 증거다. 이집트 문화유산 당국은 유럽연합의 지원을 받아 파로스 등대에 사용된 석재의 출처를 조사하는 등 등대 재건을 위해 자료 수집에 나서고 있다.

고대 계획도시 알렉산드리아의 출현

인류 문명은 어느 것이나 그 기원이 있으며, 문명사적 상징을 갖고 있다. 기원과 상징은 장기 지속적이며 인류 문명의 내재적 울림으로 전해져온다. 등대의 기원과 상징은 두말할 것 없이 초기 인류가 지폈을 불빛 그 자체에서 비롯됐을 것이다. 그러나 우리가 이른바 '문명'이라는 명칭을 붙일 때, 그것은 건축적으로 압도적이며 상

파로스 등대가 있던 흔적
아랍의 중세 성채로 변한 파로스 등대 자리

징적인 무엇인가를 요구하기 마련이다. 그러한 조건에 부합하는 것으로 등대 문명사에서 알렉산드리아의 파로스 등대를 능가하는 것은 없을 것이다. 파로스는 신화 그 자체가 됐고, 등대를 뜻하는 '파로스'에 그 이름을 남겼다. '라이트하우스(lighthouse)'는 후대의 영어식 표현일 뿐, 지금도 이베리아반도나 프랑스, 이탈리아 등지에서는 여전히 '파로스'가 쓰인다. '파로스(Pharos)', '파루스(Pharus)', '파레(Phare)', '파롤(Farol)', '파로(Faro)' 등은 동일한 라틴어 기원의 각기 다른 표현이다.

고대의 비밀은 언제나 '고대' 자체가 지닌 신비성 덕에 증폭되기 마련이다. 그러나 파로스 등대는 단순히 고대라는 시대적 요건 때문에 신비감을 불러일으키는 것만은 아니다. 120~140미터로 추정되는 높이의, 이른바 세계 7대 불가사의에 속하는 등대가 된 것도 파로스의 깊고 장중한 비밀 덕분이다. 기원전에 오늘날 40층 빌딩 높이의 거대 건축물을 세웠다는 사실 자체만으로도 불가사의다.

알렉산드로스 대왕이 자신의 이름을 붙인 신도시를 계획하고 건축가 디노크라테스에게 명령한 시점은 기원전 331년이었다. 동방 원정 중에 사망해 대왕은 이 도시의 완성을 보지 못했지만, 계승자가 프톨레마이오스 왕조를 창건하고 이곳을 수도로 삼는다. 알렉산드로스 대왕이 세운 여러 개의 알렉산드리아는 사라졌고, 유일하게 이집트에만 그 흔적이 남았다.

시대를 막론하고 인류의 위대한 창조물은 도시였다. 도시는 심원하고 지속적인 방법을 동원해 자연 환경을 새롭게 바꿀 줄 아는 인류의 능력을 입증하는 증거물이다. 인류가 상상력을 발휘해 만들어 낸 최고의 세공품이기도 하다.[3] 그런 점에서 등대는 항구도시가 만들어낸 가장 뛰어난 세공품이었다. 단순하게 생겼지만 그 기능이 인간의 생명을 구하는 빛이었기에 인류 역사와 더불어 시작된 해양 문명사의 가장 위대한 발명품, 해양문명사의 원형질로 여김이 옳을 것이다. 알렉산드리아라는 고대 계획도시의 출현과 파로스라는 랜드마크의 출현은 새로운 문명사적 개안을 의미했다.

알렉산드리아는 잉여 곡물이나 이집트 전역의 모든 재화가 최종적으로 모여드는 곳이었다. 파피루스, 기름, 면직물 생산 외에 수출용 서적 생산이나 예술품 산지로도 유명했다. 유리 제품, 향수, 보석 장신구는 헬레니즘 양식의 뛰어난 조각품이나 모자이크와 함께 인기가 많았다.[4] 이 도시에서는 그리스와 이집트의 전통이 독특하게 결합된 양식의 예술이 꽃피었다.[5]

이집트의 파라오 프톨레마이오스 2세는 경제를 지탱하기 위해 지방 생산품에만 의존한 것이 아니었다. 알렉산드리아는 이미 조선업의 중심지였으며, 파라오는 운하를 통해 나일강을 거쳐 알렉산드리아로 연결되는 지중해와 홍해의 방위는 물론이고 교역을 위해 선단까지 보유하고 있었다. 운하를 통해 아라비아의 이국적 향수나 인도의 향료가 들어왔으며, 지중해를 통해 목재, 올리브유, 포도주가 수입됐다. 나일강 상류로부터는 아프리카 내륙에서 금, 상아, 노예, 흑단은 물론이고 야생생물까지 유입됐다. 또한 서부 사막을 따라 펼쳐진 카라반 길을 통해 전설적인 말리 광산에서 생산된 암염을 비롯한 사하라 사막의 물품이 들어왔다.

알렉산드리아는 표범가죽과 푼트(홍해 남쪽 해안)의 향수, 아프가니스탄의 청금석, 인도의 계피가 교환되고, 향기로운 레바논삼나무(백향목)가 지붕까지 쌓여 있는, 그리고 유향과 몰약이 담긴 막대한 금액의 흑단 상자가 보관된 세계의 물물 집산지였다.

호메로스는 《오디세이》에서 일찍이 파로스를 언급했다. "파도가 부서지는 바다에 섬이 있는데, 이집트 바깥에 있는 파로스다. 정박하기 좋은 항구를 갖고 있어 물을 채운 다음 바다로 나아갔다"라는

대목이 그것이다.[6]

프톨레마이오스 시대에 이집트에 거주하던 한 그리스 상인이 알렉산드리아에서 출발하여 인도까지 항해한 기록인《에리트레아해 안내기》에는 무지리스(인도 코친)가 등장한다.[7] 무지리스에 지금도 유대인촌이 있는 것으로 보아 당시 알렉산드리아의 유대인 상인과 관련이 있을 것이다. 후추를 비롯한 향신료와 금속공예품 등이 거래됐고, 많은 그리스 선원이 무역을 했다고《에리트레아해 안내기》는 전한다. 페르시아 해양 세계와 인도양 그리고 지중해 세계가 직접적으로 연결되고 있었음을 잘 말해준다.

알렉산드리아는 바다와 마레오티스 호수 사이의 땅을 기반으로 발전했다. 그리스의 도시는 그리스인이 토착민 세계와 접촉하는 장소이자, 그리스인과 '야만인' 사이의 문화가 서로 동화돼가는 장소였는데, 특히 알렉산드리아는 새로운 도시 문화를 가장 잘 보여주는 곳이었다. 건축가 데이노크라테스는 격자형으로 구획하여 동서를 가로지르는 대로(大路), 궁전, 도서관이 딸린 박물관, 알렉산드로스 묘가 있는 소마 등의 거대 건축물을 축조했다. 건축물은 그리스인의 지식과 동방 국가의 역량이 융합돼 눈부신 수준에 달했다.[8]

로마의 정치가 안토니우스는 방파제를 통해 파로스섬이 알렉산드리아 항구의 중앙까지 연결되도록 만들었으며, 방파제 끝에 왕궁을 건설해 티모니움이라고 명명했다. 한마디로 도시는 공공건물과 종교에 관련된 건물로 가득 찼다. 가장 아름다운 건물은 회랑의 총 길이가 1스타드(100미터)를 넘는 학당이었다. 중앙으로 법정과 작은 숲이 위치했다. 또 솔방울 모양의 인공 언덕인 파네이온(판 신전이 있는 전망대)이 우뚝 서 있는데, 마치 돌로 된 언덕처럼 보였다. 나선형 길을 따라 언덕 정상에 오르면, 사방으로 가로지르는 대로가 네크로폴리스에서 시작되어 학당을 따라 이어지다가 카노피크항에 이

르는 것이 보였다. 그리고 경기장과 다른 건축물이 카노피크 운하까지 차례로 늘어서 있었다.[9]

프톨레마이오스는 이집트를 다스리는 파라오였지만, 그리스의 왕을 뜻하는 바실레우스이기도 했다. 바실레우스는 때로 과대망상증으로 보일 정도로 값비싼 조형물을 통해 자신의 권력과 성공을 과시했다. 프톨레마이오스의 후원 아래 이집트의 지적인 삶이 꽃피었다. 상형문자나 민간 부문의 글쓰기도 왕성했다. 번역 수요는 고대 이집트의 가장 중요한 유물인 로제타석을 탄생시켰다. 로제타석에는 상형문자, 이집트 문자, 그리스 문자가 나란히 새겨져 있어 상형문자를 해독하는 데 결정적인 열쇠를 제공했다. 로제타석이 알렉산드리아에서 동쪽으로 불과 얼마 떨어지지 않은 지중해 해안의 나일강 하구에서 발견된 것도 우연한 일이 아니다.[10]

카이사르와의 내전 당시 알렉산드리아로 도망친 폼페이우스를 무찌르기 위해 카이사르가 로마 군단을 상륙시킨 해변도 바로 파로스섬이다. 그만큼 이곳은 지중해와 북부 아프리카 항로에서 중요한 거점이었다. 카이사르의 전쟁 기록인《내전기》에 이 작은 섬의 이름이 남겨져 있다.

이집트의 지중해 연안은 수심이 얕고 숨은 암초가 곳곳에 있다. 알렉산드로스 대왕이 32세에 열병으로 사망하자 프톨레마이오스 2세는 기원전 305년 스스로 이집트 왕위에 올라 곧바로 등대 건설을 의뢰했다.

기원전 280년 크니도스 출신의 소스트라투스가 파로스섬에 등대를 세우면서 고대의 랜드마크가 탄생했다. 알렉산드리아는 이후 지중해 해상교역에서 중요한 위상을 차지하게 된다. 마레오티스 호수의 하항(河港)이 수로를 통해 나일강과 홍해로 이어짐으로써 지중해 지역과 근동 국가 간의 교역이 가능해졌다. 파로스섬은 알렉산

드리아와 근동 연안에서 이루어지는 교역의 교차로로 상업 활동의
핵심이 됐다.

2대에 걸쳐 완성한 등대 프로젝트

유럽인의 세계 등대사 첫 장을 차지하는 파로스 등대를 만든 프톨
레마이오스 왕조(기원전 305년경~기원전 30년경)는 사실 유럽이 아닌,
아프리카와 그리스에 걸쳐 있던 탈유럽적 동방 계열 왕조였다. 프
톨레마이오스 왕조를 연 프톨레마이오스 1세는 알렉산드로스 대왕
의 계승자 가운데 하나였고, 마케도니아의 귀족 출신이니 민족적으
로는 그리스인이다. 알렉산드로스는 지중해 패권의 거점을 삼기 위
해 나일강 하구를 상세히 조사하여 최적지로 알렉산드리아를 선택
하고 도시 건설에 착수했다.

대왕이 죽고 난 뒤 이집트의 비옥한 대지를 장악한 프톨레마이
오스는 기원전 305년 이 새로운 수도에서 초대 파라오로 즉위했다.
이집트의 대지에서 개화했다는 점에서는 이집트 왕조가 분명하지
만, 엄밀히 따지면 외래 왕조다. 그런 의미에서 제30왕조가 붕괴한
기원전 343년을 기점으로 고대 이집트 세계는 일단 막을 내렸다고
보는 게 타당하다.[11]

그렇다면 인류 등대사의 원형이랄 수 있는 파로스 등대는 어떻
게 탄생했을까? 기원전 285년 프톨레마이오스 1세는 왕조의 원활
한 전환을 담보하기 위해 아들 프톨레마이오스 2세를 공동 통치자
로 임명하고, 국가의 일상적 일을 담당케 한다. 그리고 그 자신은 알
렉산드로스 대왕의 정복과 생애에 대한 글을 쓰기 시작했다.[12]

프톨레마이오스 1세는 당시 세계에서 가장 강력한 권력자 중 하

나였으나, 호화롭고 부유한 것에 만족하기보다 박물관과 도서관을 세우고 예술과 학문을 후원하며 책을 편찬하는 일에 관심을 기울였다. 그는 박물관이나 도서관을 건립할 수 있는 자신의 권력을 음미하면서 지금까지 살아오는 동안 경험했던 주요 사건을 기록해 자신의 마지막 작품을 만들었다. 그가 쓴 책은 수세기 동안 남아 있었으며, 이 책의 멸실은 유사 이래 문헌학상 큰 손실 중의 하나로 평가된다. 프톨레마이오스가 신이자 파라오로서 치세의 마지막 여러 해 동안 나라를 다스리기보다는 문학에 전념했다는 것 자체가 이 시대의 특징을 명확하게 말해준다.

아들을 공동 왕으로 삼은 지 3년 뒤 프톨레마이오스 1세는 84세를 일기로 죽었는데, 새 왕조는 치명적인 첫 도전에 직면한다. 아버지의 영도에 따라 프톨레마이오스 2세는 즉각적이고도 결정적인 행동을 실천에 옮겼다. 그는 기원전 282년 1월 7일 이집트의 고대 수도인 멤피스에서 실질적인 도전자 없이 파라오로 즉위했는데, 즉위 즉시 이복형제 두 명을 살해했다. 이 일은 그와 남매지간이자 후에 왕비가 되는 아르노시에의 묵인하에 행해졌을 것이다. 이런 무자비한 방식으로 그는 왕위 계승에 따른 왕족 간 분란의 싹을 애초에 잘라버렸다.

프톨레마이오스 1세는 국부를 즐기고, 그 국부를 군사적으로 공고히 하는 데 쓰거나 그리스의 지식을 되살리는 데 이용했다. 그러나 정작 이집트의 거대한 통치 구조가 어떻게 유지됐는지는 온통 의문투성이다. 이집트가 경제적으로 어떻게 운용됐는지에 대해서는 잘 알려져 있지 않지만, 어쨌든 경제는 원활하게 돌아갔다. 이집트의 경제는 주로 사원이 담당했는데, 사원은 실질적으로 곡물을 모으고 거래하면서 프톨레마이오스의 부를 형성했다. 그들이 프톨레마이오스 2세를 고대 세계에서 가장 위대하고 능력 있는 군주로

파로스 등대가 각인된 고대의 동전

만들었다. 곧 알렉산드리아와 프톨레마이오스 왕조가 가진 위대한 부의 원천이었다.

　등대 프로젝트 역시 프톨레마이오스 1세 때 시작됐으나 2세에 이르러 결실을 맺었다. 박물관과 도서관 건립이 아버지와의 성스러운 약속에 따른 것이었다면, 아들에게 가장 실질적이었던 것은 등대였다. 프톨레마이오스 2세도 아버지의 박물관이나 도서관보다 이 등대가 후세에 고대 7대 불가사의의 하나가 되고 알렉산드리아의 가장 빛나는 아이콘이 됐음을 기뻐했을 것이다.

파로스 등대의 시작과 마지막

밝은 색의 커다란 블록으로 건설된 파로스 등대는 세 부분, 즉 낮은 사각의 기단 부분, 중간의 팔각형 부분 그리고 상단의 원형 부분으로 나뉜다. 꼭대기에는 낮에 햇빛을 반사하는 거울이 설치돼 있었으며, 밤에는 불을 밝혔다. 이시스 여신뿐 아니라 포세이돈 흉상도 세워졌다. 꼭대기 전망대에서는 수십 킬로미터나 떨어진 지중해를 바라볼 수 있었고, 또 먼 그리스 본토까지도 볼 수 있었다.

등대 건설에 기여한 사람은 크니도스의 소스트라투스다. 소스트라투스는 유명한 건축가이자 건설업자였다. 그는 고향 카리아에 '떠 있는 정원'을 짓고 델포이에 사람들이 만날 수 있는 장소를 건설해 인정을 받았다. 프톨레마이오스 2세는 그에게 그동안 풀지 못했던 등대 건축 문제를 해결해달라고 했다. 박물관과 도서관 건설을 위해 모여든 수학자와 제작소의 도움으로 소스트라투스는 프톨레마이오스 왕조가 기대했던 것 이상의 등대 설계를 제안할 수 있었다.

등대는 화강암과 석회석 블록으로 만들고 대리석으로 마감했다. 높이는 적어도 약 120미터에 달하고, 전체적으로 세 부분으로 나뉜다. 가장 아래쪽인 기단부에는 빛을 관리하고 연료를 때울 노동자 숙소가 있었다. 가운뎃부분은 팔각형 형태로, 조각상이 장식됐고 바다와 도심 쪽을 향해 있어서 기가 막힌 전망을 자랑했다. 마지막 부분은 원형으로, 이곳에 빛을 반사하는 둥근 모양의 거울이 설치됐다. 반사경은 포물선 모양(아마 처음으로 과학적 디자인을 한 것으로 추정됨)이었을 것으로 추정되는데, 광을 낸 황동으로 만들었다.

그리고 가장 꼭대기에 삼지창을 든 바다의 신 포세이돈 청동상을 세우고 그 아래쪽에 이시스 여신상을 세웠다. 지금 우리는 당시 세워졌던 포세이돈의 형상이 어땠는지 아주 구체적으로 알 수 있다. 오늘날 아프가니스탄에 살던 그리스인이 알렉산드리아를 방문했다가 돌아올 때 가져온 유리잔에 이 등대 위의 포세이돈이 부조되어 있기 때문이다. 이 귀한 유리잔은 아프가니스탄의 카불 박물관에 소장되어 있었는데, 탈레반과의 전쟁 통에 사라지고 사진만 남았다.[13]

등대는 밤낮으로 작동했을 것이다. 낮에는 단순히 햇빛을 바다 쪽으로 반사시키기만 하면 됐으나, 밤에는 더 많은 것이 필요했다. 원형 축이 전체 건축물의 중앙에서 돌고 있고, 나선형 계단을 오르면 상층부까지 접근할 수 있었다. 등대 중간까지는 윈치를 이용해 큰 화톳불을 지필 수지가 많이 함유된 연소용 목재를 운반했다. 두말할 것도 없이 이 일은 노예가 했을 것이다. 등대의 규모나 빛의 세기에 대해 여러 가지 과장된 주장이 있지만, 빛은 대략 50킬로미터 떨어진 바다에서도 볼 수 있었을 것이다. 《에리트레아해 안내기》의 작가는 기원전 1세기 후반 이 등대를 보았는데, 이런 기록을 남겼다.

로도스는 옆으로 긴 섬으로 본토와 매우 가깝다. 섬의 동쪽 끝은 바위이며 항상 바닷물에 씻기고 있다. 그 위에 흰 대리석으로 만들어진 여러 층의 탑 모양 등대가 있다. 이 탑은 섬과 같은 이름을 가지고 있다. 등대는 선원의 안전을 위해 왕의 친구인 크니도스의 소스트라투스가 제안한 것으로, 명문에 따르면 연안에 항구가 없고 바다가 얕고 산호초가 있으며, 외해에서 들어올 때 크고 분명한 표지가 있으면 항구 입구로 바로 들어올 수 있었다.[14]

등대가 완성되기까지는 12년이 걸렸다. 소스트라투스는 등대를 프톨레마이오스 2세와 왕비에게 헌정했는데, 본인의 이름도 잊히지 않기를 원했다. 그래서 돌에 자신의 명문을 새기고, 그 위에 회반죽을 바른 후 프톨레마이오스 2세의 명문을 새겼다.

소스트라투스, 크니도스 사람 덱시파네스의 아들은 바다를 항해하는 모든 선원을 대신하여 구세주 신들께 이 등대를 바친다.

등대는 몇 번의 쓰나미와 지진에도, 그리고 아랍인이 642년 알렉산드리아를 접수하고 나서도 작동했다. 하지만 50년 뒤 지진이 일어나 반사경이 부서졌다. 1165년경 무어인 여행객 유수프 이븐 알-샤이크는 건물이 아직 활용되고 있으며, 건물이 세 단계로 되어 있음을 확인했다. 기단 부분에 파도에 대응하기 위해 모르타르가 아닌 녹인 납으로 이어붙인 붉은 화강암 블록이 대량으로 보강됐다. 건물 안쪽의 입구 부분에는 정부 기관과 군대 막사, 300마리 이상의 말을 기르는 마구간이 들어서 있었다. 위쪽의 팔각형 부분에는 관광객에게 과일이나 구운 고기를 파는 가게가 있었고, 관광객은 발코니에 장식된 조각상에 감탄하며 탑을 올라갔다. 높은 발코니에 서면 장대하게 펼쳐지는 바다와 도시의 파노라마를 즐길 수 있었다.

그런데 알-샤이크가 방문했을 당시 꼭대기 부분은 이미 용도가 바뀌어 있었다. 원형의 탑에 더 이상 등대를 밝히기 위한 쇠로 만든 초롱은 없었고, 거기엔 작은 이슬람 사원이 자리 잡고 있었다. 그 위로는 아마도 바다의 신 포세이돈이 삼지창에 의지해 발밑의 내방객을 굽어보고 있었을 것이다.

7세기 이후 이집트를 정복한 아랍인은 자신들의 발전한 과학기술을 등대에 적용했다. 램프 뒤쪽에 반사경을 설치해 불빛이 43킬로미터 떨어진 바다에서도 보였으며, 청명한 날에는 콘스탄티노플까지도 불빛이 비쳤다. 햇빛을 반사시키면 160킬로미터 정도 떨어진 배에서도 볼 수 있었다. 796년 3층이 파괴되자 술탄 이븐 툴룬은 이곳에 모스크를 세웠다. 956년 지진이 일어나 높이가 22미터 정도 줄었으며, 1100년 또다시 강력한 지진이 일어나 많은 손실을 입었다. 이때 파로스 등대의 유명한 반사경이 파괴됐다. 1261년 다시 지진이 강타했다. 1272년 파괴된 등대는 술탄 살라딘의 명령으로 재건되어 겨우 명맥을 유지했다. 그리고 14세기 여행자 이븐바투타가 중국으로 가던 중 알렉산드리아에 도착했을 때 파로스 등대는 그 마지막 운명을 재촉하고 있었다. 이븐바투타가 찾아갔던 14세기 초반은 등대가 무너진 지 얼마 안 된 때였을 것이다. 1447년 술탄 카이트바이는 파로스섬 북동쪽에 요새를 세웠는데, 이것이 현재의 카이트바이 성채다.

그 후 아랍식 등대가 들어서서 항로를 안내했다. 인도의 동인도 회사로 일하러 가던 중 남편과 함께 이집트에 잠시 들렀던 한 여성은 이런 기록을 남겼다.

1779년 7월 23일 우리는 알렉산드리아 바깥에 당도했다. 도시는 가까이 갈수록 멋진 모습을 드러냈다. 새 항구에는 멋진 등대가 있었다. 그러나 그 등대는 좋아 보이지 않았고, 어떤 기독교인의 배도 그 항구 안으로 들어가 닻을 내리지 않았다.[15]

파로스 등대가 사라진 아주 먼 후대에 아랍식 등대가 들어섰고, 앞의 인용문은 바로 그 아랍 등대를 설명한 것이리라. 비범한 기념물의 슬픈 결말이지만, 40층 높이의 건물이 지진대 위에서 1500년 이상 지탱해왔다는 것만으로도 경이적인 일이다.

처음으로 돌아가, 프톨레마이오스 2세와 소스트라투스가 작은 불모의 땅에 그들의 장엄한 꿈이 올라가는 것을 보았을 때 그들은 진정으로 알렉산드리아가 '세상의 빛'이라는 것을 느꼈으리라. 파로스의 견고성은 힘의 상징이기도 하다. 파로스 등대는 단순히 항해자를 보호하는 역할만 한 것이 아니라, 도시의 부와 힘의 상징이었다. 등대의 불빛은 알렉산드리아 자체를 '세계의 빛'으로 여기게끔 만들었다. 파로스 등대는 알렉산드리아의 상징이자, '고대의 빛'을 상징하는 매개물로 기능했다.

높은 탑과 빛나는 불빛, 2000년 넘게
변함없이

세계 등대사에 익히 알려진 알렉산드리아의 파로스 등대가 갖고 있는, '인류 최초의 등대'로서의 권위는 사실상 인류의 해양문명사 연대를 너무 낮게 잡은 결과다. 끈을 이용해 나무에 돌을 매달아 항구의 위험 지역에 띄우는 부이(buoy, 부표)는 고대에도 있었을 것이고, 이런 초보적이고 원초적인 부이는 지금도 아프리카 등지의 어촌에서 쓰인다. 해안의 바위나 모래언덕에 기둥이나 푯대를 세워서 항로 표지로 이용하는 방식도 오늘날까지 이어진다.

파로스 등대 같은 본격적인 등대가 출현하기 전, 지중해를 항해하는 이들은 시칠리아의 에트나와 스트롬볼리, 폼페이의 베수비오 화산 등지에서 분출되는 연기와 섬광을 등대로 삼았다. 화산이 있는 에올리에제도의 작은 섬 스트롬볼리는 오늘날에도 '등대섬'으로 불린다.

프톨레마이오스 시대보다 훨씬 오래된 기원전 660년경의 등대 흔적이 트로이 문명권에서 발견됐다. 이 등대는 오늘날 유럽과 아시아 대륙이 만나는 다르다넬스 해협에 접한 차나칼레의 로마 이름으로 '툼'이라 부르던 곳에 있었다. 툼은 해양도시국가 트로이의 북서쪽 아킬레우스의 무덤이 있던 곳으로 추측된다. 그리스 시인 레스케스는 기원전 660년 툼에 트로이로 안내하는 '툼 기둥'이라 불리는 등대가 있었다고 기록했다.[16]

시인의 기록은 1721년 로마에서 비석 조각이 발견되면서 세상에 알려졌다. 레스케스는 원추형 꼭대기가 있는 기둥을 묘사했는데, '파레(phare)'라는 표현을 써서 등대를 나타냈다. 아킬레우스 무덤은 영원히 꺼지지 않는 불타는 화염으로 장엄했을 것이다. 영웅의 무덤과 그 가까이 위치해 화염을 내뿜는 등대가 신화적 상상력을 자극한다. 그러나 신화는 역시 신화성이 강한 만큼 사실적, 물질적 증거는 거의 남아 있지 않다.

무한한 상상력과 현실감을 부여하는 인류 문명사 초기의 또 다른 등대가 그리스 로도스섬에서 확인된다. 로도스는 이미 기원전 16세기에 미노스 문명이 시작된 섬이다. 로도스도시국가연합은 그들의 단일성을 자축하기 위해 기념물을 세우기로 했다. 항구 입구에 높이 15미터의 대리석 기단을 만들어 아폴론 신을 조각한 청동 거상을 세운 것이다. 기원전 284년의 일이다.

괴상망측할 정도로 거대한 조형물이었기에 고대 세계 7대 불가사의 반열에 올라 있다. 기록에 따르면 이 청동 거상은 기단을 포함해 50미터 높이에 달한다. 양쪽 다리를 벌리고 한손에 불을 들고 버티고 서 있는데, 그 아래로 배가 지나갈 정도의 규모였다고 한다. 혹자는 아폴론의 눈에서 불빛이 나왔다고 하는데, 확인된 사실은 아니다. 중세 이래 고대적 신화 이야기가 증폭되면서 상상력을 극대화한 방향으로 그려졌을 것이다. 이 청동 거상은 분명히 오늘날 우리가 생각하는 등대 그 자체는 아닐 것이다. 다만 항구의 입구에 세워져 상징적 기능을 했기에 등대의 고대적 기원으로 여길 수는 있겠다.

기원전 224년 로도스섬의 청동 거상은 지진으로 무너져 역사 속으로 사라졌다. 그러나 무너진 청동 거상의 밑뿌리는 700년 아랍인이 로도스를 침범하여 조각조각을 유대인에게 팔아넘기기까지 그 나름대로 오래 존속했다. 청동 조각은 알렉산드리아로 팔려갔다고 한다. 역대 많은 화가가 로도스섬의 청동 거상 상상도를 그려냈으며, 오늘날에는 이 조각을 복원하여 관광자원으로 활용하려는 시도도 있다.

로도스 청동 거상 상상도

로도스섬의 청동 거상이 무너져 내리던 기원전 200년대에 시칠리아에서는 등대 과학 기술사의 맹아가 될 만한 발명이 있었다. 섬 문명사를 위한 학술 취재차 시칠리아 남동부의 시라쿠스를 찾은 것은 2017년 1월 말이다. 시라쿠스는 시칠리아의 맹주다. 그리스인이 만든 이 도시는 독특한 섬 지형에 위치한다. 오르티지아섬은 불과 30여 미터의 다리로 연륙되어 차가 드나든다. 그러나 고대 사회에서 30여 미터의 해협은 전략적으로 중요한 방어책이 됐다. 오르티지아섬은 비좁다. 그 비좁은 섬 전체를 그리스인은 전략적인 거점 폴리스로 만들어냈다.

기원전 5세기경 이 섬에 그리스 본토를 능가하는 도시가 건설되어 지중해의 패권을 장악했고, 기원전 212년까지 에트루리아와 로마에 저항했다. 기원전 5세기 후반에 이르러 절정기를 맞이해 수십만 명의 주민을 거느린 도시국가가 형성됐는데, 아마도 고대 최대의 도시였을 것이다. 시라쿠스의 풍요로움은 아테네 역사에 필적하며, 마치 비잔틴제국과 오스만제국의 모든 기록을 시칠리아의 한 도시 속에 압축해놓은 듯하다. 시라쿠스는 제2차 포에니전쟁이 일어난 기원전 212년 로마에 함락되기까지 500년 이상 독립을 유지한 국가였다.

시라쿠스 오르티지아섬 입구에 아르키메데스 동상이 서 있다. 이 동상은 그가 고향이자 조국을 지키기 위해 싸웠던 마지막 현장을 증명한다. 기원전 212년 시라쿠스를 공격하는 로마 함대에 불을 지르기 위해 사용했다는 거대한 거울이나 거울 세트 이야기가 구전되는 곳이다. 아르키메데스는 거대 거울로 침략해오는 로마군을 불살랐다고 전해진다. 포물선 모양의 거울은 평행 광선을 한 점으로 모이게 해 힘을 배가했다. 3미터 초점 거리를 가진 30센티미터 직경의 포물선 거울은 햇빛을 열 배로 집중시킬 수 있었다. 훗날 알게 되는 불빛의 뒷면을 가려서 빛을 멀리 반사하는 반사경 원리는 아르키메데스의 즉자적인 반사 원리와 광학사적 친연성을 지닌다. 따라서 그의 행적을 등대 문명사의 한 페이지에 올려놓을 수 있을 것이다.

로도스섬의 청동 거상이나 알렉산드리아의 파로스 등대나 모두 등대의 고대적 실체와 진실을 말해준다. 문명의 여명기에 불을 밝혀 항로의 안전을 도모하고 항구의 번성을 기원했던 인류의 소망은 2000년의 세월에 걸쳐 계속 이어지는 중이다.

《등대백과사전》을 펴낸 레이 존스는 재미있는 표현을 썼다. "등대는 바다를 건너서 오기도 하지만 시간을 건너서 온다"라고. 등대는 시간을 가로질러 인류 문명의 시초로부터 오늘에 이르기까지 오고 있는 중이다. 등대의 가장 중요한 목적은 불빛으로 항해자를 보호하는 것이며, 가장 기본적인 형태는 수직의 높은 구조물과 그 꼭대기에서 빛나는 불빛이다. 이러한 등대의 목적과 형태는 적어도 지난 2000년 넘게 변한 것이 없다.

좀 더 분명한 역사 유산 실체로서 존재하는 등대는 역시 로마제국 시대에 이르러야 본격화되기 시작한다.

고대의 빛;
로마의
유산

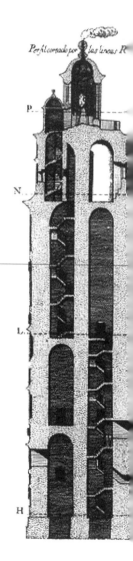

Perfil cortado por las lineas R

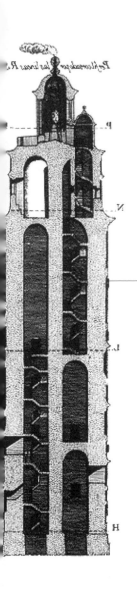

2

정신적 원형,
신화적 메타포를
구현하다

헤라클레스 등대 초입. 신화 속 브레오간 흉상이 서 있다

1900년 된 헤라클레스 등대는
아직도 '현역'

포르투갈의 포르투에서 출발한 기차가 에스파냐의 접경지대에 자리한 항구 도시 비고의 기차역에 당도했다. 비고는 에스파냐가 대서양으로 열려 있는 곳에 자리한 가장 큰 항구도시다. 거기서 라코루냐행 기차로 갈아탔다. 유럽연합 국가끼리는 국경이 철폐됐다고 하지만, 그래도 국경은 국경이다.

기차는 산티아고데콤포스텔라에 잠시 머물렀다. 산티아고 대성당으로 유명한 이곳은 10세기에 사도 야곱(에스파냐어로는 산티아고)의 유해가 발견된 후 세계 3대 성지의 하나가 됐다. 순례자가 끊임없이 몰려든다. 기차는 다시 달려서 에스파냐 북서쪽 끝인 라코루냐에 당도한다. 산티아고에서 라코루냐까지는 불과 한 시간이 채 안 걸리는 거리다. 산티아고 순례의 상징은 가리비(조개). 순례자는 라코루냐 바닷가에서 가리비를 주우면서 산티아고 순례를 시작했다.

라코루냐 역에서 택시를 타면 도심을 거쳐 약 20분 만에 헤라클레스 등대(라코루냐 등대) 입구에 도착한다. 반도처럼 튀어나온 곳 위에 55미터 높이로 서 있는, 바로 오늘날 남아 있는 세계에서 가장 오래된 로마 시대 등대다(비록 1791년 재건설되기는 했으나). 공식 명칭은 '헤라클레스 타워(Torre de Hercules)'다. 이곳 사람들은 등대보다는 탑이라고 말한다.[1]

헤라클레스 등대는 1900년 넘게 에스파냐의 북대서양 해안을 굽어보고 있다. 오늘날에도 남아 있는 정도가 아니라 '현역'으로 활동하는 로마 시대의 등대가 있다는 것 그 자체만으로 놀라운 일이다. 인류 해양문명사의 DNA 같은 것이 오늘날의 등대에도 각인되어 있음을 증명하는 원초적 상징이다. 유네스코는 헤라클레스 등대를 그 품격에 걸맞게 세계문화유산으로 등재했다.

라코루냐는 20세기까지 '파룸 브리간티움(Farum Brigantium)'으로 불렸다. 브리간티움은 율리우스 카이사르가 쳐들어올 당시 갈리시아의 옛 이름이며, 파룸은 알렉산드리아의 파로스에서 유래한 말이다. 지중해 문명과 대서양 문명이 맞닿는 접점인 지브롤터 해협을 빠져나와 갈리시아에 이르는 여정은 고대 세계에서는 엄청난 모험이었고 대항해로 인한 또 다른 세계였다. 따라서 등대를 '헤라클레스 타워'라 명명한 것은 적절했다고 보인다.

카이사르의 대서양 진출을 상징하다

에스파냐 갈리시아는 이베리아반도 최북서단에 위치하는데, 남쪽은 포르투갈, 동쪽은 카스티야레온과 아스투리아스, 서쪽과 북쪽은 대서양과 접한다. 에스파냐를 점령한 로마는 갈리시아가 '지구의 끝'이라고 생각했음이 분명하다. 갈리시아는 이베리아반도를 돌아가는 해류가 용틀임하는 바다를 끼고 있다. 그래서 배가 자주 난파하는 이곳 연안을 '죽음의 해안'으로도 불렀다.

　로마는 오늘날의 프랑스에 해당하는 갈리아 지방을 집중 공략했다. 갈리아 지방은 상대적으로 풍요로웠다. 농지가 비옥하고 숲이 울창해서 마을도, 인구도 많았고 모직, 가죽, 야금술 등의 산업이 번창했다. 로마는 켈트족과 게르만족의 남하를 막기 위해서라도 갈리아 정복을 추진하고자 했다. 기원전 58년에 시작해 54년에 끝낸 카이사르의 갈리아 정복은 손쉬운 성공의 연속이었고 치밀한 계산의 승리였다.[2] 로마는 갈리아와 더불어 그 남쪽인 오늘날의 에스파냐로도 눈길을 돌렸다. 이베리아반도 남쪽에는 제2차 포에니전쟁 이후 이미 로마인이 거주하고 있었다. 기원전 62년 카이사르는 이베리아반도 북쪽 오늘날의 라코루냐인 브리간티움을 공격했다. 이베리아반도 정복 전쟁은 기원전 19년 아그리파가 에스파냐 북부의 칸타브리아를 복속시키고 나서야 종결된다.

　카이사르는 브리간티움과 철 무역을 원했으며, 현재의 프랑스, 영국, 포르투갈 지역과 상업 교역을 하고자 했다. 갈리시아는 번성했고, 헤라클레스 등대가 건설된 1~2세기에 주로 성장했다. 식민지는 전략적 위치를 선점하여 건설됐고, 해상무역의 주요 거점이 됐다. 등대는 영국과 아일랜드로 가는 길목을 지키는 역할을 했다. 지중해 시대의 로마제국에서 대서양을 전략적으로 판단하는 사고의 전환이 영국 공략을 통해 발현됐으며, 그런 의미에서 헤라클레스 등대는 대서양 방향으로의 진출을 상징하는 건축물이 됐다.

　로마공화정 시기 이베리아반도의 역사는 로마의 지배권이 지중해 연안 지역에서 북서쪽으로 서서히 확산돼가는 과정이었다. 이는 카이사르의 갈리아 정복과 같은 어떤 모범적 원칙을 가지고 진행된 것이 아니었다. 스물두 개의 콜로니아(Colonia, 고대 로마의 식민 도시)가 에스파냐에 들어섰고, 주로 변방제국주의의 형태를 띠었다.[3] 로마시민으로 이루어진 이들 도시는 로마법의 지배를 받았고, 로마는 웅대한 건물을 지어 원주민을 위압하려고 했다.

팍스 로마나(Pax Romana)가 위력을 발휘하면서 혜택을 입은 로마의 속주 시민은 지리적 거리가 완충 역할을 했기 때문에 그런 대로 평온한 삶을 영위했다. 로마제국은 교류로 이루어지는 세계였다. 모든 소리가 구석구석까지 증폭되어 퍼져 나가는 거대한 잔향실(殘響室)이나 마찬가지였던 로마는 후세의 유산이 됐다.[4] 로마가 이베리아반도에 미친 영향은 아무리 강조해도 지나치지 않는다. "우리가 에스파냐에서 만나게 되는 기억할 만한 것은 모두 로마인이 만들어놓은 것이다"라고 말한 15세기의 살라망카 대학 교수 마리네우스의 이야기에는 과장이 섞여 있기는 하지만 터무니없는 것은 아니다. 로마는 교통, 제조업, 농업이 발전할 수 있는 틀을 제공함으로써 물리적으로도 이베리아반도에 깊은 흔적을 남겼다.

로마가 에스파냐에 남긴 가장 항구적 유산은 물리적인 것보다 정신적인 것이었다. 라틴어와 로마법은 일체감을 지닌 '하나의 히스패닉'이라는 개념을 만들었다. 이런 점에서 에스파냐 자체가 로마의 발명품이며, 에스파냐의 역사는 로마시대에서 비롯했다고 말할 수 있다. 로마의 유산은 이베리아반도에서 로마의 지배가 끝나고 난 후에도 오랫동안 이어졌다.[5] 후대에 증축된 헤라클레스 등대에 로마식 신고전주의 양식이 강하게 남아 있는 것은 당연한 결과다.

켈트와 그리스로마 신화를 간직한 등대

헤라클레스 등대에는 수많은 신화가 두루 간직돼 있는데, 주로 켈

'죽음의 해안'에 위치한 헤라클레스 등대

트와 그리스로마의 요소를 담고 있다. 모든 대지의 왕인 거인 게리온은 폭군이었다. 이때 영웅 헤라클레스가 등장하여 3일 밤낮의 끝없는 전투를 벌여 게리온을 무찌른다. 헤라클레스는 켈트족의 관례에 따라 게리온의 머리를 그의 무기와 함께 땅에 묻었는데, 그곳에 등대가 들어선 것이다. 등대 꼭대기의 뼈 형상은 헤라클레스가 묻은 게리온의 머리를 상징한다고 한다.

12세기 아일랜드의 수도승이 쓴 책에는 브리간티움(갈리시아)을 세운 브레오간(Breogan) 신화가 나온다. 켈트족의 왕 브레오간이 갈리시아를 지배하고 있었는데, 그가 오늘날의 라코루냐인 브리간티움을 창건했고, 이곳에 '브레오간 타워'도 세웠다. 왕의 아들 이트(Ith)는 탑 정상에 올라갔다가 미지의 땅(아일랜드 해안)을 보게 되며, 부왕의 허락을 받아 아일랜드 정복을 결심한다. 그러나 정복 과정에서 그는 죽음을 맞는다. 왕은 아들이 돌아올 때 표식을 삼으라고 탑의 불을 밝혔는데, 거기서 등대가 기원했다고 한다. 이트는 죽었고 몸만 되돌아왔다. 그의 형제 밀(Mil)은 대규모 군사를 이끌고 아일랜드를 침략해 지배권을 획득한다.

브레오간이라는 존재는 아일랜드 역사에서 자주 보인다. 실제 역사적으로는 영국(마찬가지로 프랑스의 브르타뉴 지방)에서 대규모 이민자가 갈리시아로 왔는데, 이는 영국 남부에서 해류를 따라 남하한 것이었다. 이처럼 갈리시아와 오늘의 영국, 아일랜드와의 민족적, 종족적 혼합이 이루어졌다는 증거는 무수히 많다.

헤라클레스 등대 초입에 세워진 커다란 방패를 들고 서 있는 흉상이 바로 브레오간이다. 신화에 등장하는 브리간티움이 라코루냐이며, 아일랜드의 켈트족이 에스파냐에서 왔다는 생각은 '이베리아(Iberia)-히베르니아(Hibernia),' '갈리시아(Galicia)-가엘(Gael)'의 언어적 조응에서도 확인할 수 있다. 옥스퍼드 대학 연구팀은 DNA 분석 등을 통해 브리티시제도(영국제도)의 사람들 대부분이 에스파냐 북부 해안에서 온 신석기시대 사람이라는 점을 밝혀냈다.

신화는 새로운 신화소(神話素)와 혼합돼 또 다른 신화를 창조하기도 했다. 트레세소니오(Trezezonio)는 무슬림의 이베리아반도 점령 이후 갈리시아를 여행했는데, 사람이 거주하지 않는 땅과 등대를 발견한다. 등대 정상에 오른 그는 자신이 가야 할 섬(아일랜드)을 발견한다. 아일랜드에서 7년간 환상적인 여행을 하던 어느 날, 천사는 그만 갈리시아로 돌아가자고 재촉한다. 하지만 트레세소니오는 이를 거부한다. 그러자 눈이 머는 천형이 내려지며, 몸 구석구석 성한 곳이 없을 지경이 되고 말았다. 그 후 신의 용서를 받게 되어 트레세소니오는 갈리시아로 돌아오는데, 막상 갈리시아에 도착하자 등대는 절반쯤 무너져 있고 도시는 텅 비어 있었다.

파생된 이 신화 역시 브레오간 신화와 마찬가지로 등대와 연결되며, 갈리시아와 아일랜드를 사이에 둔 인종의 교섭과 이동 등을 반영한다. 신화의 배경은 무슬림이 이베리아반도를 점령했던 시절이다. 에스파냐 북서쪽에서 발견된 고고학적 증거는 없으므로 이슬람 정복자가 실제로 이 도시까지 왔는지는 알 수 없다. 그러나 무슬림의 통치가 미치던 시절에 갈리시아가 로마의 폐허가 된 도시였다는 사실은 분명하다.

헤라클레스 등대에 이렇듯 다양한 신화가 매개된 것은 등대가 문명사적 출발 단계부터 종교적 기능을 내포하고 있었기 때문이기도 하다. 신화에서 빛은 신성(神性)의 현현(顯現)이며, 우주 창조, 원초적 생명, 진리 따위를 뜻한다. 빛을 발함은 신성에서 탄생한 새로운 생명을 상징한다. 빛과 어둠은 태모(太母)의 이원성으로 생명과 사랑, 죽음과 매장, 창조와 파괴를 나타낸다.[6] 이처럼 빛은 인류 문명의 원형질 같은 것이다. 그러므로 등대에 다양한 신화가 매개되고, 헤라클레스 등대뿐 아니라 아일랜드의 가장 오래된 천년 등대인 훅 등대를 수도승이 처음 만들었다는 것도 우연이 아니다.

등대는 중간에 성채 역할도 했다. 영국의 침입이 여러 번 있었고, 영국 해적의 노략질도 자주 있었던 터라 이런 사정이 담긴 신화도 생겨났다. 로마 시대에도 오늘날 영국과 아일랜드로부터 노략질이 끊임없이 있었을 것이다. 영국의 낭만주의 계관시인 사우디(Southey)는 헤라클레스가 등대를 세우면서 마술을 써서 끊임없이 불타오르는 램프를 매달아 밤낮없이 불을 밝혔다고 노래했다. 이상한 것은 램프에 아무것도 넣지 않았는데 무려 300년을 불탔다고 한다. 게다가 탑 정상부에는 구리 조각상이 있었다. 적 함대가 다가오는 것을 알려주는 신기한 거울을 손에 들고 있는 모양의 조각상이다. 적은 등대를 점령하고 램프와 거울을 부수어버렸다.[7] 사우디가 단지 상상만으로 이런 글을 쓰지는 않았을 것이다. 등대가 전란을 겪어 중간에 폐허가 됐다가 나중에 복원하게 된 건축 역사를 반영한 것일 터. 램프가 등장한다는 것은 헤라클레스 등대의 가장 중요한 기능이 등대 역할이었음을 말해준다. 1549년 에스파냐의 한 시인은 '등대에 어떤 마녀가 살고 있어서 계단을 오르는 침입자를 막아주어 해안 방어에 문제가 없도록 했다'는 내용의 시를 쓰기도 했다. 이는 램프의 전설과 더불어 헤라클레스 등대가 등대로서만이 아니라 일정한 방어 기능도 담당했음을 시사한다.[8]

1세기 건축가 이름이 남아 있는
유일한 등대

해변공원이 시작되는 유로 호텔 근처에 헤라클레스 등대의 증축을 기념하는 기념상이 바닥에 조형되어 있다. 1세기 로마 시대에 만들어질 당시 높이는 현재보다 낮고(41.5미터), 너비는 외려 길었다(14미터). 브리간티움에 세워진 등대에 관한 초기 언급은 415~417년에 쓰인 역사가 오로시우스(Orosius)의 기록에 이미 등장한다. 브리간티움에 매우 높은 등대가 세워져 브리타니아 쪽을 바라보고 있다고 했다. 2000여 년에 달하는 긴 세월 동안 몇 번의 개축이 있었다. 결정적 개축은 1788년 카를로스 3세 통치하에 사베드라의 도움을 받아 해군 엔지니어 지안니니가 작업했다.

그들은 로마 등대의 잔존물을 가지고 현재의 건축물을 만들어냈다. 로마 등대이기는 하지만 18세기에 대대적으로 수리됐음을 알 수 있다. 여러 번 수리를 거쳤지만 로마 시대의 구조와 형태는 대체로 이어졌다. 34미터(3층 높이)의 신고전주의 양식이었던 이 등대 건축물은 1788년 새롭게 21미터(4층 높이)가 추가돼 55미터가 됐다. 지안니니의 헌신적이고 뛰어난 건축술, 게다가 카를로스 3세의 전폭적 지지 속에서 로마 시대의 등대가 18세기 후반 다시금 현현했다. 그 현현은 고대적 재연이자, 에스파냐에 장기 지속적으로 유전되어온 로마의 건축 양식과 18세기에 발화된 신고전주의 건축 방식의 혼합이었다.

등대는 사각형의 다부진 형상이다. 아직 근대적 의미에서의 원형 등대는 불필요한 시대였다. 고대의 등대지만 규모가 엄청나게 크다. 곶의 정중앙에 버티고 서서 360도로 바다 경관을 굽어본다. 원형은 2세기 트리야누스 황제 시대에 건설됐는데, 처음엔 페니키안 디자인을 따랐던 것으로 보인다. 모델은 당연히 당대의 걸작인 알렉산드리아의 파로스 등대였다. 파로스 등대는 12세기 무렵에는 지진으로 인해 이미 지상에서 사라졌지만, 파로스가 남긴 건축 유산과 그 등대 전범은 그대로 헤라클레스 등대에 흡수됐다.

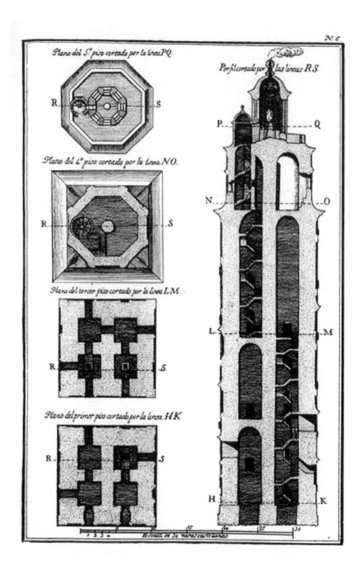

헤라클레스 등대 단면도, 1792

무엇보다 주목할 것은 벽면에 각인된 로마 시대의 건축가 이름이다. 'MARTI AUG. SACR C. SEVIUS LUPUS ARCHTECTUS AEMINIENSISLVSITANVS. EX. VO.' 18세기의 건축가는 이 로마 건축가의 이름이 각인된 석재를 발견하여 소중히 복원되는 건축물에 끼워 넣었다. 그는 오늘날의 포르투갈 아에미니움에서 온 건축가 가이우스 세비우스 루푸스다. 그리하여 헤라클레스 등대는 2000여 년 전 건축가의 이름이 남아 있는 유일한 등대이자, 유일한 해양 건축으로 인정받게 됐다.

등대는 해수면으로부터 60미터 올라간 벼랑 위에 증축됐다. 기단부는 정방형으로 11.4미터에 달하는 큰 규모다. 건축 양식은 전형적인 신고전주의 양식이다. 장중한 돌로 축성된 등대의 문으로 들어서면 곧바로 등대박물관이 시작된다. 지하층과 1층에 해당하는 기단부에 로마 시대의 건축 잔해와 등대 시스템에 관한 물질적, 고고학적 증거를 모아놓았다. 발굴은 여러 차례 이루어졌고, 고고학 성과를 갈무리하여 돌 하나도 버리지 않고 그대로 모아놓고 중간에 통로를 만들어 박물관을 꾸몄다. 현재의 등대가 만들어지기 직전의 역사, 즉 중간에 등대가 성채로 바뀐 흔적도 남아 있다.

234개의 돌계단을 올라가면 등대의 층층을 거치게 된다. 층마다 거대한 방이 등장하는데, 모두 로마 양식이다. 돌을 다듬어 섬세하게 쌓거나 자갈과 석회 모르타르로 견고하게 만들었다. 이만 한 높이의 등대 건축을 오로지 돌로만 채워서 만들려면 건물의 하중과 지진 등의 충격을 고려한 정확한 공학적 계산이 필요할 것이다. 계단이 어느 정도 끝나는 지점에 큰 방이 나타나고 다시 계단이 이어지고 또다시 방이 나타나는 방식으로, 건축은 매우 복합적이다.

등대의 압권은 꼭대기 층이다. 원형 룸은 18세기 증축자의 이름을 따서 지안니니 룸으로 이름 붙여졌다. 원형의 지붕이 있고 세 개의 거대한 기둥이 신전처럼 받치고 있는데, 지진에도 견디도록 견고하게 설계됐다. 등명기가 있는 마지막 꼭대기는 나선형 계단으로 올라가야 하는데, 네 개의 흰색 섬광이 20초마다 번쩍인다. 대체로 38킬로미터 떨어진 곳에서도 섬광이 보인다. 본디 로마 시대에도 기름을 써서 조명을 했던 것으로 보이며, 포물선 거울을 활용하는 반사 원리를 일찍이 적용했다. 수압을 이용해 빛을 작동하는 과학 기술을 적용했는데, 이 원리는 수은 통에 프레넬 렌즈를 띄워서 회전시키는 현대적 등대에도 적용된다.

1858년 이사벨 2세가 방문하면서 내부를 다시 정비했으며, 1867년 파리 박람회, 1873년 빈 박람회에 등대 모델을 전시했다. 19세기 초창기 박람회는 선진 기술이 전시되고 국가적 권위와 예술적, 기술적, 산업적 역량이 과시되는 요소를 지니고 있었다. 그런 점에서 박람회에 초대받은 헤라클레스 등대 모델은 에스파냐 정부가 세계에 자랑스럽게 내놓을 만큼 건축 양식적, 기술적 수준에서 최고봉에 도달해 있었다. 실제로 많은 박람회 관람객에게 헤라클레스 모델은 많은 칭송을 받았다. 1788년의 재건축이 에스파냐 건축 엔지니어의 위대한 업적으로 간주됐기 때문이다.

등대는 뛰어난 예술가에게도 깊은 영감을 주었다. 그중에는 1881년 에스파냐 남부에서 태어나 1892년 라코루냐로 이사 와서 이곳의 예술학교를 다녔던 파블로 피카소도 있다. 피카소는 어린 시절 라코루냐에서 보내는 동안 해변을 거닐며 헤라클레스 등대에서 많은 영감을 받았다. 그가 그린 그림을 보면 등대가 왼쪽의 곶 위에 있고 그 앞으로 파도가 부서지는 풍경이다. 오늘날 해변공원 동쪽 해변에서 바라본 경관임을 알 수 있다. 소년시절 그린 그림이라 그의 특유한 화풍은 아직 나오지 않지만, 등대가 있는 풍경을 사실적으로 묘사했다. 그는 등대를 카라멜로(Caramelo) 타워라고 명

신전과 같은 헤라클레스 등대 내부

명했다. 라코루냐시내에 있는 피카소 박물관에서 그의 그림을 볼 수 있다.

그 밖에도 루이스 세오아네 등 많은 화가가 이 등대에 열렬한 애정을 갖고 그림을 그렸다. 아르헨티나 이민자의 아들인 세오아네는 어린 시절을 갈리시아에서 보냈고, 라코루냐에서 교육받았다. 1960년 갈리시아로 돌아온 그는 갈리시아문화운동의 주도자가 됐다. 그는 헤라클레스 등대가 포함된 다수의 그림을 그렸는데, 라코루냐의 정신적 원형 같은 신화적 메타포를 등대에서 구현했다.

'바닷길이 시작되는 심장' 오스티아

라코루냐의 헤라클레스 등대가 변방에 있었다면, 이 모든 것을 가능케 하는 로마제국 중심에도 등대가 있었다. 어쩌면 헤라클레스 등대의 힘 역시 로마의 힘에서 기원하는 것인지도 모른다. 로마제국은 이렇듯 변방과 중심의 변증법으로 사회체제를 이끌어 나갔고 제국을 유지했다. 발길을 로마제국의 중심으로 향했다. 많은 사람이 로마를 찾지만 막상 오스티아(Ostia)는 별 볼일 없는 곳으로 지나친다. 그러나 로마의 중심지 포로로마노(Foro Romano)가 '로마인의 광장'이었다면, 오스티아는 제국의 동맥인 '바닷길이 시작되는 심장'이었다.

로마시내에서 오스티아로 가는 길은 30여 킬로미터로, 오늘날 기준으로 그다지 멀지 않다. 로마시내 강변에 자리한 포르투누스(Portunus) 신전을 먼저 들렀다. 측면 일곱 개, 정면 네 개의 기둥이 세워진 포르투누스 신전이 30여 미터 간격을 두고 원형의 헤라클레스 신전과 붙어 서 있다. 로마 신화에서 '출입문과 현관의 신'으로 알려진 포르투누스는 한 손에 열쇠를 들고 있는 것으로 자신을 현현한다. 오늘날 항구를 뜻하는 영어 '포트(port)'나 여권을 말하는 '패스포트(passport)' 등이 모두 여기서 기원한다. 운반(transport), 이식(porting), 프린터 포트(printer port), 앞에총(port arms), 심지어 '기회'를 뜻하는 아퍼튜니티(opportunity) 같은 말도 포르투누스와 연관이 있다.

그리스 신화에서 전래한 이 항구와 항해의 신은 마침내 오스티아에서 비교적 가까운 로마시내 아이밀리아누스 다리 근처의 티베르강가에 마련된 신전에 머물게 됐다. 항구와 항해의 안전을 도모하는 신이기에 뱃일에 종사하는 이들이 모셨다. 포르투누스는 강의 신인 티베리누스와 결합되어 매년 8월 17일이면 축제의 주인공이 된다. 혹자는 포르투누스를 '창고의 신'으로 간주했다. 현대적 의미로 보면 '물류의 신'인 셈이다. 말하자면 오스티아항은 도심에서 한참 떨어진 외항이지만, 이러한 신전을 매개로 로마 중심부와 유기적 연결을 맺고 있었던 셈이다.

오스티아는 로마제국의 외항으로 중요한 역할을 했고, 여름에는 로마인이 휴식을 취하는 곳이었다. 오스티아 유적에 들어서자 제국의 수도로 연결되는 예의 투박한 호박돌을 바닥에 박은 2000년 넘은 가도가 한눈에 들어온다. 로마에서 오스티아까지 24킬로미터의 새로운 직통 도로를 건설한 이는 아마도 클라우디우스 황제일 것이다. 더 오래된 도로인 비아 캄파나(Via Campana)는 티베르강 오른쪽 강둑을 따라 길게 이어진다. 제국의 중심은 이렇게 강과 바다와 육로로 동맥처럼 이어졌다.

잘 다듬어진 소나무 군락, 무너진 적벽돌이 풍기는 폐허의 미학, 군데군데 서 있는 대리석 열주와 한쪽에 쌓아놓은 석재, 2000년의 역사를 말해주는 닳고 닳은 바닥돌이 여전히 그 자리에 머물러 있

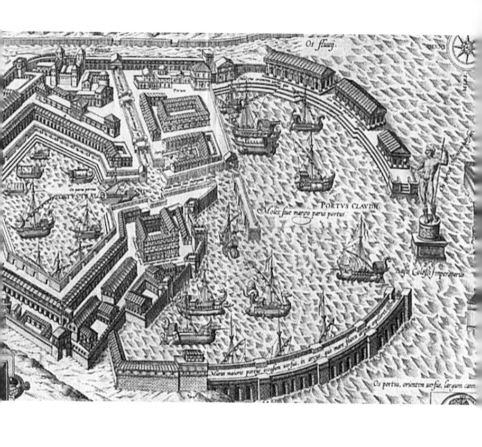

포르투스항과 등대가 그려진 삽화, 17세기

다. 현재는 이곳에 박물관을 세워 항구 유적에서 나온 돌조각과 돌무덤 등을 잘 보존하고 있다. 교류하는 국가와 도시를 언급한 모자이크로 장식된 길드 광장을 지나 식당으로 쓰였던 가게 안으로 들어갔다. 빵을 굽던 화덕과 세척하는 수도 시설, 돌 탁자 등 그때 사람들이 방금 전 식사를 끝낸 듯 시간이 멈춘 것처럼 느껴진다. 아마도 이 도시는 이런 존재 양태로나마 또 다른 새로운 천년 세월을 버텨 나갈 것이다. 그만큼 벽돌과 돌 건축의 장기 지속성은 폐허 속에서도 보석처럼 빛나는 중이다.

고대 오스티아는 티베르강 연안에 있었다. 로마가 건설한 최초의 식민지 중 하나다. 해적을 막기 위해 벽을 둘러싼 고작 5에이커 규모의 작은 항구가 기원전 350년 건설됐다. 초기 로마의 중요 항구였으나 폭풍우에 약했으며 모래가 쌓이는 등 강항(江港)의 한계를 드러내 이상적 항구가 되지 못했다. 큰 배는 접안조차 불가능했다. 로마는 곡식을 수입해야만 버틸 수 있었기에 접안 능력이 중요했다. 대체 항구로 나폴리 옆의 수심 깊은 포추올리가 선택됐다. 상품이 일단 포추올리에 닿으면 다른 배에 실어 해안을 거슬러 올라와 오스티아로 들어왔다. 그 덕에 오스티아는 여전히 로마의 바다 창구로 기능했다. 그러나 비싼 대가를 감수해야 했으니, 로마는 42년 마침내 카이사르의 원대한 꿈을 되살려 포르투스라는 인공항을 건설한다.

포르투스항은 오스티아의 여러 문제점을 보완하기 위해 약 4킬로미터 떨어진 티베르강 북쪽 연안에 축조됐다. 등대가 있는 돌출된 인공 섬을 만들고 로마까지 이어지는 직통 도로를 건설했다. 103년 트리야누스 황제는 작은 육각형 항구에서 벗어나 외해로 항구를 확장했으며, 티베르강은 직접 바다와 연결됐다. 포르투스는 500년 이상 고대 로마의 주요 항구였고, 유리, 도자기, 대리석, 아프리카산

야생동물, 심지어 노예 등이 오가는 무역 통로였다. 2세기 후반부터 5~6세기에 이르기까지 약 400년 동안 이곳의 운하를 통해 온갖 물품이 로마로 운송됐다.

'우리 바다' 지중해에 세운 클라우디안 등대

로마의 배는 지중해 연안에 위치한 여러 항구에 정박했다. 당대 지중해를 중심으로 이집트의 알렉산드리아, 로마의 오스티아, 소아시아의 라오디키아(Laodicea)[9]에 등대가 있어 항구 입구를 밝혀주었다. 로마인에게 지중해는 앞마당이자 경제적 부를 가져다주는 황금의 바다였다. 1세기경 알렉산드리아에 살던 그리스의 지리학자 스트라본(Strabon)은 세계에 대한 자신의 생각을 '우리 바다', 즉 라틴어로 '마레 노스트룸(Mare Nostrum)'이라고 표현했다. 로마가 지중해를 온전하게 손에 넣게 되자 '우리 바다'라는 말은 이후 제국의 팽창과 통치에서 중요 개념이 됐다. '우리 바다'라는 말에서 지중해에 대한 소유와 우월성의 감정뿐만 아니라, 동시에 로마 세계가 염원했던 지중해 공간에 대한 단일성의 개념을 읽을 수 있다.

어느 면으로 보나 우리의 이 바다는 굉장한 우월성을 가지고 있다. 나는 세계일주를 이 바다에서부터 시작해야 한다고 말하곤 했다.[10]

로마의 항해가는 지중해 전역을 누볐으며, 전쟁을 벌이고 식민지를 건설하여 세금을 거두어들였다. 로마제국은 그 창구로 오스티아 항구가 필요했고, 안전을 위해 항구에 등대가 들어서야 하는 것은 너무도 당연한 이치였다. 그러나 1100미터를 가로질러 방파제를 쌓아도 태풍은 여지없이 항구 안에 정박한 배를 깨뜨렸다. 62년에만 200여 척이 바다에 가라앉았다는 기록이 있을 정도다. 그런데도 모든 곡식은 여전히 오스티아 항구로 들어와야 했다. 무언가 조치가 필요했다.

클라우디우스 황제는 새로 건설된 포르투스항에 등대를 세우라고 명한다. 이집트에서 오벨리스크를 운반하다 가라앉은 거대한 배 위에 등대를 세우라고 한 것이다. 7400톤에 이르는 이 거대한 배는 오벨리스크를 옮기라는 칼리굴라 황제의 명령에 따라 움직이다가 정말 황당하게도 가라앉고 말았다. 그 배에 노예가 돌을 채우기 시작했고, 그 위에 4층 높이의 돌탑을 세우고 불을 밝혔다. 오늘날로 치면 명백히 케이슨(caisson) 공법이라고 할 수 있다. 수백 년간 이 등대는 로마로 들어오는 모든 배의 길라잡이였다. 하지만 역사 기록에는 거의 남아 있지 않고 고대의 동전과 예술품에 그 흔적이 남아 전해질 뿐이다.

일명 클라우디안 등대로 불린 이 등탑은 1세기부터 15세기까지 무려 1500여 년간 서 있었던 것이 분명하다. 수에토니우스와 디오 카시우스가 남긴 기록에 따르면 그 등대는 떨어져 있는 방파제가 있는 섬, 즉 포르투스에 세워졌다. 등대는 정말 아름다웠으며, 푸른 들판으로 둘러싸이고 해안을 향해 있었다.

클라우디안 등대도 유명한 알렉산드리아의 파로스 등대를 모델로 삼았다. 334~345년 마달리아누스는 등대의 보존과 운영에 대해 기록을 남겼다. 1018년과 1049년의 기록은 클라우디안 등대와 트라야누스(Trajanus) 등대에 대한 것이다. 그런데 1483년 이후에는 더 이상 등대에 관한 언급이 나오지 않는다. 마지막 남은 흔적이 곧바로 철거된 것으로 보인다. 등대는 사라졌어도 15~16세기의 그림에

클라우디안 등대가 새겨진 부조

는 종종 나타난다. 이 전설 속의 등대는 2001~2007년 공사 중에 항구와 등대가 있던 방파제가 발견됨으로써 고고학적으로 증명됐다.

클라우디안 등대의 실체는 당대의 동전이나 부조를 보면 어느 정도 알 수 있다. 등대를 가운데 두고 배 두 척이 지나간다. 이 같은 증거물은 파로스 등대의 효용성이 사라지지 않고 로마 시대로 이어졌음을 뜻한다. 파로스 등대는 인류의 문명사적 요구와 필연성에 따라 세워진 것이기 때문에 한 시기에만 반짝 존재했던 것이 아니다. 그 기원과 상징은 여전히 이어지고 있다.

칼리굴라 황제에게 바쳐진
불로뉴 등대

로마제국은 팽창을 거듭했다. 제국의 팽창에 따라 곳곳에 식민도시가 세워졌고, 항구 건설에 따라 등대의 필요성도 커졌다. 그러나 제국이 건설한 등대의 역사는 오랜 제국의 역사만큼이나 희미하게 남아 전해질 뿐이다. 프랑스, 영국, 에스파냐 등에는 적어도 흔적이나

마 비교적 강하게 남아 있다. 로마가 공략에 공을 많이 들인 에스파냐 갈리시아나 영국 남동해안 그리고 그 대안인 프랑스 북부 해안에 로마 시대 등대의 흔적이 남아 있다. 카이사르는 두 번씩이나 영국해협을 통해 영국 공략에 나섰을 정도로 영국을 중시했다. 영국해협 양쪽에 위치한 건너편 프랑스의 북부 해안과 영국 남동부 해안은 그만큼 고대로부터 전략적 요충지였다. 양안은 최단거리가 불과 33.3킬로미터에 불과하다.

이러한 지역적, 전략적 필요성 때문에 양쪽 해안에 로마식 등대가 들어섰다. 포르투스의 클라우디안 등대보다 이전에 세워진, 오늘날 프랑스 북쪽 해안에 자리한 도시 불로뉴의 '투르 도르드르(Tour d'ordre)', 일명 '커맨드 타워(Command Tower)'를 주목할 필요가 있다. 불로뉴의 정식 이름은 불로뉴쉬르메르(Bulogne-sur-Mer)로, 칼레와 노르망디 사이 영국해협에 위치한 청어가 많이 잡히는 가장 큰 어항이다. 어업 인구 7000명으로, 로마의 고대 도시 브리튼과 소통하는 창구였다. 제국이 붕괴된 이후 게르만족이 점령했고, 중세에는 불로뉴 왕국의 중심이었다.

투르 도르드르는 로마 역사에서 엽기성으로 악명을 떨친 칼리굴라 황제에게 바쳐진, 빛을 주제로 한 '칼리굴라의 탑'으로 불리던 기념비였다. 광기에 찬 칼리굴라 황제는 상상 속에서 바다의 신 넵튠과 전쟁을 벌여 승리했고 그 승리의 기념물을 남기고자 했다. 칼리굴라는 폭풍우 치는 영국해협을 정복하지 못하자 그 대신 넵튠과 전쟁을 벌였던 것이다. 그리고 넵튠에게 승리한 것을 기념하여 불로뉴쉬르메르에 등대를 세운다. 직경 64미터, 지름 21미터에 달하는 12층짜리 등대의 각 층은 피라미드 모양이었다. 등대는 30미터 높이의 절벽 위에 지어졌으며, 50킬로미터 밖에서도 볼 수 있었다. 수년 뒤 황제는 경호원에게 암살됐지만, 등대는 오늘날 그대로 남아 있다.

투르 도르드르는 로마제국이 멸망하고 5세기가 다 지나갈 때까지 그 역할을 계속했다. 그 후 방치됐다가 810년 샤를마뉴 대제의 명령으로 복원됐다. 그때의 이름은 '오데르(Oder)의 탑'이었다. 로마 시대처럼 오래됐다는 뜻일 것이다. 1544년 이 지역을 점령했던 영국군은 탑과 요새가 갖추어진 성벽을 추가하여 해안 방어벽을 구축했다. 피에르 올탱이 1550년 그린 삽화를 보면, 위쪽에 성채가 보이고 기단부를 포함해 12단으로 축성된 등대에서 불을 뿜는 모습이다. 기단부는 여러 개의 건축군이 받치고 있고, 등대는 팔각형이었다.

해안 침식이 거듭되면서 등대는 어려운 처지에 당면했다. 1644년 무너진 등대를 다시 세웠으며, 결과적으로 이것이 프랑스 최초의 등대로 기록된다. 오늘날 불로뉴시내에는 유네스코 세계문화유산으로 지정된 11세기의 종탑이 하나 서 있는데, 과거에 있던 등대를 연상케 한다.[11]

불로뉴 바로 건너편, 도버 해협 너머 영국 도버에도 투르 도르드르와 쌍둥이 같은 로마 시대의 등대가 있다. 도버는 로마 시대에 이미 항구가 건설되어 군사, 상업 및 도로의 출발점으로 이용됐다. 로마는 이곳에 바다로 들어오는 외적을 막기 위해 성채를 세웠다. 그들은 이 성채를 '포르투스 두브리스(Portus Dubris)'라고 했는데, 나중에 도버항이 된다. 도버항에서 북서쪽의 캔터베리까지 고대의 로마 도로가 연결됐다.[12] 갈리아에서 영국으로 가는 길을 보호하고 브리타니아에 주둔한 로마군을 보호하기 위해 먼저 프랑스 쪽에 불로뉴 항구를 건설하고 영국 쪽에는 두브리스 항구를 만든 것이다. 로마군의 주진은 불로뉴에 있었고 두브리스는 작은 기지였다.

로마군은 주둔하자마자 7년 만인 기원전 43년 두 개의 등대를 세웠다. 이 두 등대는 오랫동안 '로마 등대' 혹은 '파로스(Pharos)'로 불렸다. 12세기에 침략자 노르만족이 영국 켄트 지역의 도버성을 강력하게 장악했지만, 이 등대는 이상할 정도로 잘 보존돼 있다. 애초 두 개였던 등대는 현재 하나만 남았는데, 1000년경 세워진 세인트 메리 교회 곁에 남아 있다.

오늘날 남아 있는 도버 등대는 4층, 19미터 높이로 중세에 개축된 것이다. 본래 24미터 높이였는데, 5미터 정도 낮아졌다. 13~14세기에는 교회의 종탑으로 쓰였으며, 그러한 목적에서 중세인은 등대의 높이를 약간 낮추어 안정을 꾀한 것으로 보인다. 개축은 됐어도 교회 건물과 일정한 간격을 유지하며 독립된 건축물로 존재한다. 로마 시대의 흔적이 곳곳에 남아 있으며, 2000년 가까운 세월 동안 풍상에 시달려 돌은 나이를 먹고 바람과 눈비에 닳았다. 등대의 불은 밤낮없이 타올랐다. 해안 가까운 바다는 수심이 얕고 날카로운 암초가 곳곳에 도사리고 있어 배가 파손되기 쉬웠기 때문이다. 등대는 배가 프랑스와 영국 사이의 험한 해협을 안전하게 항해할 수 있도록 책임을 다했다. 불로뉴에 등대가 세워진 것이 40년, 비슷한 시기에 반대쪽 양안을 바라보며 대응하는 형태로 도버 등대를 건축한 것이다.

중세의 빛;
지중해 패권의
중심

이탈리아의
황금시대를
상징하는

란테르나 등대, 15세기

900여 년을 버텨온
제노바의 랜드마크

한국인이 많이 찾는 이탈리아의 관광지는 역시 로마와 피렌체, 나폴리, 베네치아, 밀라노 등이다. 또 이탈리아 북서쪽 리구리아 해안의 피사는 '피사의 사탑' 덕분에 많은 이들이 찾는다. 그러나 같은 리구리아의 강력한 해양도시였던 제노바나 리보르노에는 관심이 거의 없거나 덜하다.

역사적으로야 로마가 가장 중요하지만, 중세 지중해에서 이탈리아 북동쪽의 베네치아와 북서쪽의 제노바는 용호상박의 기세로 해양 패권을 장악해왔다. 그러니 이들 도시에 오랜 등대가 없을 수 없다. 특히 제노바의 란테르나 등대(Lanterna di Genova)는 유네스코 세계문화유산이자 세계 등대 유산의 걸작으로 주목받는다. 제노바 등대(Faro di Genova)라고도 한다.

그 란테르나 등대를 찾아서 제노바로 향한다. 로마의 피우미치노 공항에서 올라탄 소형 프로펠러 비행기가 긴 해안을 따라 낮게 날며 바다로 돌출한 제노바 공항 활주로에 도착했다. 비행기에서 내려다보면 동서로 펼쳐진 도시의 북동쪽에 서 있는 란테르나 등대가 또렷이 보인다. 천년의 시간이 흘렀어도 제노바의 랜드마크로서 여전히 상징적 역할을 수행하고 있다.

중세에 세워져 현역으로 지금까지 작동하는 등대는 몇 개 남아 있지 않다. 1200년대에 만들어진 아일랜드의 훅 등대, 에스토니아 히우마섬에 있는 코푸 등대 그리고 훅 등대보다 조금 빠른 1128년(혹은 1161년) 점등한 제노바 란테르나 등대가 대표적이다. 1600년 전 유럽에는 대체로 30여 개의 훌륭한 등대가 건설된 것으로 보이는데, 1500년대부터 여행기나 해도 등에서 본격적으로 등대를 언급한다.

1550년 유럽에서 아시아로 가던 한 여행가가 이스탄불 보스포루스 해협에서 아랍인의 등대를 발견한다. 마이덴 타워(Maiden's Tower) 또는 터키어로 크즈 쿨레시(Kız Kulesi)라고 하는 이 등대는 1595년 또 다른 여행가에 의해서도 언급된다. 그는 120단의 계단이 놓인 유리 등명기가 설치된 등대라고 서술했다. 이 등대는 아랍인이 들어오기 이전 중세 비잔틴 시대(1110년)에 흑해를 오가는 선박의 안전을 위해 비잔틴 황제가 세운 것으로, 로마·비잔틴·오스만 양식을 엿볼 수 있다. 어떤 여행가는 나일강과 지중해가 만나는 나일강 삼각주의 다미에타(Damietta) 꼭대기에 불빛을 발하는 등대가 있음을 묘사했다. 상나일에서 시작해 카이로를 거쳐 지중해로 흘러가는 나일강의 유장한 역사를 비추던 등대.

이처럼 비잔틴제국과 이슬람제국 그리고 이탈리아, 발트 연안 등지에서 다양한 중세의 등대가 확인된다. 유럽 중심의 사고나 유럽인의 등대 역사에서는 덜 주목받지만, 지중해를 둘러싼 다양한 중세의 등대는 이밖에도 여럿 있을 것이다. 등대의 역사를 바라보는 데도 오리엔탈리즘 시각은 분명히 존재한다. 유럽의 대항해시대 이전에 콘스탄티노플을 중심으로 한 동방의 비잔틴 세계와 지중해,

제노바시 지도, 뉘른베르크 클로니클, 1493

페르시아, 홍해, 흑해 등 이슬람 세계의 해양력이 더 선진적이었음을 고려한다면, 유럽 중심의 등대사는 지극히 일방통행적인 것임을 알 수 있다.

중세의 등대가 현재까지 이어진다는 사실만으로도 경이로움 그 자체다. 1000년이 아니라 500년 이상만 견뎌내더라도 그 건축물은 대단하다고 할 수밖에 없다. 더군다나 등대는 지정학적 불리함과 난관 속에서 모진 풍파를 겪어낸 당대의 첨단 건축물이다. 가파른 곳과 절벽에 세워지는 등대는 그 어떤 건축물보다도 열악한 조건을 갖는다. 게다가 등대는 항구의 방어를 겸하는 전략적 기능도 갖기 때문에 역사상 전쟁으로 인한 파괴도 잦았다. 당연히 오늘날 일반적인 중세 건축물은 많이 남아 있지만 등대는 상대적으로 그렇지 않다. 또한 대항해시대 이전에는 원양 항해의 제한성으로 등대 건설 자체가 제한적이었다. 그런 점에서 제노바의 란테르나 등대는 역사성, 보존성 등에서 압도적 의미를 지닌다.

란테르나 등대는 아쿠아리움과 해양박물관, 요트장 등이 모여 있는 제노바 항구의 중심에서 조금 벗어나 국제 페리장이 있는 쪽에 위치한다. 구도심에서 한참을 걸어가면 등대가 보이는데, 옛날과 마찬가지로 여전히 항만과 붙어 있어 주변 환경이 다소 복잡하다. 옛 사진을 보면 현재의 등대로 올라가는 길목이 바다였음을 알 수 있다. 현재는 매립되어 육지부에 등대가 솟아 있는 것으로 보인다. 해양박물관에 걸린 지도를 비롯해 제노바에서 흔히 볼 수 있는 옛 지도에는 제노바시를 둥글게 둘러싼 만의 돌출된 바위산에 우뚝 솟은 란테르나 등대가 자주 눈에 띈다. 1493년 제작된 목판화 책《뉘른베르크 크로니클(Nurenberg Chronicle)》에서도 제노바시 왼쪽 가장자리에 자리한 란테르나 등대의 모습을 볼 수 있다. 그렇다면 왜 지중해의 수많은 도시 중에서 제노바에 가장 이른 시기에 등대가 들어섰을까?

어두운 중세가 끝나가던 시점까지 전 유럽에 걸쳐 등대의 발달은 오랫동안 멈추어 있었다. '암흑시대'라는 말은 어느 정도 어폐가 있지만, 중세 유럽은 나라 간 소통이 활발하지 않았고 무역도 대부분 지중해를 거점으로 국지적으로 이루어졌다. 따라서 등대 역시 제한적 범주에서만 필요했다. 서양 문명권에서 항해의 경제권이 결정적으로 커지고 무역 총량이 급증하여 항구의 기능 자체가 확대일로를 걷게 되기까지는 많은 시간이 걸렸다. 게다가 등대를 운영하고 관리하는 데 만만찮은 비용이 들었고, 항구에 불을 밝힌다는 것은 적의 표적이 되기 쉽다고 여겼기 때문에 등대의 본격적인 출현은 기대하기 힘들었다.

제노바, 지중해 패권을
다투다

10세기 무렵 제노바는 변변한 자원도 없는데다 북아프리카 이슬람의 습격을 받아 200~300년간 침체를 면치 못했다. 곡창지대와도 단절됐으며, 해안 지대에서 포도주와 올리브유, 밤, 허브 정도가 산출되는 가난한 지역이었다. 제노바항도 수백 년에 걸쳐 개량이 이루어진 중세 말엽에야 겨우 항구 구실을 했다. 날씨도 좋지 않아서 피해를 입지 않으려면 제노바 동서쪽으로 길게 펼쳐진 모래 해변에 배를 끌어다 놓아야 했다. 제노바는 함선 건조 외에는 다른 산업이 발달하지 않았다.

그런 악조건 속에서 주민들은 살기 위해 투쟁했고, 그 투쟁 과정에서 해상무역만이 살 길임을 인식했다. 도시가 성장하자 밀, 염장 069

란테르나 등대

고기, 치즈 같은 외부 물품에 의존도가 높아졌다. 이렇게 어렵사리 출발한 도시가 마침내 산업도시 이전 세계에서 가장 두각을 나타낸 교역지의 하나로 부상했다.[1]

제노바가 도약하기 시작한 것은 10세기부터였다. 십자군전쟁이 시작되기 전, 북아프리카의 무슬림 왕조인 파티마 왕조(909~1171)와의 해전에서 우위를 차지하면서 10세기 말에는 북아프리카의 주요 거점 중 하나인 튀니지의 술탄을 굴복시켜 지중해의 강자로 세력을 공고히 하게 됐다. 하지만 이러한 제노바의 앞길을 가로막는 경쟁자가 있었으니, 바로 베네치아였다.

이탈리아반도 동안에 위치한 도시국가 베네치아는 도시가 발달할 무렵부터 비잔틴제국과 긴밀한 유대를 맺었다. 이러한 관계를 바탕으로 비잔틴제국의 상권을 점차 잠식해가며 콘스탄티노플을 경유한 동방무역로를 장악함으로써 동방무역에서 절대적 강자로 떠오르게 됐다. 전략적으로 중요했던 지중해 동쪽에 제노바도 일정한 지분을 차지하고 있었으나 여전히 베네치아가 강력한 주도권을 쥐고 있었다. 제노바는 베네치아에 치여서 기회를 엿보고 있었다.

제노바에도 마침내 기회가 찾아왔다. 1000년대의 제노바는 아프리카 정복을 통해 자신들이 비잔틴과 이슬람 땅에 뿌리내릴 수 있음을 증명해 보였다. 십자군전쟁이 시작되자 이미 안정된 무역로를 확보했던 베네치아는 대응에 골몰했지만, 제노바는 발 빠르게 전쟁에 참여함으로써 베네치아에 돌아갈 수 있었던 많은 이권을 확보하는 데 성공했다. 제노바는 십자군 함대를 제공하고 숙원이었던 동방의 교역지를 얻었다. 결과적으로 동방무역에서 제노바는 베네치아와 거의 동등한 위치를 차지하게 됐다. 십자군전쟁에 사용된 모든 물자와 병력은 1차 십자군전쟁을 제외하고는 사실상 제노바와 베네치아인의 손에 의해 수송됐고, 운송업과 무역을 겸한 이탈리아

도시국가의 위상은 갈수록 높아졌다. 당시 제노바의 무역 수입은 프랑스 왕국 전체 세입의 세 배에 달할 정도였다.

중세의 오랜 어둠과 침묵을 끝내는 움직임이 1100년대 이탈리아에서 시작됐다. 이탈리아의 각 도시는 지중해무역에 두각을 나타내기 시작했고, 베네치아, 피사, 제노바 같은 맹주 도시가 번창하여 멀리 흑해까지 무역로를 넓혀갔다. 도시 간 각축이 심각할 정도로 전개됐으며 전쟁은 필연적이었다. 유럽 북부의 북해와 발트해에서도 해상무역이 활기를 띠기 시작했다. 먼 항로의 개발과 항구의 발달에 따라 안전한 항해를 위한 등대와 항해 장비의 도입은 필수였다. 많은 도시가 등대를 경쟁적으로 세웠는데, 이는 무역경쟁력을 통해서만 경제적 우위를 점할 수 있었기 때문이다. 도시의 생존이 달린 문제였다.

1160년 무렵 여행을 시작한 랍비 투델라의 베냐민(Benjamin of Tudela)은 당대의 제노바를 '성벽으로 둘러싸이고, 왕이 아닌 주민이 자유롭게 뽑은 재판관이 통치하는' 곳으로 묘사했다. "제노바인이 바다를 지배하고 있었다"라고도 주장했다. 또 제노바인이 무슬림(비잔티움을 포함한)과 기독교 나라를 습격한 사실과 그들이 가져온 엄청난 양의 전리품에 놀랐다고 말한 점으로 보아, 그는 아마도 제노바가 교역 못지않게 해적질에 능한 도시라고 여겼던 것 같다.[2]

당시 무역에서 가장 많은 이득을 가져다주던 비잔틴 세계는 흑해, 러시아 및 중앙아시아와의 교역에서 중계지 역할을 했다. 이슬람 세계가 장악하고 있던 지중해 해양세계의 판도가 서서히 변화하기 시작했다. 흑해 지역은 1204년 먼저 베네치아에, 그다음에는 제노바에 문호를 개방했다. 결국 지중해무역은 서유럽, 특히 이탈리아를 중심으로 새롭게 변모했다. 리구리아 해안에 위치한 제노바는 함대를 구축해 지중해 서쪽에서 중요한 입지를 마련했다.

제노바 선단은 발레아레스제도나 에스파냐, 아프리카의 마그레 브로 향하는 전통 항로에 더 이상 만족하지 않았다. 알프스와 상파 뉴 산악지대에서 이미 활발히 무역 활동을 해온 제노바는 1277년 부터 지브롤터 해협을 넘어 스칸디나비아 해안과의 무역 중심지인 잉글랜드와 플랑드르로 선박을 보내기 시작했다. 이 시기는 지중해 를 기점으로 이탈리아인의 활동 영역이 확장되기 시작한 고무적인 시기에 해당한다. R. S. 로페스는 이 시기를 '그린란드에서 베이징까 지'라고 서술하기도 한다.[3] 란테르나 등대는 이러한 배경에서 필연 적으로 탄생했다.

1300년대 제노바와 카탈루냐, 시칠리아의 조선소에서 한 개의 돛대와 네모난 돛으로 유명한 새로운 배가 만들어졌다. 제노바의 조선소에서는 전통적 선박이 사라지고 새로운 선체 제작이 활기를 띠었다. 돛 체제가 완벽해지면서 이제 선박은 1000톤의 무게도 견 딜 수 있게 됐다. 선적 무게가 지속적으로 증가함에 따라 무거운 상 품을 장거리로 실어 나르는 것이 가능해졌다. 예를 들어 제노바 선 박을 통해 목재, 흑해와 풀리아의 밀, 그리스의 포도주, 아드리아해 와 발레아레스제도의 소금, 포카이아의 명반 등이 피렌체까지 직접 운반됐다. 제노바의 구도심 해안 지대에 자리한 국립해양박물관에 는 당대를 주름잡던 제노바의 선진적 선박과 설계도면 등이 잘 남 아 있다. 제노바는 이제 국제도시로서 유럽, 아시아, 아프리카의 물 산과 사람이 모여드는 항구가 됐다.

도시국가 사이의 전쟁과 패망이 거듭됐다. 1413년부터 1453년 까지 불과 40년 사이에 제노바에서는 혁명이 열네 번이나 일어났으 며, 프랑스와 밀라노가 제노바의 정치적 상황에 개입했다. 이웃 도 시 피사는 1406년 정복되어 약 90년이 흐른 1494년에야 해방됐는 데 다시 1509년 복속됐으며, 이로 인해 많은 주민이 피사를 버리고 사르데냐, 시칠리아 등지로 이주했다. 이런 와중에 란테르나 등대도 폭격에 무너지고, 다시 증축, 복원되는 과정을 거쳤다. 역사적으로는 900년가량 된 등대가 맞지만, 실제 오늘날 남아 있는 건축 구조는 후대의 것일 수밖에 없다.

란테르나 등대지기는
콜럼버스의 삼촌

1992년은 제노바시에 의미 있는 해였다. 이곳에서 출생하여 에스파냐로 건너간 콜럼버스(Christopher Columbus)가 아메리카에 상륙한 지 500주년이 되는 해였기 때문이다. '제노바 세계박람회 1992'는 '콜럼버스, 배와 바다'라는 주제로 제노바의 선원이었던 콜럼버스를 기념하는 비공식 박람회였다. 재미있는 것은 같은 해에 '세비야 엑스포 92'가 열렸다는 사실이다. 주제는 '발견의 시대'였다. 여기서도 마찬가지로 콜럼버스의 아메리카 당도 500주년을 기념했다. 콜럼버스의 출신지인 제노바와 그의 무덤이 있는 세비야에서 같은 해에 세계박람회가 열렸다는 사실은 단순한 흥미 그 이상이다. 두 도시가 대항해와 관련하여 전략적 연관성을 가지고 있다는 증거라고 할 수 있다.

1449년 등대 관리 책임자 중 한 명이 콜럼버스의 삼촌인 안토니오 콜롬보(Antonio Colombo)였다는 사실도 흥미를 끈다. 그에 대해서는 더 이상 알려진 것이 없으나 기록 문서에 삼촌의 이름이 등대지기로 확인됐다는 사실은 주목할 만한 일이다. 그가 란테르나 등대의 등대지기였다는 사실은 그 자체만으로도 콜럼버스 집안 전체가 바다 일에 깊게 연루돼 있었음을 알려준다. 제노바의 기운과 집

콜럼버스 생가

안의 풍토 속에서 콜럼버스가 탐험가의 길로 나아갈 토양이 만들어
졌다는 것은 두말할 나위가 없다.

　구도심의 14세기 성벽에서 20여 미터 떨어진 언덕배기에 콜럼버
스의 집이 있다. 콜럼버스는 이 집에서 1455년부터 1470년까지 살
았다고 하며, 이후 포르투갈을 거쳐 에스파냐로 건너갔다. 박물관으
로 활용되는 이 작은 붉은 벽돌 건물은 1684년에 파괴됐던 것을 18
세기에 재건축한 것이다. 본래의 생가는 사라졌고 후대에 복원되기
는 했지만 이곳이 콜럼버스의 생가 터임은 분명하다. 관광객은 1층
과 2층을 둘러보면서 이 도전적인 항해가의 흔적을 살펴볼 수 있다.

콜럼버스의 생가가 남아 있고 제노바 세계박람회를 치른 항구의 아쿠아리움 앞에는 콜럼버스가 신대륙 발견 당시 탔던 산타마리아호를 재현해두었다. 제노바 해양박물관은 콜럼버스와 제노바 그리고 대항해에 관련한 전시에 많은 할애를 하고 있다. 란테르나 등대가 이들 대항해의 역사를 증언하는 가장 오랜 건축물임은 두말할 나위가 없다.

1492년 콜럼버스의 아메리카 상륙 이후 전개된 16세기 대항해 시대의 개막에서 제노바는 상당한 역할을 수행한다.[4] 지중해 세계는 대서양무역에 적극 참여했으며, 제노바는 그 주역 중 하나였다. 콜럼버스가 제노바 항구에서 성장한 것 그리고 이베리아반도로 건너가 대항해의 선봉이 된 것은 결코 한 개인의 우연한 결단만으로 성립되는 것이 아니다. 16세기 지중해 세계는 결코 경시될 만큼 빈곤하지 않고, 콜럼버스와 바스쿠 다가마의 항해로 몰락하지도 않았다. 이들은 뉴펀들랜드의 대구, 브라질의 설탕과 염료용 나무, 에스파냐령 아메리카의 금과 은, 희망봉을 돌아온 인도양의 후추, 향신료, 진주, 비단 등 외국의 부를 얻기 위한 새로운 무역에 참여했다.[5]

15~16세기 제노바는 본질적으로 지중해 연안에 건설해둔 상인 집단의 식민 모국이었다. 제노바인은 비잔틴제국의 가장자리, 심지어 북아프리카 해안에 이르기까지 다양한 식민지를 경영했다. 15세기 말 동방에서 제국의 권한을 다수 상실한 제노바는 이를 세비야, 리스본, 메디나델캄포, 안트베르펜 그리고 아메리카에서 보상받았다. 서쪽으로 진출한 제노바는 에스파냐가 아메리카로 진출하던 시기에 에스파냐의 재정과 금융에 지대한 영향을 미쳤다. 제노바의 식민지는 사실 '은행가의 식민지'였으며, 제노바는 동방에서의 상업적 패배를 서방에서 금융의 승리로 보상받았다.[6]

제노바는 환어음 기술을 통해 당대 에스파냐의 맹주 도시 세비야로부터 대서양을 건너가는 지불망을 조직할 수 있었으며, 이는 실로 거대한 거래였다. 포르투갈과 에스파냐의 대항해 배경에 제노바의 상업자본이 버티고 있었던 것이다. 16세기로 접어들면 지중해 세계는 경제적 쇠퇴기를 맞지만, 제노바는 여전히 강력하고 공격적으로 도시를 운영하고자 했다.

그러나 대서양시대가 전개되면서 제노바의 교역은 쇠퇴한다. 지중해 세계의 쇠락은 어쩔 수 없는 변화였다. 피사, 제노바, 바르셀로나와 지중해 지배권 다툼을 벌인 이후 도시의 특성과 교역의 성격도 바뀌어갔다. 교역보다 에스파냐 궁정에 자금을 조달하는 금융업에 더욱 치중하게 된 것이다. 에스파냐 왕에게 돈을 빌려준 사람은 물론 대부분 귀족층이었다. 그래도 그것은 제노바 사회 전반에 큰 영향을 미쳐서 1560년대에는 상인이 선박을 소유하는 것마저 기피하게 됐다. 제노바항에 들어오는 선박 중에서 제노바 배는 극소수였고, 1596년부터는 제노바항을 거쳐 가는 배의 70퍼센트가 외국배일 정도였다. 제노바는 에스파냐를 동맹으로 생각했으나, 에스파냐 왕에게 제노바는 한낱 종속국에 지나지 않았다. 그럼에도 제노바에 대한 에스파냐의 재정 의존도는 매우 높았다.[7]

1570~1580년 이후 제노바는 아메리카의 은이 재분배되는 중심지 역할을 했다. 1608년 자유항을 선포한 제노바는 신세계에서 얻는 금은을 담보로 에스파냐에 돈을 빌려주었다. 16세기 말에서 17세기에 이르러 지중해 세계는 방향성을 상실해갔다. 서유럽 무역의 주도권이 대서양 상인에게로 넘어간 것이다. 그들에게 지중해는 그저 하찮은 일부에 불과했다. 제노바의 몰락은 분명했으나, 란테르나 등대의 불빛은 꺼지지 않았다. 비록 그 불빛이 예전처럼 화려하게 타오르지는 않았으나 수세기를 이어오며 붙박이로 불을 밝혔으며, 21세기까지 달려오고 있다.

제노바의 해양력을 증거하는
상징물

19세기의 제노바가 배경인 일본 애니메이션 〈엄마 찾아 삼만리〉에서 마르코가 아르헨티나로 돈 벌러 간 엄마를 그리며 앉아 있던 곳, 그곳이 바로 란테르나 등대다. 란테르나 등대는 1128년 세워졌고, 1543년 증축됐다. 12세기에 등대가 처음 세워졌을 때 제노바의 모든 배는 등대의 불을 밝히기 위해 세금을 내야 했다. 역사적으로 볼 때 이 등대가 단순히 항로의 안전만을 도모하는 것이 아니었음은 당연했다. 해적이나 외적의 침입을 경고하기 위한 수단이기도 했다. 건너편 유리 공예로 유명한 도시 무라노에서 가져온 우수한 유리로 감싼 등대가 낮에는 깃발로, 밤에는 불빛으로 신호를 보냈다.

등대는 한때 수목원이 있던 산베니뇨 언덕 위, 돌출된 서쪽 곶에 세워졌으며, 등대에서 보면 동쪽으로 제노바의 원래 항구가 내려다 보인다. 처음부터 등대에서 불을 밝혔던 것 같지는 않고, 애초에는 깃발 등으로 수신호를 했던 것 같다. 그러다가 마른 장작을 이용해 점등했으며, 1326년 올리브유로 불을 피우는 최초의 유류 램프가 구조물에 추가되어 신박이 접근할 때 신호를 더 잘 구분할 수 있게 됐다. 1400년경에는 감옥으로 사용하기 위해 등대를 개조했는데, 이곳에 수용된 사람 중에는 키프로스의 왕 자크 2세와 그의 아내도 있었다.

1481년 함대가 즐비한 제노바 앞 바다를 그린 그림을 보면, 두 개의 등대가 좌우로 제노바항을 지키고 서 있다. 이미 당시에 방파제가 마련되어 접안이 가능했으며, 오늘날에도 남아 있는 14세기의 성채, 성당, 밀집한 고층 건축물이 보인다. 왼쪽의 2단으로 된 란테르나 등대는 지금도 여전히 남아 있고, 오른쪽 등대는 사라졌다.

란테르나 등대가 그려진 제노바 지도, 제노바 시민해군박물관, 1481

등대는 16세기에 전쟁으로 파괴됐다. 루이 7세 휘하의 프랑스군은 란테르나 옆 브리글리아에 성채를 세우고 포위했다. 포위 끝에 성채는 파괴되고 란테르나도 접수됐다. 1543년 등대는 다시 세워졌는데, 이번에는 날씬한 2층 구조로 만들어졌다. 1632년 무라 누오베(Mura Nuove)가 건설될 때 해안 방어의 일부분으로 기능했다. 당시만 해도 등대는 항로의 안전 이상으로 해안 경비의 목적이 중요했기 때문이다. 금세기에 이르러 산베니뇨 언덕은 파괴되고 란테르나 등대만 항구 중간에 우뚝 남게 됐다. 1644년 이탈리아를 여행한 영국 작가 존 에블린(John Evelyn)은 란테르나 등대에 놀라움을 표했다.

등대는 1684년 프랑스의 폭격으로 일부 파괴됐다. 손상된 창은 1692년 루이 14세의 명으로 대체됐다. 1778년 새로운 조명 시스템이 도입됐고, 1840년 회전식 프레넬 렌즈가 설치되기에 이른다. 1913년에는 현대화됐으며, 1936년 또다시 재건됐다. 제2차 세계대전 당시 미국과 영국의 공습으로 일부 손상을 입은 것을 대규모 복구 프로젝트로 재탄생시켰다. 등대는 높이 77미터에 사각형으로 만들어져 높낮이가 거의 비슷해졌으며, 테라스가 돌출되어 있다. 40미터 높이의 바위 위에 세워져 있어 해수면에서 볼 때는 117미터 높이를 자랑한다. 불빛은 50킬로미터 떨어진 곳에서도 보인다.

란테르나 등대는 중세에 이미 압도적인 항구로 번성을 구가하던 제노바의 해양력을 웅변해주는 상징물이다. 현재 제노바의 구시가지 일대는 모두 세계문화유산으로 등록돼 있다. 등대가 자리한 전체 구역은 제노바 지방정부에 의해 보존되고 있으며, 등대 외에 등대박물관과 산책길도 마련됐다. 트램 역에서 내리면 조용히 사색할 수 있는 등대 산책길이 연결되는데, 800미터에 달하는 길을 따라가면서 트라게키 페리보트 터미널과 항구 전체를 조망할 수 있다.

사각형의 2층 구조인 등대는 비스듬하게 기울어 기단부와 상층부의 차이가 완만하다. 2층이 시작되는 곳에 테라스가 있다. 172단의 계단을 올라가면 해수면으로부터 76미터 높이의 테라스에 당도한다. 이곳에서 항구와 구도심의 숨 막힐 듯한 아름다운 전경을 즐길 수 있다. 오늘날 등대는 우아한 모습으로 밤에는 바다를 향해 불규칙적인 불빛으로 신호를 보내면서 동시에 이 고색창연한 도시를 밝혀준다. 황색 신호는 오랜 전통으로 이어진다. 등대의 난간으로 나가면 배가 등대 앞을 지나 유유히 먼 바다로 나가는 모습을 구경할 수 있다. GPS 시대를 맞이해 란테르나 등대도 이젠 본연의 목적보다는 대중의 필요에 따라 존속한다.

등대 아랫단 정면에는 흰 바탕에 붉은 십자가 모양의 제노바 상징 문양이 박혀 있다. 1405년 등대를 정비했던 제사장이 물고기와 황금 십자가를 넣어 가톨릭의 상징으로 사용한 데서 유래한다. 제노바가 해상 강국으로서 존엄을 떨칠 때부터 사용해오던 문양이다. 제노바 사람은 그 문양을 천년 세월 등대에 각인하면서 자신들의 지난 영화를 만끽하는 중이다.

또 다른 해양의 맹주, 피사와 베네치아

리구리아 해안의 해양 맹주가 제노바라면, 그보다는 못해도 또 하나의 사라진 맹주로 토스카나의 피사가 있다. 한국인에게는 대체로 '기울어진 탑'을 구경하는 필수 방문지다. 그러나 탑만 보고 돌아오기에는 미안할 만큼 피사는 과거에 이름을 떨치던 도시였다.

기원전 5세기 이미 그리스 및 갈리아와 거래하던 해양도시 피사가 있었다. 고대 로마인도 피사를 '오래된 도시'로 인식했다. 피사는 제노바가 작은 마을에 불과할 때 이탈리아 서부에서 로마의 오스티아를 제외하고는 유일한 항구였다. 11세기 무렵 이탈리아가 4대 중요 해양국으로 발돋움할 때 피사도 맹주 도시로 이름을 떨쳤다. 그러나 필연적으로 가까운 제노바와 빈번한 전란을 겪었다. 그 피사의 외항으로 포르토피사노(Porto Pisano)와 리보르노(Livorno)가 있다. 포르토피사노는 피사 함대가 전멸되면서 일찍이 파괴됐다.

리보르노는 1017년 피사를 방어할 작은 해안 요새로 출발했다. 1421년 피렌체 사람이 이 항구도시를 구입하여 피렌체 무역업의 주된 출구로 사용했다. 피렌체의 메디치 가문은 16세기 초반 항구에 관심을 갖고 요새와 방파제, 운하 등을 건설했다. 르네상스를 꽃피운 유럽 최고의 메세나인 메디치 가문은 기본적으로 이재에 밝은 장사꾼 집안이었으며, 세계의 돈을 거머쥔 채 학문과 예술을 후원하고 항구도 계획적으로 만들어냈다.[8]

그들은 리보르노의 인구를 늘리기 위해 어떤 나라의 사람이라도 찾아와 거주할 수 있도록 개방적인 도시로 만들었다. 그리하여 이탈리아 전역은 물론이고 그리스인, 유대인, 무어인 등이 몰려들었다. 메디치가는 이들 외국인이 도시의 발전에 지대한 힘이 된다는 것을 깨달았다. 그리하여 활기 없는 어촌에 불과하던 리보르노는 지중해무역의 거대 중심지 중 하나로 변모했다. 제노바가 쇠퇴한 것과 달리 리보르노는 비약한다.

도시와 강을 잇는 운하를 건설하여 상선이 피사와 피렌체를 수월하게 오갈 수 있게 되어 '작은 베네치아'로 불렸다. 도시에는 르네상스 최고의 도시계획 설계로 로마식 도로가 깔렸으며, '이상적인 도시'로 손꼽혔다. 메디치가는 외국인에게 거주권을 부여하는 법을 제정하여 인종과 출신 성분에 상관없이 외국인을 받아들였다. 종교적 박해를 피해 찾아온 유대인 등이 도시 발전에 지대한 기여를 했음은 두말할 나위도 없다. 항구의 기반 시설도 나날이 확충되어 리보르노의 호황에 기여했다.

리보르노 항구에 등대가 건설된 것은 일찍이 12세기로 소급된다. 피사인이 일찍이 1157년 첫 번째 등대를 멜로리아에 세웠다. 그러나 제노바와의 끊임없는 전쟁으로 등대는 무너졌고, 1304년 리보르노 등대(Fanale di Livorno, Fanale dei Pisani)를 세웠다. 등대의 돌에 각인된 이름으로 보아 두 명의 건축가 로코 엔텔로 데 스피나(Rocco Entello De Spina)와 보나준타 치아바티(Bonaggiunta Ciabatti)가 주도했다. 1350년 시인 페트라르카(Petrarca)가 이 등대를 언급했으며, 1500년 레오나르도 다빈치는 정밀 지도에 이 등대를 명시했다.

등대는 항구 길목의 남쪽 바다에 솟구친 암초 위에 세워졌다. 2층 원형 탑과 발코니가 있는 등롱으로 구성됐다. 돌은 피사 근처에서 가져왔다. 처음에는 기름 램프를 사용하다가 1841년 프레넬 렌즈로 교체했다. 오늘날 리보르노는 이탈리아 최대 항구 중 하나이며, 지중해에서도 가장 큰 항구 가운데 하나다.

피사, 제노바뿐 아니라 당대 최대의 해양도시였던 베네치아에서도 1312년과 1350년 공식적으로 등대를 세웠다. 베네치아에는 이 밖에도 등대가 여럿 있는데, 14세기 초반의 이들 등대는 한창 해양 맹주 도시로 지중해에서 세력을 확장하던 베네치아의 황금시대를 반영한다.

그런데 기억해야 할 오래된 이탈리아 등대의 하나는 로마의 오스티아 등대와 더불어 기원전 8세기에 그리스인이 건설한 식민도시 메시나(Messina)에 세워졌던 고대 등대다. 메시나는 이탈리아 본토와 시칠리아 사이의 거친 역사의 파고를 감당했던 메시나 해협에 위치하는 국제도시였다. 기원전 264년 로마군이 시칠리아를 점령하자, 메시나는 제1차 포에니전쟁 이후 로마 편에 서게 된다. 메시

란테르나 등대박물관

　나의 첫 등대는 전쟁 직후 세워진 것으로 보인나. 이 전설의 등대는
역사 저편으로 사라졌고 구전으로만 전해진다.

　메시나 해협은 동서양이 만나 하나가 되는 자연스러운 상업의
중심지였으며, 전략적으로도 이상적인 위치였고 상업과 사회의 중
심이었다. 해협은 아프리카 카르타고에서 몰타를 거쳐 시칠리아 그
리고 이탈리아반도로 이어지는 통로였다. 메시나는 해적의 고향, 카
르타고의 사냥감, 돌격하는 노르만족의 첫 번째 영광스러운 정복지
라는 역사의 진홍색 페이지를 간직하고 있다. 이 도시에서는 모든
사람이 병사가 되며, 모든 여성이 노동자가 됐다.[9] 그만큼 해협의 삶

은 각박하고 치열했으며, 이 지역 사람들은 시칠리아와 이탈리아반도 사이의 충돌과 이반을 교차하면서 역사를 이끌어왔다.

메시나 해협에는 당대의 조각가 조반니 안젤로 몬토르솔리(Giovanni Angelo Montorsoli)가 세운 산 라니에리(San Ranieri) 등대가 남아 있다. 그는 1547년 피렌체를 떠나 메시나로 와서 이곳의 신화적 창시자를 기리는 오리온 분수와 해왕성을 기리는 분수를 세웠다. 등대는 1555년 세워졌는데, 정사각형의 석조 건축 위에 등탑을 올렸다. 이 등대는 메시나 해협을 통해 이탈리아 본토와 시칠리아를 오가는 선박을 지켰다. 거친 역사 속에서도 꿋꿋이 이어오던 메시나는 수없는 지진까지 겪으며 많은 건축물이 파괴되는 처참한 상황을 맞는다. 괴테는 1787년 5월 10일 메시나에 당도했을 때 이런 기록을 남겼다.

시내에 들어서자 즉각 파괴된 도시라는 끔찍한 인상을 받았다. (……) 메시나에 엄청난 재앙이 닥쳐서 1만 2000명의 주민이 목숨을 잃었고, 나머지 3만 명은 들어가 살 집을 잃은 뒤였다. 대부분의 건물은 무너져 내렸고, 남아 있는 벽에는 온통 금이 가 있어서 안전을 장담할 수 없었다.[10]

지진은 그 뒤로도 여러 번 몰려왔다. 1908년 12월 8일 엄청난 지진이 지축을 흔들며 도시의 절반을 파괴하고 7만 7238명의 인명을 앗아갔다. 하지만 등대만큼은 살아남아 지금도 의연하게 해협을 지키고 있다. 이탈리아의 동서 해안에 많은 등대가 현존하지만, 메시나 해협의 등대는 그 장구한 역사성 하나만 가지고도 해양문명사적 의의를 증명하고도 남는다.

북해와 발트해의 빛;
북방으로
가는 길

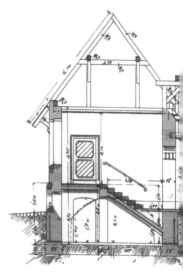

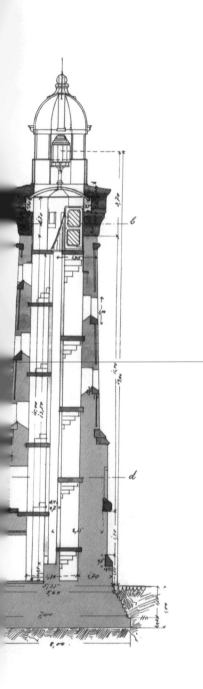

바이킹의 바다로,
한자동맹의
바다로

노이베르크 등대

역사를 바꾼 '바이킹 대이동'

역사는 장기 지속과 단기 지속의 변증법적 관계물이라는 생각을 저버릴 수 없게 하는 공간이 있으니, 북유럽의 발트해(Baltic Sea)와 북해(北海, North Sea)가 그런 곳이다. 대서양 영국에서 네덜란드, 덴마크, 노르웨이와 독일에 이르는 북해 그리고 스웨덴, 폴란드, 핀란드, 발트3국(에스토니아·라트비아·리투아니아), 러시아에 이르는 발트해 권역은 오랜 역사적 동질성을 갖는다. 지중해가 일찍이 '우리 바다'로 로마제국에 받아들여진 후 지중해라는 단일 공간을 통해 오랜 역사를 공유해왔다면, 층위는 다르지만 발트해와 북해 권역 국가도 '비교적' 단일한 공간을 통해 친연성을 공유해왔다. '우리 바다'는 비단 지중해만이 아니라, '바이킹의 바다'에도 존재해온 셈이다.

그런 발트해와 북해의 무역로와 교통로에도 오랜 시간에 걸쳐 등대가 존재해왔다. 각 나라의 처지와 필요에 따라 발생한 근대 등대를 제외한다면, 대체로 북해와 발트해 권역에서는 국제적인 경제활동에 도움을 주기 위해 등대를 만들었고, 그것이 오늘날까지 전해지고 있다.

발트해와 북해 권역에서 결정적 영향을 남긴 역사적 사건은 인류 문명사를 뒤바꾼 대이동이기도 한 '바이킹 대이동'이다. 그만큼 드라마틱한 사실도 드물다. 바이킹 대이동은 복잡한 유럽의 인종 체계와 공간을 뒤흔들면서 오늘날 유럽의 원초적 뿌리를 마련했다. 북방민족의 동향에 대해서는 대체로 로마인이 기록으로 남겼는데,¹ 율리우스 카이사르는 게르마니아인과 전쟁을 치르면서 경험한 북방민족을 이렇게 묘사했다.

곡물은 조금밖에 먹지 않고 주로 우유와 고기로 생활했으며, 따라서 사

롱십, 노르웨이 바이킹 박물관

낭이 활발했다. 음식과 훈련, 분방한 생활 때문에 성정이 거칠고 체격이 유난히 컸다. 아주 추운 지방에서도 약간의 모피 외에는 옷을 걸치지 않고, 신체 대부분을 노출하는 습관이 있다. 몸을 씻는 것도 강에서 했다.[2]

카이사르가 갈리아를 점령하자 로마인과 게르만족은 필연적으로 접촉하게 됐다. 북유럽의 여러 민족이 로마제국의 직접적 영향을 받았다. 그리스와 로마 문자를 변형한 게르만족 최초의 룬(rune) 문자가 탄생했으며, 교역도 활발해져 호박 같은 보석이 지중해에서

큰 인기를 끌었다. 발트해와 북해의 해운이 이용됐고, 유럽 대륙으로는 옛 교역로와 큰 강이 이용됐다.

바이킹의 군사적, 상업적 성장과 인구 팽창은 스칸디나비아반도뿐 아니라 그레이트브리튼, 아일랜드, 프랑스, 키예프공국, 시칠리아 등 광범위한 지역에 영향을 미쳤다. 롱십(longship)으로 대표되는 바이킹 선박 덕에 본거지 스칸디나비아에서 멀리 떨어진 지중해, 북아프리카, 서아시아, 중앙아시아에까지 활동이 미쳤다. 바다와 강을 통한 탐험으로 바이킹은 유럽, 러시아, 북대서양의 섬, 멀리 북아메리카 북동해안에 이르기까지 정착했다.

바이킹의 무역로는 발트해는 기본이고 북해를 관통해 영국, 북대서양의 페로제도와 아이슬란드, 그린란드로까지 뻗어나갔다. 프랑스, 에스파냐를 돌아서 지브롤터 해협을 거쳐 로마와 콘스탄티노플로 가는 뱃길은 이미 확보됐다. 발트해에서 슬라브권 노브고로드로 가는 길, 강을 따라 흑해로 가는 길도 개척됐다.[3] 바이킹의 이동에는 중요한 세 거점이 있었다. 동쪽의 고틀란드와 서쪽의 비르카 그리고 남쪽의 헤데비였다. 북유럽에서 로마 황제의 동전이 가장 많이 나온 지역은 고틀란드로, 러시아 교역의 중심지였다.

멜라렌 호수의 비외르쾨섬에 사리한 비르카는 서유럽 교역의 중심지였다. 비르카는 800~900년대에 전성기를 맞았는데, 북해 남쪽에 살면서 교역에 능했던 프리슬란트(Friesland, 네덜란드)와 빈번하게 무역을 했다. 프리슬란트의 중요 수출품은 라인강 하류 부근에서 생산된 플랑드르 직물로, 질이 아주 좋았다. 스톡홀름에 있는 스웨덴 국립역사박물관에는 비르카 인근의 섬 헬괴에서 발굴된 흥미로운 유물이 하나 전시돼 있는데, 바로 파키스탄에서 들어온 3세기경의 불상이다.[4] 비르카의 교역 범위가 국제적이었다는 사실을 짐작할 수 있다.

또 하나의 무역 중심지는 헤데비였다. 헤데비는 8~11세기 바이킹 시대의 중요 항구로, 유틀란트반도 남쪽 끝에 자리한다. 오늘날 독일 함부르크 북쪽의 슐레스비히 지역이다. 강을 따라 동쪽으로 나아가면 곧바로 발트해로 나가게 돼 스칸디나비아와 연결된다. 서쪽으로는 북해와 연결된다. 이처럼 북해와 발트해 사이의 거점 무역로라는 지리적 이점 때문에 국제무역센터가 됐다. 800년에서 1000년에 이르기까지 바이킹의 성장에 결정적, 경제적 요인을 제공했다.

이러한 무역 거점과 해상로는 중세와 근대에 들어와서도 큰 변화가 없었다. 북해와 발트해를 오가면서 각 연안의 거점 도시를 연결하고 강을 이용해 내륙으로 들어가는 항해 방식은 길게 이어졌다.

한자동맹 무역로를 따라 탄생한 등대

북해와 발트해 권역에서 등대가 탄생하게 되는 결정적 계기는 한자(Hansa)동맹의 출현이다. 무역과 여행 시스템은 로마시대인 400년경까지는 이미 형성됐다. 호박무역이 좋은 사례다. 호박은 발트해 무역로를 따라서 고대부터 유럽 전역은 물론이고 지중해 연안으로 널리 퍼졌다. 이를 앰버 로드(Amber Road), 일명 '호박길'이라고 한다.[5] 스칸디나비아와 발트해 지역은 엘베강, 오데르강, 비스툴라강을 통해 로마 문명과 교섭했다. 고고학적으로 로마시대의 것으로 확인되는 유물이 다수 북방에서 발견되고 있다. 그렇지만 북방은 여전히 변두리였다. 국제무역의 메인 루트는 로만브리튼(Roman Britain)을 거치거나 유럽 대륙의 서부 해안을 따라서 항해하는 방식이었다.

한자무역 교역 체계가 현실화되면서 발트해와 북해를 통한 교섭이 활발해졌다. 13세기에 들어오면 '한자'라는 이름이 보이기 시작한다. 한자는 13~15세기 북유럽의 중요한 경제적, 정치적 세력이었다.[6] 한자의 전신은 독일 상인이 활동해온 두 개의 주요 지역, 즉 북해 연안의 저지대 및 브리튼섬과 교역을 하던 '라인란트(Rheinland)', 유럽 북동부의 방대한 배후지와 서유럽 및 지중해 지역 사이에서 중개상 노릇을 한 '발트해 연안'의 지방상인 단체였다. 이미 12세기에 오면 독일 상인은 고틀란드와 잉글랜드에 무역 거점을 마련하고 있었다.

1280년대에 라인강 유역의 다양한 상인 집단은 공통의 이익을 지키기 위해 서로 협력했고, 북방무역을 지배한 뤼베크 및 그 밖의 독일 북부 도시와 동맹을 맺었다. 동맹 목적은 해적을 진압하고, 등대를 세워 항해의 안전을 촉진하며, 수로 안내인 등을 훈련하고, 무역기지와 독점권을 확립함으로써 안정된 교역을 확보하는 것이었다. 그들은 많은 외국 도시, 즉 베르겐, 노브고로드, 런던 등지에 콘토르(kontore, 무역 거점)를 세웠다. 한자동맹은 독일 북부와 발트해 연안에서 시작됐다. 무역의 중심지는 제국 권력의 중심에서 벗어나 대부분 북부나 남부 변방에 있었다. 뤼베크·브레멘·함부르크·로스토크 등은 북해 및 발트해와 연결되는 지점에서, 아우크스부르크와 레겐스부르크 등은 알프스를 넘나드는 주요 길목에서 발전했다.[7]

한자동맹을 통해 시민과 상인은 동쪽의 노브고로드에서 서쪽의 런던까지, 또 북부 독일과 남부 네덜란드, 벨기에에 이르기까지 연결됐다. 중세 번성기 기술 발전의 상징인 코그(Cog) 배는 한자동맹의 상징이었다. 이 배는 발트해를 떠나 누구도 상상하지 못했던 곳까지 오가며 물류 이동을 촉진했다. 물류 이동은 여러 한자도시에 부를 가져다주었고, 차곡차곡 돌을 쌓듯 발트해와 북해의 문명사를 만들어갔다. 장기 지속적으로 존재해온 해상 루트가 한자동맹을 통해 본격적으로 발화된 것이다.

국제무역이 활성화되면서 안전 항해와 선박 보호의 필요성이 높아졌다. 게다가 13~14세기 노르웨이 남부, 덴마크, 스웨덴, 독일 뤼겐 등 북해와 발트해 연안에 밀어닥친 청어를 잡는 고기잡이배를 위한 보호 장치도 필요했다. 북해와 발트해 연안에 등대의 시대가 열린 것이다.

14세기 한자동맹은 독일 도시의 대부분인 100여 개의 도시를 회원으로 거느렸다. 이 동맹에는 정관도 없고, 육군·해군의 상비군도 없으며, 정기 집회(의회)를 제외하고는 별다른 관리기구도 없었다. 각 도시의 이해관계와 지역적 이익이 공통의 관심사보다 비중이 커지기 시작하자, 15세기 초부터는 정기 집회 소집도 점점 뜸해졌다. 비(非)게르만족이 세운 발트해 연안국의 세력이 점점 커진 것도 한자동맹의 세력을 약화시켰다. 리투아니아와 폴란드는 1368년 통일됐고, 덴마크·스웨덴·노르웨이는 1400년경 연방을 결성했다. 모스크바대공국은 1478년 노브고로드를 점령하고 그곳의 독일 상인을 추방했다. 16세기 중엽에 이르자 네덜란드가 발트해에서 서쪽으로 상품을 수송하는 해운업을 장악하게 돼 뤼베크에 타격을 주었다. 독일 자체에서도 브란덴부르크-프로이센 같은 군주국 통합체가 한자동맹을 약화시켜, 한자동맹은 신대륙 발견 시대에 서서히 사라져갔다. 한자동맹의 집회가 마지막으로 열린 것은 1669년이었다.

뤼베크의 수호신

발트해는 '호수 같은 바다'이며, 실제로 주변 국가에 둘러싸인 거대한 호수였다. 북쪽은 빙하로 뒤덮이고 남쪽은 호수로 존재하다가

발트해의 등표

기원전 6500년, 즉 8500년 전 오늘의 발트해가 됐다. 발트해는 수심이 낮고 겨울에는 일부 동결된다. 그래서 이곳을 오가던 배가 난파되는 사고가 무수히 많았고, 오늘날 수중 고고학적 발굴이 활발하게 이루어지고 있다.[8]

한자동맹의 해상무역로와 등대 사이의 관련성을 살펴보려면 북유럽 지도를 펼쳐놓고 통시적, 거시적으로 접근할 필요가 있다. 한자동맹의 핵심 거점은 발트해 연안의 절묘한 위치에 자리한 뤼베크(Lübeck)다. 북쪽으로는 덴마크 퓐섬과 코펜하겐이 위치한 셸란섬, 스웨덴 말뫼와 예테보리가 있다. 뤼베크를 중심으로 서쪽의 네덜란드와 노르웨이, 영국 쪽의 북해로 연결된다. 뤼베크 동쪽으로는 폴란드 그단스크가 있고, 고틀란드를 거쳐 핀란드와 러시아로도 연결된다. 당연히 옛 프로이센 지역과 발트3국으로 직결된다. 남쪽 내륙으로는 강을 따라서 함부르크와 연결된다. 이렇듯 뤼베크는 중세 해양도시의 거점이 될 수 있는 지정학적 이점을 갖춘 도시였다.

트라베강 하구에 위치한 뤼베크는 강으로 둘러싸인 섬으로, 슬라브인의 거주지였다가 12세기 들어 독일에 의해 발트해로 열린 도시로 새롭게 거듭났으며, 중세 독일에서 두 번째로 큰 도시가 된다. 뤼베크를 출발한 독일 상인은 비스뷔, 리가, 그단스크 등 발트해 연안에 정착해 무역도시를 경영했다. 뤼베크는 이렇게 정복된 발트해 연안 도시로 떠나는 주요 출발지였다.

1226년 황제 직속의 자유도시가 됐고, 이후 라인란트와 베스트팔렌 상인이 뤼베크를 생동감 넘치는 무역의 중심지로 발전시켰다. 베르겐의 대구, 런던과 플랑드르의 고급 양모와 천, 노브고로드의 모피와 밀랍, 스웨덴의 구리와 은, 철, 버터, 뤼네부르크의 소금, 라인란트의 포도주 등이 거래됐다. 뤼베크가 거래한 도시는 런던, 베르겐, 브루게, 노브고로드 등 다양했다. 뤼베크 상인은 현지 왕권과 긴밀한 관계를 맺었으며, 상업적 이익을 지키기 위해 온갖 수단을 다했다. 자체 화폐를 찍었고 재화를 독점했다. 발트해의 중간 거점인 고틀란드를 장악해 발트해 무역의 중심지로 삼았으며, 노브고로드로 진출해 러시아와 서방의 물건을 교역할 거점을 구축했다.

뤼베크는 한자무역을 수백 년간 지배했다. 북부 독일의 물자를 바다를 통해 운송하기 위해서는 꼭 거쳐야 하는 관문이었고, 북해와 발트해가 만나는 중간에 위치해 대륙의 동서쪽에서 모두 접근성이 좋았기에 장기간 성장할 수 있었다. 그리하여 뤼베크는 '한자동맹의 여왕'이라는 별칭까지 얻게 됐고,[9] 베를린, 로마, 피사, 피렌체와 함께 '영광스러운' 다섯 도시 중 하나가 됐다.

당시 뤼베크에 들고나는 배는 연간 680척 규모였다. 행선지는 스웨덴 남부의 스코네, 프로이센, 발트해 동부 연안의 리보니아, 베르겐, 플랑드르 등지였다. 뤼베크 상인은 베르겐에 상관(商館)을 구축했고, 노르웨이산 대구를 남쪽에 가져다 팔아서 큰 이익을 거두었다. 또 뤼베크 남쪽 함부르크 인근의 뤼네부르크에서 산출되는 암염을 통제해 청어절임 교역을 거의 독점하기도 했다.[10]

뤼베크는 토마스 만(Thomas Mann)의 소설《부덴브로크가의 사람들》의 배경이기도 하다. 토마스 만은 이곳의 부유한 상인 집안에서 태어나 자랐다.[11] 뤼베크에는 해상무역으로 많은 돈을 벌어들인 부호가 많았으며, 빈민 구호 시설이나 병원, 성당 등도 있었다. 가난한 선원을 도와주었다는 전설의 건물 시퍼게젤샤프트도 현재 남아 있다. 토마스 만은 자신의 소설에서 부덴브로크가의 4대가 서서히 몰락해가는 모습을 그렸는데, 사실은 자신의 이야기다.

뤼베크에는 1202년 건축된 북유럽 최초의 등대가 있었다고 한다. 그 실체가 정확하게 전해지지는 않지만, 한자동맹의 주축이었던 뤼베크에 수많은 배가 드나들었음을 감안한다면 등대의 존재는 당

트라베뮌데 등대

연한 것이다. 뤼베크 외곽에는 현전하는 아주 오래된 건축물의 하나인 트라베뮌데 등대(Leuchtturm Travemünde, 1539년 재건)가 서 있다. 발트해에서 뤼베크로 들어가자면 반드시 트라베뮌데를 거쳐 트라베강을 거슬러 올라가야 한다. 그래서 사람들은 트라베뮌데를 '뤼베크의 입'이라고 불렀다. 뤼베크의 입을 지키기 위해 12세기 이곳에 요새가 세워졌으며, 이후 요새도시로 발전해 1317년 뤼베크 소속의 작은 자유도시가 됐다.

트라베뮌데 등대는 뤼베크를 지키는 수호신이었다. 발트해와 북해를 오가는 수많은 무역선이 이 등대의 불빛을 받으며 뤼베크로 들어왔다. 그리고 세월이 흘렀지만 이 오랜 항구의 영예와 역할은 지금도 여전하다. 19세기 초반부터는 해변 휴양지로 주목받았으며, 스웨덴·핀란드·러시아·라트비아·에스토니아와 연결된 발트해 최대의 페리 항구이기도 하다. 과거의 국제항로가 지금까지 이어지고 있다.

트라베뮌데에서 동쪽으로 불과 45킬로미터쯤 가면 독일 북부의 한자도시인 비스마르에 닿는다. 비스마르만은 메클렌부르크만이라고도 한다. 도시 앞바다에 푈섬이 자리해 북풍을 막아주기 때문에 훌륭한 자연 항구로 기능한다. 12세기에는 슬라브인의 항구로 번성했는데, 상권은 뤼베크 상인이 쥐고 있었다. 영국, 플랑드르, 에스파냐, 러시아, 노르웨이 등과 교역하는 창구였으며, 특히 독일 맥주를 수출했다. 바로 이곳에도 13세기의 등대가 존재했다.

쿡스하펜의 랜드마크

독일의 발트해 연안 지역에서는 12세기보다 앞선 11세기 무렵부터 이미 등대의 기능을 하는 것이 있었다는 기록이 보인다. 연안과 강상 수로를 안전하게 항해하기 위한 다양한 형태와 색깔의 부이가 이미 11세기에 사용된 것이다. 옛 자료를 보면, 1066년 부이 시스템이 독일 북서부를 흐르는 베저강에 널리 설치돼 이곳으로 들어오는 배, 특히 청어잡이배를 안전하게 강항(江港)으로 유도했다. 신호는 석탄이 아니라 장작불로 보냈다.

등대지기가 근무하는 대규모 등대가 나오기까지는 조금 더 시간이 필요했다. 독일 등대 역사에서 가장 중요한 지역은 독일 북부의 엘베강과 베저강 유역이다. 강어귀와 강어귀에서 가까운 섬 등에 등대가 세워졌는데, 그 시기는 한자동맹이 와해된 이후인 16세기다.

프랑크푸르트행 비행기를 타고 브레멘 공항까지 날아갔다. 브레멘 중앙역에서 다시 기차를 타고 베저강을 따라서 북상해 브레머하펜에 당도, 거기서 다시 북쪽의 쿡스하펜(Cuxhaven)에 닿았다. 쿡스하펜은 엘베강 하구의 항구도시다. 역 앞에는 문화유산으로 지정된 웅장한 원형 벽돌 저수탑이 있다. 역에서 항구까지 걸어가는 동안 다양한 '등대 조각'을 볼 수 있다. 버려지는 부표를 거리예술품이나 아파트를 장식하는 환경 조각품으로 활용하고 있었다. 브레머하펜 해양박물관 입구의 장식품도 부표로 만든 것이다.

알테리베 힝구로 걸어갔다. 항구가 펼쳐지고 뒤쪽에 주택가가 보이는 너른 평지에 200여 년 전인 1805년 세워진 함부르거 등대(Hamburger Leuchtturm)가 서 있다. 요한 게오르크 렙솔트(Johann Georg Repsold)가 설계한 것으로, 구리 등롱의 초록색 지붕과 붉은색 벽돌 등탑이 담백한 조화를 이룬다. 별다른 장식 없이 실용적으로 세워졌다.

그런데 쿡스하펜의 랜드마크이자 등대의 상징은 함부르거 등대보다 한 세기 전인 1703년 목재로 건축된 쿠겔바케 등대(Kugelbake Leuchtturm)다. 쿠겔바케가 서 있는 곳은 엘베강이 끝나고 북해가 시작되는 위치다. 엘베강과 베저강 사이의 상징적 분리도 이 등대가 한다고 볼 수 있다. 목재이기 때문에 30년마다 거듭 보수, 대체돼왔으며, 현재의 것은 1945년 이후 재건축된 것이다. 계속 재건축이 필요하지만, 그럼에도 무려 300여 년을 버텨온 장기 지속성이 쿠겔바케가 쿡스하펜의 랜드마크인 이유일 것이다. 아파트 벽면을 거대하게 채운 쿠겔바케 벽화가 이 등대의 상징적 힘을 잘 말해준다.

쿡스하펜시내에는 세계유산으로 지정된 갯벌 습지인 바덴해(네덜란드, 독일, 덴마크 3개국에 걸쳐 있음)의 여러 섬을 체험할 수 있는 프로그램 소개 안내판이 곳곳에 보인다. 이곳의 갯벌 습지는 세계적으로 유명하다. 갯벌 체험을 위해 많은 사람이 방문하는 노이베르크는 3제곱킬로미터의 작은 갯바위다. 둑 외부의 암석 습지에서 조개, 새우 등이 서식하고 갈매기 등이 알을 낳는다. 쿡스하펜에서 마차를 이용한 갯벌 체험이 가능하며, 알테리베항에서 배를 타고 올 수도 있다.

1539년 이곳에 등대가 들어섰다. 물론 처음엔 등대라기보다 등탑이었다. 스웨덴의 성직자 올라우스 마그누스(Olaus Magnus)가 북유럽 국가 중 처음으로 발행한 지도[12]에 우스꽝스럽게 묘사된 바다 괴물과 엘베강 입구의 노이베르크 등대(Leuchtturm Neuwerk)가 등장한다. 노이베르크 외에 순서대로 다섯 개의 등대(뤼베크, 비스마르, 카미엔포모르스키, 그단스크, 리가)가 표시돼 있다.

등탑은 1300년부터 건축을 시작해 10년 만인 1310년 완공됐다. 당시의 일반적인 건축 방식으로 지어진 독일식 벽돌 등탑이었다. 1360년 대화재로 대부분 파괴됐으며, 이후 재건축했다. 노이베르크 등대는 엘베강을 오가는 선박을 해적으로부터 지키기 위한 군대의 주둔지이기도 했고, 폭풍이 몰아칠 때는 섬 주민의 피난처가 됐으며, 지난 수세기 동안 난파선 생존자의 피난처로도 이용됐다.

1825년 7월 수학자 카를 프리드리히 가우스(Karl Friedrich Gauss)

옛 등대인 함부르거 등대와 현대 등대

헬골란트 등대   쿠겔바케 등대

가 하노버 왕국을 측량했는데, 이때 노이베르크 등대는 가장 북쪽의 측정 지점이었다. 1814년 12월 공식적으로 등대가 됐다. 그 이전에도 등대 기능을 했으나 이때 본격적으로 램프가 도입된 것이다. 첫 램프는 파라볼라 반사경이 달린 오일 램프였다. 1892년 설치한 프레넬 렌즈는 최근까지 사용되다가, 2014년 거의 200여 년 만에 등대의 항로표지로서의 역할 쇠퇴에 따라 그 기능을 멈추었다.

쿡스하펜과 면한 북해의 헬골란트섬에도 1630년에 세워진 등대가 있다. 나폴레옹전쟁 중이던 1807년 영국이 이곳을 점령했으며, 1814년 1월 덴마크령에서 영국령으로 전환됐다. 1890년 독일제국은 영국과 조약을 체결해 동아프리카의 잔지바르섬을 내주는 대신 영국으로부터 헬골란트섬을 얻었다. 이는 독일제국의 해군을 성장시키는 발판을 마련하기 위한 것이었으며, 실제로 해군기지로 개발됐다.

헬골란트섬에 있는 두 번째 등대는 영국 통치기인 1811년 런던의 트리니티 하우스가 세운 것이다. 그래서 '영어 등대'라 불렸다. 그후 독일(프로이센)은 1902년 세 번째 등대를 세웠다. 이 등대는 1902년부터 제2차 세계대전이 끝나는 1945년까지 가동됐다. 1938년 히틀러가 이 섬을 방문해 요새의 방어 태세를 점검했는데, 제3제국도 헬골란트를 전략 거점으로 중시했음을 알 수 있다.

엘베강에서 함부르크까지,
70여 개 등대가 안내하는

베저강 어귀에는 브레멘과 브레머하펜이 위치한다. 브레멘에서 브레머하펜, 쿡스하펜으로 기차가 연결되기 때문에 함부르크를 포함해 모두 1일 생활권이다. 현재 베저강 모래톱에 첨단 건축물이 속속 선보이는 중인데, 그 가운데 브레머하펜 등대(Leuchtturm Bremer-haven)가 의연하게 버티고 서 있다. 현재 기능하는 등대로서는 독일 북해 해안에서 가장 오래됐으며, 이 역시 도시의 랜드마크다. 1853년 세워진 독일식 벽돌 등대로, 첨단 스마트 항구의 상징이기도 하다. 브레멘 출신 건축가 시몬 로첸(Simon Loschen)의 계획에 따라 벽돌 고딕(Brick Gothic) 양식으로 지어졌다. 등대 옆에는 등대지기 숙소와 서비스 건물로 사용되는 벽돌집이 있으며, 제2차 세계대전 중 부분적으로 파괴됐다.

브레멘은 1260년 한자동맹에 가입했고, 이후 점차 더 번성했다. 하지만 1440년대에 이르러 네덜란드와 갈등을 겪게 되는데, 네덜란드를 격퇴하기 위해 해적과 제휴하면서 브레멘은 해적의 지역 허브가 됐다. 해적의 타깃은 북해를 오가는 외국의 무역선이었다.

오늘날 엘베뤼베크 운하는 트라베강과 엘베강을 연결한다.[13] 브레멘 중앙역에서 기차를 타고 함부르크로 향했다. 함부르크는 해항(海港)이 아닌 강항(江港)이다. 13세기부터 한자동맹의 맹주로서 노르웨이, 네덜란드, 영국, 이베리아반도 등과 거래했다. 함부르크 증권거래소가 독일에서 가장 오래된 것도 이 같은 해양력 덕분이다. 엘베강 입구에서 함부르크까지 장장 110킬로미터에 달하는 강변에는 등대 70여 개가 늘어서 있어 수로를 안내하는데, 이것만 봐도 이 도시의 해양력을 느낄 수 있다. 독일어로 등대(Leuchtturme)는 '빛의 탑'이라는 뜻이다.

독일은 해양력 면에서 볼 때 후발 주자다. 함부르크가 세계무대에 본격적으로 등장한 것은 역시 빌헬름 황제와 비스마르크가 통치하던 시기부터다. 독일은 해양력에서는 후발 주자였지만, 그 실력만은 첨단을 걷고 있었다. 훔볼트(Alexander von Humboldt) 같은 과학자의 존재 자체가 독일 해양력의 무게감을 입증한다. 함부르크의 옛 항구 거리에 가면 '훔볼트 하우스'라는 간판을 단 벽돌 건물을 볼 수 있다. 훔볼트는 함부르크를 출발해 베네수엘라의 오리노코강과 아마존, 에콰도르의 화산과 안데스산맥을 탐험했으며, 방대한 자료를 수집해 과학의 대중화에 지대한 공헌을 했다. 베를린의 훔볼트 대학과 남미의 훔볼트 해류 등에도 자신의 이름을 남겼다. 그의 거대한 조사 행로의 출발지가 바로 함부르크였던 것이다.

함부르크는 한때 신천지 아메리카로 향하는 가난한 독일인의 출항지였다. 이민자는 함부르크 항구에서 독일에서의 마지막 밤을 보낸 후 뉴욕-함부르크 간 정기 노선에 몸을 실었다. 이들이 오늘날 미국 사회의 독일계 주민의 선조다. 함부르크는 독일 내 유대인이 미국으로 탈출하는 거점이었던 것으로도 유명하다.

함부르크는 항구답게 부둣가로도 유명한데, 흥청거리는 풍경 속에 거리의 선술집에서는 흔하게 노랫가락이 흘러나온다. 비틀스의 멤버 존 레넌은 "나는 리버풀에서 자랐지만 함부르크에서 나이를 먹었다"라고 말할 정도로 이 도시에 애정을 표현했다. 비틀스는 함부르크에서 2년여를 보냈다고 알려진다.[14]

프리지아제도의 불빛

등대와 해양 문명의 관점에서는 발트해와 북해를 가르는 유틀란트반도의 슐레스비히(Schleswig)와 프리지아제도(Frisian Islands)가 중요하다.

한자동맹이 기세를 올리던 13세기 발트해 남부의 무역은 덴마크의 지배하에 있었다. 오늘날 독일의 슐레스비히홀스타인주에 속하는 슐레스비히는 당시 덴마크의 도시였다. 본디 유틀란트반도는 덴마크와 불가분의 관계에 있다. 독일 북부의 슐레스비히와 홀스타인은 각기 시기는 다르지만 덴마크와 독일에 부분적으로 예속돼 있었거나 두 나라와 상관없이 독립적이었다. 슐레스비히홀스타인주는 북쪽으로는 덴마크, 동쪽으로는 발트해와 독일 남부의 함부르크와 니더작센주, 서쪽으로는 북해와 접한다.

주도(州都)인 킬(Kiel)은 독일 해군과 조선소가 자리한 해양과학 연구의 허브 도시다. 킬의 역사는 1284년 한자동맹 회원국으로 가입한 13세기에 본격적으로 시작됐으며, 1431년 킬 무역박람회가 처음 개최되는 등 물자와 자금의 중심지로 떠올랐다. 킬은 덴마크의 강력한 영향 아래에 놓여 있다가 1866년 프로이센에 병합됐다. 1895년 개통된 98킬로미터의 킬 운하로 북해와 발트해가 서로 밀접하게 연결된다.

13세기 슐레스비히는 러시아 노보고로드-고틀란드 비스뷔-뤼베크-함부르크 사이의 무역권을 발트해와 엘베강을 통해 지배했으며, 영국으로 가는 무역로도 장악했다. 적어도 1227년까지는 그랬다.[15] 재미있는 것은 슐레스비히가 함부르크, 뤼베크, 브레멘, 브레머하펜, 쿡스하펜의 북단에 위치해 지정학적 친연성을 보여준다는 점이다. 바이킹 시대(8~11세기)의 중요 항구로 발트해와 북해를 중개하던 무역 기지인 헤데비가 있던 곳이니, 역사지리적 장기 지속성을 이곳에서 확인할 수 있다. 전략적으로도 중요한 슐레스비히에는 무려 11세기부터 수로에 띄우는 부표가 있었다고 한다.

덴마크에서 반드시 기억해두어야 할 등대가 하나 있다. 바로 유틀란트반도와 스칸디나비아반도 사이에 위치한 카테가트 해협의 덴마크령 안홀트섬에 있는 등대로, 세계역사유산으로 지정돼 있다. 안홀트섬은 사막 지대이며, 희소 식물이 섬의 80퍼센트를 뒤덮고 있다.

안홀트섬의 등대

빙하기가 끝나던 1만 년 전 풍경을 섬 곳곳에서 볼 수 있다. 섬 동쪽 끝에는 덴마크에서 가장 큰 물개 서식지가 있다. 위험한 암초군이 섬을 둘러싸고 있다. 1560년 덴마크·노르웨이 왕 프레데리크 2세는 북해에서 발트해까지 덴마크 해역을 통과하는 주 경로를 표시하기 위한 등대 건립을 명했다. 지금의 등탑은 1881년에 건축된 것이다.

프리지아제도의 섬은 대부분 네덜란드에 속하고 일부만 독일과 덴마크에 속한다. 프리지아제도는 네덜란드 등대 역사의 '서론' 같은 곳이다. 발트해와 북해를 오가는 선박의 안전한 항해를 위해 프리지아제도의 불빛은 꼭 필요했다. 프리지아인은 게르만족의 한 갈래로, 기원전 4세기 북해를 따라 이곳으로 와서 정착했다. 그들은 브레멘에서 브루게에 이르는 지역을 통제했고, 더 작은 근해의 섬을 정복했다. 프리지아인에 대해 알려진 것은 거의 로마의 기록 덕분이다. 기원전 1세기 프리지아인은 로마에 복속되지 않고 독립을 유지했다. 지금도 프리지아인은 독자의 문화와 언어를 가지고 있다. 1996년 네덜란드 북부 해안 지방의 프리슬란트주(프리지아제도의 섬 네 개를 포함함)는 공식 명칭에서 네덜란드 철자법보다는 서부 프리지아 철자법을 따라야 한다는 결론을 내렸다.

네덜란드에는 1280년 당시 마스강 입구와 프리지아제도의 테르스헬링섬에 각각 등대가 서 있었다. 마스강 입구 브리엘 타운에 있던 등대는 1836년까지 통행세를 받았다. 테르스헬링섬의 브란다리스(Brandaris) 등대는 1323년 처음 건축됐지만 1570년 파괴됐고, 현재의 것은 1593~1594년에 지어진 것으로 역사적 가치가 높다. 브란다리스 등대는 직사각형의 6층 구조물이다. 등대에 오르면 브란다리스의 낮은 주택과 프리지아제도의 여러 섬이 한눈에 들어온다.

브란다리스 등대는 청어잡이 어선을 보호하기 위한 용도로 세워졌다. 청어잡이 어선이 무사히 항구로 돌아와 청어를 팔아야 이곳의 경제가 유지됐던 것이다. 청어는 그들에게 금광과도 같았다. 습지에 건설된 척박한 환경 속에서 네덜란드인은 청어절임 기술을 개발했으며, 13~14세기 북해에 고기잡이를 나간 1500여 척의 어선에서 1만 명 이상의 어부가 30만 통 이상의 막대한 청어를 잡아들였다. 그들은 그것을 배 위에서 곧바로 염장해 수출했다. 그래서 암스테르담은 '청어의 도시'로,[16] 네덜란드인은 '바다의 마부'로 불렸다. 현재 암스테르담시내 곳곳 아무데서나 먹을 수 있는 하링(초절임)은 이러한 청어잡이 전통의 흔적이다. 그들은 청어로 벌어들인 돈으로 배를 만들었는데, 지극히 실용적인 배였다. 영국이 선박을 건조하는 가격에 비해 월등히 싼 값에 만들었기 때문에 이후 네덜란드는 조선업을 석권할 수 있었다.

14세기 프리지아제도는 무역으로 번창했다. 영국과 서유럽에 청어를 팔았고, 곡식·목재·타르를 러시아에서 들여왔다. 플랑드르산 옷감과 옷은 프리지아제도를 통해 동쪽으로 수출됐다. 프리지아제도에서 바다를 돌아가면 플랑드르의 브루게까지 가까운 거리였고, 브루게를 통해 플랑드르의 값진 물건을 사들여 중개무역을 행했다.

자유를 향한 신교도의 열망과 자본의 힘은 네덜란드를 유럽을 뛰어넘어 해양제국으로 나아갈 수 있게 해주었다. 네덜란드는 자연조건이 너무 척박해 바다로 나가지 않고는 살 수 없었다. 1580년 네덜란드의 젊은이는 포르투갈 배를 타고 처음 인도로 갔다. 그들은 포르투갈의 항해기술을 배워 직접 동방항로를 개척했다. 자금력과 배 만드는 기술을 갖춘 자유주의자의 자본주의적 열망이 17세기에 그들을 세계 최고의 해양인으로 만들었다. 암스테르담은 한때 세계를 주름잡는 해양제국의 수도로 통했다.

동인도회사의 최고 관리자 얀 피터루스존 쿤(Jan Pieterszoon Coen)은 "전쟁 없이는 무역도 없고, 무역 없이는 전쟁도 없다"라는 명언을 남긴다. 네덜란드는 끊임없는 식민전쟁을 계획하고 실천했다. 다른 나라가 향료 무역에 손대는 것을 참지 못했으며, 오로지 '독점'을 위해 움직였다. 프리지아제도는 그러한 네덜란드의 배가 세계로 뻗어나가는 출입구였다.

프리지아제도의 동쪽 끝단에 위치한 방거로게섬은 독일 니더작센주에 속한다. 이 섬에 1597~1602년 지어진 등대는 많은 사건을 겪었다. 등탑 꼭대기가 타버리는 화재가 일어나기도 했고, 1854년 홍수로 물속에 잠기기도 했으며, 1944년 세계대전 때는 전투기 공격도 받았다. 1932~1933년 원래 있던 자리에서 800미터 남쪽에 새 등탑을 건설했다.

네덜란드에서 추가로 기억해야 할 등대는 제일란트주 발헤런섬의 유산이다. 베스트카펠러는 발헤런의 최서단이며 삼면이 바다로 둘러싸여 있다. 베스트카펠러의 튀어나온 곳을 돌아가면 중세의 해양 거점이자 양질의 모직물이 생산되던 플랑드르의 중심인 브루게와 안트베르펜에 닿는다. 이는 전략적으로 중요한 무역로이자 네덜란드 남부에 경제적 번성을 가져오던 항로였다. 그 베스트카펠러에도 1458~1470년 교회의 불빛을 이용한 등대가 있었다. 성 빌리브로르트(St. Willibrord) 교회의 벽돌탑이었다.[7] 프리지아제도의 북해와 발트해 무역권에 세워진 등대도 중요하지만, 남서쪽 대서양 연안의 플랑드르 무역권의 등대도 살펴볼 필요가 있다.

그단스크 혹은 단치히 자유도시의 해양력

독일 북부의 뤼베크에서 비스마르를 거쳐 뤼겐섬을 돌아가면 폴란드가 나온다. 폴란드 해양력의 중심은 단연 그단스크(Gdańsk)다. 그단스크의 역사는 9~10세기로 소급된다. 13세기에 한자도시가 됐으며, 무역항이자 물고기(청어) 센터로 번성했다. 1308년에는 독일 기사단의 지배를 받았고, 15세기에 이르면 폴란드-리투아니아-프로이센 무역을 주도하는 항구가 됐다.

그단스크에 도착하자마자 오워비안카섬의 국립해양박물관부터 찾았다. 왜 해양박물관을 현재의 오워비안카에 두었을까? 단연 이 섬의 역사적 위상 때문이다. 오워비안카는 옆에 나란히 위치한 비스파스피흐슈프(일명 곡물창고)섬과 더불어 그단스크 동쪽에 위치한 하중도(河中島)다. 모트와바강과 1576년 건설된 스텝프카 운하로 막혀 있다. 그단스크의 무역 중심지로 역사적으로 부의 원천이었다.

섬의 첫 번째 건축물은 14세기에 세워진 도살장이다. 곡물창고가 점점 늘어나 120여 개나 되는 곡물창고가 나무 잔교 옆에 늘어서게 됐다. 16세기에는 적의 공격에 대비해 방어 시설을 다시 갖추었다. 1643년에는 315개의 창고가 있었고, 25만 톤의 곡식을 처리할 수 있는 약 200척의 배도 정박이 가능했다. 대표적 건물은 1677년 세워진 고딕 양식의 창고다. 중세 그단스크 주민의 삶은 모트와바강 왼편에 집중됐다. 도시의 문도 그곳에 있었고, 나무다리도 놓였다. 항만을 지속적으로 개발하기 위해서는 새 곡물창고를 건설하고 강 건너편에도 부두를 다시 마련해야 했다.

16~17세기에는 섬에서 육지로 항구가 확장돼 나갔다. 그 결과 그단스크는 발트해 지역 최고의 항구, 유럽에서 가장 부유한 도시가 됐다. 어떤 곡물창고는 그들 자신의 화려한 이름을 그대로 지명에 남겼다. 그단스크 구도심에는 지금도 15세기의 크레인이 있는데, 중세 유럽의 크레인이 남아 있는 드문 경우다.[18]

이 도시는 독일어로 단치히(Danzig)라고 불리는데, 독일과 폴란드에 둘러싸였던 1930년대 유럽의 단치히 자유도시가 위치했던 항구다. 단치히 자유도시는 제1차 세계대전 이후 1919년 베르사유조약에 따라 창설돼 1920년부터 1939년까지 존재했던 반(半)자치도시다. 자유도시에는 단치히와 기타 인근 도시, 독일인이 주로 거주했던 도시가 포함됐다. 1939년 폴란드를 침략한 독일은 자유도시를 폐하고, 폴란드의 유대인을 근절할 자로 분류해 강제노동을 시키며 차별했다.[19] 많은 사람이 나치수용소에서 사망했다. 제2차 세계대전 이후 포츠담협정으로 폴란드의 일부가 됐다.

폴란드 북부 해안, 즉 발트해 남안에는 20여 기의 등대가 서 있다. 서유럽, 특히 독일에서 오는 배가 그단스크로 들어가려면 모래가 퇴적된 위험한 연안을 지나야 했기 때문이다. 그 유명한 성직자 올라우스 마그누스의 〈카르타 마리나(Carta Marina)〉 지도에는 그단스크의 등대가 그려져 있다. 또 1542년 하인리히 첼(Heinrich Zell)의 〈프로이센 지도(Preussen-Karte)〉에도 무역선과 등대가 그려져 있다.[20]

오랜 세월을 버텨내고 지금까지 남아 있는 등대 몇 곳을 찾아가본다. 그단스크의 등대는 독일풍, 즉 벽돌을 쌓아올린 건축 양식인데, 이곳이 한때 프로이센의 영역이었음을 증거한다. 그단스크로 들어가려면 지나야 하는 모래톱에서 선박이 난파되는 사고가 많았기에 헬반도 끝에 헬(Hel) 등대를 세웠다. 헬은 12세기 이후 발트해 청어잡이의 전진기지로 명성을 떨쳤으며, 수많은 어선이 이곳에 정박했다. 16세기가 되면 어민의 요구에 따라 교회의 탑에 불을 밝혀 등대로 이용했다. 1638년 목조 등대를 세웠으나 소실됐고, 1806년 벽돌 등탑으로 재건축됐다. 지금도 어업이 성하며, 국립해양박물관의 분소인 어업박물관이 있다.

그단스크로 들어가는 길목의 튀어나온 로제비에곳에 위치한 작은 마을에도 등대가 있다. 이 마을의 등대는 폴란드의 전체 등대 가

그단스크의 한자동맹 건물들

운데 가장 큰 초점 거리를 가지고 있다. 1822년 건축됐으며, 초기 광원은 유채기름이었다. 1866년 프레넬 렌즈로 대체됐다. 등대는 독특하게도 두 부분으로 이루어진다. 하단은 벽돌로 지었으며, 윗부분을 넓게 자른 원뿔 아래쪽과 비슷한 모양이다. 상단은 하단 꼭대기에 강철 튜브를 만들어 세우고 붉은 칠을 했다. 현재 등대박물관으로 활용되고 있으며, 등대의 진화를 보여주는 프레젠테이션, 등대의 위치와 모델, 프레넬 렌즈가 달린 회전 테이블 등이 전시된다.[21]

그단스크항에 자리한 노비포르트(Nowy Port) 등대는 폴란드의 아름다운 등대 중 하나로 꼽힌다. 1894년에 지어져 100년 넘게 그단스크항의 입구를 표시하고 있다. 27미터 높이의 이 등대는 그단스크에서 가장 매력적이고 독특한 역사적 건물이기도 하다. 1939년 노비포르트 등대에서 독일 전함이 폴란드 베스테르플라테(Westerplatte)를 향해 발포 신호를 쏘아올린 것이다. 제2차 세계대전의 시작을 알리는 역사적 사건이었다.

낮에는 침몰하고 밤에는 떠오르는 배, 고틀란드의 마술

발트해를 '우리 바다'로 여기고 행동하는 유럽인, 즉 바이킹이 있었다. 그 '우리 바다'에 고틀란드(Gotland)라는 거대한 섬이 낮잠을 자는 짐승처럼 누워 있다. 본섬 외에 카를쇠, 포뢴 같은 작은 섬도 딸려 있다. 발트해의 겨울은 혹독하다. 대륙풍이 몰아치고 파도도 거칠다. 이런 환경 속에서 북유럽 신화가 탄생했다. 자연과 바이킹의 활동이 쌓이고 쌓여서 고틀란드 문명사가 형성됐다. 적어도 청동기 시대부터 인간이 이곳에 있었다는 고고학적 흔적이 남아 있다.

후대에 발트해와 북해를 중심으로 롱십을 이용한 바이킹의 이동과 정착이 활발하게 이루어졌다.[22] 600~1000년경 고틀란드로 출입하는 무역 항로가 만들어지는데, 대략 석기·청동기·철기 시대를 모두 관통한다. 중세 무역의 시대가 열리기 훨씬 전에는 바이킹이 활개를 쳤다. 고고학 발굴에 따르면, 50여 개소의 항구와 무역 거점이 고틀란드 전역에서 확인된다.[23]

슬리테에서 남쪽으로 30여 킬로미터 가면 13세기의 교회가 서있는 고템에 당도한다. 다시 오른쪽으로 달리니 숲 속에 거대한 돌무더기가 누워 있다. 청동기시대의 셸바르 무덤을 찾아간 것이다. 울창한 소나무 숲에 큰 바위가 줄지어 늘어서 배 모양을 이룬다. 13세기의 문헌《구타사간(Gutasagan)》에 따르면, 고틀란드는 워낙 마술적인 섬이라 배가 낮에는 침몰하고 밤에 떠올랐다. 섬에 최초로 당도한 셸바르가 불을 가져온 뒤로 배가 가라앉는 마술이 사라졌다. 이는 섬에 불을 가진 세력이 처음으로 등장했음을 뜻한다. 셸바르는 문명사적으로 볼 때 '고틀란드에 불을 최초로 전한 프로메테우스'인 셈이다.

고틀란드의 발전과 쇠락, 전쟁과 번영은 모두 한자동맹과 직결돼 있다. 발트해 권역은 엘베강, 에더강을 통해 로마 문명과 간헐적으로 접촉했다. 발트해 권역에서 발견되는 고고학 유물로 로마와 다양한 접촉을 했음을 알 수 있다. 그러나 여전히 발트해 권역은 유럽에서 '표피적'이고 '주변적'이었다. 시간이 흐르면서 로마령 영국과 유럽 대륙 서부 해안을 따라 로마와의 교섭 루트가 확장됐다. 역사의 전개 과정을 로마제국(지중해) 중심이 아니라 변방의 관점에서 본다면, 발트해는 주변부가 아닌 유럽 문명과 슬라브 문명이 교차하는 번화한 교차로였다.

　　바이킹의 해상 활동은 전 유럽을 석권했다. 유럽 북부에 남은 본

류는 발트해와 노르웨이, 영국을 잇는 루트를 주 근거지로 삼았다. 고틀란드는 동서, 남북 교류의 중심 혹은 교두보 역할을 하는 징검다리 섬이었다. 동쪽으로는 모스크바 근처의 노브고로드를 주목할 필요가 있다. 고틀란드는 일찍이 러시아의 무한한 가치를 알아보았다. 노브고로드는 850년 무렵부터 슬라브인이 통치 중심지로 조성한 도시였다. 바이킹 시대에 뮐라르 호수 지역과 고틀란드에서 온 상인이 슬라브인과 접촉을 시작했다. 발트해를 관통해 강을 따라 러시아 깊숙이 들어가 노브고로드에 무역 전진기지를 마련했다.

노브고로드는 네바강을 통해 발트해로 직결된다는 점, 유라시아 무역 루트의 종착지라는 점, 한자동맹을 통해 러시아의 모피·왁스·가죽·꿀·타르·목재 등을 활용할 수 있다는 점에서 중요한 의미를 지닌 곳이었다.[24] 풍부한 유라시아의 자원에 놀란 고틀란드인은 그것을 영국으로 가져가서 팔았다. 이러한 무역으로 12~13세기 고틀란드는 극도로 번성했다.

1259년 이미 고틀란드에 들어와 있던 독일 상인은 노브고로드로 특별한 순례를 떠났다. 그들은 성당과 창고, 사무실, 거주지 등 다양한 건물을 축조했다. 한자동맹이 번성하던 시절 콘토르는 고틀란드 비스뷔 법률의 통제하에 있었다. 그러나 덴마크가 비스뷔를 점거한 이후 북유럽 한자도시의 맹주인 뤼베크가 콘토르를 통치했다. 지정학적 위치 덕에 이상적 무역기지가 될 수 있었던 고틀란드는 슬라브 권역의 물건을 서방에 가져다 팔고, 서방에서 다시 슬라브 권역으로 물건을 팔아 부를 축적했다. 마침 섬에 무진장 쌓여 있는 석회암을 이용해 곳곳에 고딕 양식의 교회를 세웠다.[25]

중개무역지로서 번성하던 고틀란드는 당연히 등대 건설을 필요로 했다. 그러나 생각처럼 등대 역사가 길지는 않다. 이곳의 등대는 대부분 후대에 만들어진 것이다. 고틀란드에는 북쪽에 딸린 포뢴섬

네르 등대

등대, 남쪽의 네르 등대(När Fyr)와 호보리 등대(Hoburg Fyr), 서부의 카를쇠섬 등대 등이 중요하다. 셸바르의 무덤에서 남행해 세 개의 등대 가운데 하나인 네르 등대(1872년 점등)를 찾아갔다.

네르 등대가 위치한 네르스홀멘반도는 면적이 불과 2제곱킬로미터에 불과하다. 본디 섬이었는데 100여 년 전 폭풍으로 돌과 모래가 밀려와 본섬과 이어져 뭍이 됐다. 그래서 네르 등대로 가려면 호수 같은 크로켄만을 끼고 좁고 긴 모래톱을 지나야 한다. 사바나 풍경을 연출하는 탁 트인 들판에는 사계절 야생화가 피고지고 마흔네 종류의 새가 찾아온다. 유럽을 찾는 철새는 남단의 사바나 같은 들판을 징검다리 삼아 쉬었다가 북상한다.[26] 키 작은 관목과 잡풀이 자라고 바람이 늘 불어오는 들판 끝에 네르 등대가 서 있다.

등대는 붉은색과 흰색의 띠를 번갈아 두르고 있다. 들판에 우뚝 서서 차곡차곡 쌓아올린 돌담으로 보호된다. 인근의 농민이 방목하는 소가 하릴없이 등대 안까지 들어와서 풀을 뜯기도 한다. 마침 찾아갔던 때는 여름이라 돌담 바깥으로 보랏빛 야생화가 경쟁하듯 꽃을 피우고 있었다. 남쪽에서 올라오는 배는 네르 등대의 불빛을 받으며 러시아나 스웨덴, 핀란드로 향한다.

네르 등대는 섬 북방의 포뢴 등대와 연결된다. 포뢴섬 북동쪽 끝단에 서 있는 등대도 19세기에 세워진 것이다. 오일 램프로 점등하다가 1882년 파라핀 램프로 바뀌었으며, 1953년 전력화됐다.[27]

발트의 모래톱을 경고하는
코푸 등대

발트해 연안국인 발트3국 역시 주요 한자동맹국으로, 특히 리투아니아의 빌뉴스, 라트비아의 리가, 에스토니아의 탈린이 중요한 한자 도시였다. 한자동맹 무역로에 만들어졌던 에스토니아의 등대가 남아 있어 세계적으로 그 의미를 지닌다. 에스토니아 히우마섬에 있는 코푸 등대(Kõpu Tuletorn)가 그것이다. 히우마는 독일 북부나 폴란드, 리가, 고틀란드에서 탈린 및 러시아로 들어가는 배가 지나가는 요충지다. 섬 서쪽으로 돌출한 반도에 위치해 발트해를 통과하는 배는 대부분 이 불빛에 의지한다.

히우마섬의 뛰어난 상징이자 관광 명소인 코푸는 현재까지 작동하는 세계에서 아주 오래된 등대 중의 하나다. 1531년 건축됐으며, 430여 년간 수동으로 작동하다가 1963년 자동화됐다. 등대는 히우마섬의 악명 높은 사퇴(沙堆, sandbank)에 배가 난파되는 것을 막기 위해 경고하는 역할을 했다. 등대는 섬에서 가장 높은 68미터 언덕에 세워졌으며, 높이는 36미터에 달한다. 해수면에서 보면 104미터에 달하므로 발트해에서는 가장 높은 등대다.

13~17세기 발트해는 한자동맹의 영향력 아래 있었다. 16세기에서 17세기 초까지 폴란드-리투아니아연방, 덴마크, 스웨덴은 발트해 제해권을 두고 싸웠다. 이 싸움에서 승리한 스웨덴이 발트해의 무역로를 독점하게 됐다. 등대가 세워지기 전부터 한자 상인은 이 반도를 항해의 중요한 랜드마크로 생각했다. 1490년 한자 상인은 외젤비크 주교에게 등대 건축을 청원했으나 이루어지지 않았다. 1499년 뤼베크에서 열린 한자동맹 회의에서 다시금 주교에게 등대 건설을 청원했다. 발트해를 무대로 살아가는 한자동맹 장사꾼의 숙원 사업으로 마침내 코푸 등대가 세워졌다.

요한네스 3세 주교는 출입구가 없는 단순한 돌기둥을 세울 것을 허락했다. 축조 비용을 부담하기 위해 에스토니아 탈린시위원회는 특별등대세금을 걷었다. 등대 축조는 1500년 여름에 시작됐으나, 공사는 주로 1514~1532년에 집중됐다. 우여곡절 끝에 마침내 1649년 등대가 완공됐다. 등대 외벽에 나무 계단을 설치했으며, 꼭대기에는 철제 불빛 보호 장치를 만들었다. 애초의 설계는 석탄을 태워 불빛을 내는 것이었지만, 높은 운반비 때문에 장작으로 교체, 운영됐다. 엄청난 양의 장작이 쓰였기 때문에 코푸반도의 숲 대부분이 황폐해졌다.

여섯 팀이 번갈아가며 밤에 경비를 섰으나 태풍 때문에 자주 불이 꺼지곤 했다. 1652년에는 불꽃이 강력해야 하며 1.8미터에 달해야 한다는 규칙을 제정했다. 스웨덴의 정치가 드 라 가르디(Julius De la Gardie)가 이 섬을 스웨덴 왕으로부터 사들였으며, 1659년 경영권이 넘어갔다. 그는 등대 높이를 35.6미터까지 확충했으며, 나무 계

코푸 등대

단을 철제로 교체했다.

등대는 정사각 형태다. 외벽은 석회석 모르타르로 발랐는데, 본체는 모르타르 없이 세워졌다. 몸체는 5000큐빅의 돌로 채워졌으며, 총량은 1만 2000톤에 달한다. 섬의 석회암과 불규칙한 돌이 쓰였다. 등탑의 기초는 아무런 방이 딸리지 않은 단단한 돌이며, 등대 꼭대기는 외부의 나무 계단을 통해 올라갈 수 있게 만들었다. 1800년대에 재건축할 때 계단을 등탑 안으로 설치했고, 오늘날까지 이어져온다.

1997년에는 무선 등대가 그 임무를 떠맡게 되면서 코푸 등대는 본연의 기능을 상실했다. 오늘날엔 작은 고기잡이배나 레저용 배가 코푸 등대를 항해의 길라잡이로 이용할 뿐이다. 에스토니아 해양국은 여전히 코푸 등대를 항해의 주요 표지로 여기지만, 이 등대의 미래는 문화적 기억으로 남을 것이다. 현재 코푸 등대는 히우마의 상징으로 받아들여진다. 등탑은 1999년 일반에 개방돼 많은 관광객이 찾아온다. 예나 지금이나 등대는 일몰 한 시간 후에 점등하고, 일출 한 시간 전에 소등한다.

'열린 바다의 도시'를 상징하는 등대 원주

발트해의 마지막 등대를 찾아 나설 시간이다. 발트해에 면한 러시아에도 다양한 등대가 존재하지만, 눈길을 끄는 것은 상트페테르부르크(Sankt Peterburg)의 기념등대다. 예르미타시 미술관의 겨울궁전 건너편, 네바강이 소네바와 대네바로 갈라지는 바실리예프스키섬 입구 삼각주에 등대처럼 보이는 두 개의 높은 기둥이 서 있다. 해전 기념 원주(Rostral'naia Kolonna)다. 그 뒤로 페트로파블롭스크 요새가 보인다.

원주(圓柱)의 기원은 고대 로마로 거슬러 올라간다. 기원전 260년경 해전에서 승리한 로마 해군이 나포한 적선의 뱃머리를 잘라서 승리를 기념해 세운 원주에 장식으로 매달았던 것이다. 이 최초의 해전 기념 원주는 로마에 있었고, 이때 원주에는 서른한 개의 뱃머리가 달렸다고 한다.

상트페테르부르크는 '원주의 도시'라고 할 만하다. 러시아가 프랑스와의 전쟁에서 승리한 기념으로 19세기에 만든 알렉산드르 원주는 수천 명의 군사와 수백 명의 인부를 동원하고 기계를 활용해 단시간에 궁전 앞 광장에 세운 것이다.[28]

그런데 이보다 20여 년 전에 세워진 기념비적인 등대 원주가 있다. 바실리예프스키섬의 원주 한 쌍이다. 이 두 원주는 1810년 원주 바로 앞에 위치한 증권거래소(지금의 해군박물관) 건물과 조화를 이루도록 함께 세워졌다. 증권거래소는 해신 넵튠을 삼각형의 박공 양식인 페디먼트에 장식하고 파르테논 신전을 모방해 건축됐다. 이 건물을 설계한 프랑스 건축가 토메 드 토몽(Tome de Tomon)[29]이 1805년 바다의 영광을 러시아의 수도에 부여하기 위해 경제적 활력을 상징하는 증권거래소 앞에 로마식 해전 기념 원주를 세우자고 제안한 것이다. 원주를 두 개 세운 것은 네바강 분기점을 상징한다. 토몽은 원주 내부에 회전식 계단을 설치하고, 맨 꼭대기에는 기름을 태우는 등롱 시설을 갖추었다.

1896년 전력이 들어왔으나 경제적 이유로 짧은 기간 동안만 사용됐고, 이후 가스로 불을 밝혔다. 19세기 말까지 대네바강과 소네바강을 운행하는 밤배의 항로표지로 사용됐다. 지금은 중요한 의례가 있을 때에만 불을 밝힌다.

상트페테르부르크 해전 기념 원주

눈길을 끄는 것은 이 해전 기념 원주의 장식이다. 기단에는 실제 선박의 뱃머리가 아니라 프랑스 조각가가 조각한 가짜 뱃머리와 앉아 있는 남녀 해신상이 달려 있다. 기단의 모퉁이에 달려 있는 것은 물의 요정 루살카가 조각된 장식이다. 로마의 남녀 해신은 한 방향씩을 차지하고 있는데, 이는 러시아의 동맥에 해당하는 볼가강, 드네프르강, 볼호프강, 네바강을 각기 표상한다. 뱃머리 장식으로 사용된 해마, 물고기, 악어 형상은 형태의 출처가 분명하지만, 요정 루살카는 러시아 건축 서적에서조차 제각각 다른 명칭이 붙어 있다.[30]

1729년 이탈리아의 문장 제작자가 만든 상트페테르부르크 문장은 붉은색 바탕의 방패에 러시아를 상징하는 쌍두 독수리를 가운데 세우고, 그 양옆에 은으로 만든 바다의 닻과 강의 닻이 교차하는 모양새다. 문장의 붉은색은 러시아정교의 아이콘에 표현된 붉은색과 같은 의미다. 쌍두 독수리는 이 도시가 1712~1918년 황제가 거주하는 러시아의 수도였음을, 닻은 물 위에 세워진 도시임을 상징한다. 두 개의 갈고리가 달린 닻은 '바다의 닻'이며, 네 개의 갈고리가 달린 닻은 '강의 닻'이다. '유럽의 창문'이 될 수 있도록 '열린 바다의 도시'를 건설한 표트르 대제의 바람과 함께 강과 호수를 통해 상트페테르부르크가 모스크바와도 연결됨을 상징한다.

예르미타시 미술관을 관람하고 다리를 건너 해전 기념 원주를 찾아갔을 때는 해가 어둑어둑 지고 있었다. 젊은이가 하나둘 오토바이 등을 끌고 나와 원주 아래로 모여들었다. 음악이 흐르고 춤을 추기 시작한다. 네바강의 수신(水神)을 즐겁게 하기 위한 춤인 듯, 춤판은 밤늦도록 이어졌다. 바실리예프스키섬에 불빛이 휘황찬란하게 밝혀지고 등대는 말없이 네바강에 그림자를 드리운다. 이로써 북해에서 발트해에 이르는 지난한 여정이 마침표를 찍었다.

대항해 시대의 빛 1; 에스파냐의 길

원초적 해양력은
이슬람에서

과달키비르강변의 황금탑, 데이비드 로버츠_1833

세비야의 비밀을 간직한
유대인 골목에서

에스파냐 남부 안달루시아의 세비야(Sevilla) 구도심에 숙소를 정했다. 미로다. 굽이굽이 골목을 따라가다 보면 길이 이어지지 않고 막힌다. 당연히 차가 들어갈 수 없는 막다른 길이다. 대성당과 알카사르궁 뒤편의 미로에는 아랍풍과 에스파냐풍이 적절히 뒤섞인 집이 빼곡하다. 어쩌다 공공 정원으로 쓰이는 막다른 작은 광장도 있다. 유대인 골목이다. 유대인은 레콩키스타(Reconquista, 이베리아반도에서 일어난 기독교의 국토회복운동) 이후로만 따져도 800여 년을 이곳에서 살아왔다. 이들은 세비야 역사의 잘 알려지지 않은 비밀을 간직하고 있다. 세비야 비밀의 그 모든 것을 유대인이 갖고 있다는 뜻은 아니다. 적어도 에스파냐 역사를 바라보는 시각이 그만큼 중층적, 융합적이어야 한다는 것. 에스파냐 역사의 다양성을 들추어보는 하나의 좋은 단서가 될 것이다.

지중해 세계를 움직인 것은 왕과 군대와 성직자만이 아니라 무역 상인도 있었다. 그중 단연 유대인의 활약이 돋보인다. 그들의 여러 본거지 가운데 큰 밀집지가 이 세비야 골목에 오랫동안 자리하고 있었다. 한 선술집 카페에서 포도주를 한잔 마시고 있는데, 거짓말처럼 검은 양복에 중절모를 쓰고 수염을 기른 랍비 두 명이 순식간에 골목 안으로 사라졌다. 그들은 대부분 이 골목을 떠났지만, 그 후예가 관광객이 되어 조상이 살던 이곳을 찾아왔는지도 모를 일이다.

일찍이 9세기에 활동한 아랍의 지리학자 이븐 쿠르다디바(Ibn Khurdadhibah)가 쓴 책에는 라디니트(라다니야)로 알려진 일군의 모험심 강하고 여러 나라 말을 구사하는 유대인 상인이 등장한다.[1] 라디니트는 네 개의 교통로를 따라 유랑하듯 이동하며 장사를 했다. 일종의 노마드다. 하나는 육로로 갈리아를 통해 프라하로 들어간 뒤, 흑해 북쪽 유역으로 들어가는 길이었고, 다른 하나는 해로로 프로방스에서 이집트로 들어간 다음 홍해를 거쳐 인도로 들어가는 길이었다. 또 다른 하나는 레반트 지방의 안티오크(현재의 안타키아)에서 이라크, 인도, 스리랑카로 간 다음, 해로로 극동으로 가는 길이었고, 마지막은 에스파냐에서 북아프리카 해안을 끼고 레반트 지역으로 가는 길이었다.

유대인 상인과 더불어 무슬림 노예 상인도 많은 활동을 했다.[2] 이들에 의해 전쟁 노예가 끊임없이 공급됐다. 무슬림은 대항해시대 이후 전혀 다른 차원의 노예시장이 확산되기 이전 시기에 고전적 노예시장을 경영했다. 유대인 상인의 집은 알렉산드리아, 콘스탄티노플, 베네치아 등 곳곳에 있었고, 세비야도 유력한 밀집지 중의 하나였다. 세비야의 국제성은 인종, 종교, 언어 등 모든 면에서 돋보였으며, 이슬람과 기독교 두 문명을 결합시켰다. 오늘날은 관광객으로 붐비는 도시지만 한편으론 적막하고, 단절되어 있으면서도 오랜 역사가 끊임없이 이어져 내려와 골목길의 벽과 돌바닥에 깊이 각인되어 있다.

특히 에스파냐의 해양력은 이베리아의 시각에서만 바라볼 것이 아니다. 이슬람 세계가 남긴 방대한 유산과의 결합을 온전하게 인

세비야의 유대인 거리와 거주지

정하는 인식의 전환이 필요하다. 에스파냐 이전 시기 이베리아반도의 원초적 해양력을 확인할 수 있는 안달루시아 지방의 세비야. 고대 로마의 지배기에는 히스팔리스(Hispalis)로 불리다가 이슬람 지배기에 '시장이 열리는 곳'이라는 뜻의 아랍어 이슈빌리야(Ishbiliya)로 불렸던 세비야. 이슬람 해양 문명과의 결합 과정을 알려면 다른 어느 곳보다도 이 지역에서 찾아보는 것이 좀 더 사실에 부합하고 정직할 것이다.

안달루시아는 여러 정복자를 거치면서도 매번 새로운 왕국의 보석 역할을 했다. 특히 이슬람-에스파냐의 중심지였다. 세비야가 자리한 안달루시아 대평야는 지중해 농업 역사의 핵심 지대로, 풍요로운 곳이었다. 로마 초기에 과달키비르강 하부는 모두 습지였으나 개간이 되면서 로마 시대 에스파냐의 중심지로 떠올랐다. 이슬람이 이베리아반도의 대부분을 장악한 후 이슬람-에스파냐는 북아프리카 쪽으로 팽창해 나갔다. 결과적으로 이슬람-에스파냐는 이베리아반도 지중해 권역과 아프리카 권역을 하나의 종교 권역, 교역 권역으로 단단하게 엮었다. 이렇게 세비야는 코르도바와 더불어 안달루시아의 중심이자 당대 해양 문명의 중심이었다.[3] 11세기 지중해 해운이 세비야에 집중되면서 막대한 부를 얻은 과달기비르항의 항구도시 세비야는 코르도바와 함께 그 화려함에서 선두를 다투었다.[4]

대항해의 출발점이
될 수 있었던 힘

1492년 8월 3일 콜럼버스는 세비야에서 가까운 대서양 연안의 살테스강 어귀에서 모래톱을 가로질러 항해를 시작했다. 강한 바닷바람을 타고 카나리아제도 쪽으로 항로를 잡았다. 그리고 불과 두 달 만인 10월 11일, 마침내 신대륙에 도착했다. 콜럼버스의 출항지 살테스는 우엘바 지방을 흐르는 엘바강 어귀의 섬으로 습지다. 페니키아인이 항해하여 타르테수스 문명이 싹튼 곳으로 알려진다. 로마 건축 유적이 남아 있으며, 11세기에는 무슬림 정착촌도 있었다. 외부인이 가장 먼저 들어오는 일종의 출입구였던 셈이다. 여러 지중해 문명이 교차한 대서양 연안에서 콜럼버스가 신대륙으로 떠난 것은 여러 면에서 의미가 있다.

1519년 8월 10일 마젤란 함대도 세비야를 출항했다. 과달키비르강을 따라 내려가 곧바로 대서양으로 접어들었다. 세비야는 대서양 항해에 아주 유리한 위치다. 세비야를 떠난 배는 산루카 항구를 기준으로 동쪽에서 서쪽으로 새로운 항로를 찾아 지구를 한 바퀴 돌아 다시 돌아오는 동안 8만 킬로미터를 항해했다. 1522년 9월 9일 드디어 3년여에 걸친 항해를 마치고 마젤란 함대는 세비야에 닻을 내렸다. 선원들은 소매 달린 셔츠를 입고 육지에 상륙했는데, 모두 맨발이었다. 그들은 한손에 불을 밝힌 초를 들고 성당을 방문했다. 베네치아인 안토니오 피가페타가 상세한 항해 기록을 왕에게 바침으로써 대항해는 대단원의 막을 내렸다.[5]

콜럼버스와 마젤란만 봐도 세비야가 대항해의 출발점이었음을 알 수 있다. 실제로 세비야 대성당에는 콜럼버스의 관이 안치돼 있다. 남자 여럿이 관을 메고 행진하는 이 특이한 조각상이 성당 한 부분을 차지한다. 콜럼버스의 시대로부터 먼 후대인 19세기에 만들어진 일종의 의례적 모형이다. 세비야가 대항해의 출발지로서 시대가 전환되는 거대한 동력의 진원지였음을 암시한다. 이런 힘은 어디서 배태된 것일까?

이베리아반도가 이슬람 지배하에 들어간 것은 8세기다. 이슬람 지배기 초에는 아직 문명의 꽃이 피지 못했다. 에스파냐는 이슬람과 비잔틴의 발전된 문명에 비교할 때 뒤처진 상태였다. 피정복자인 에스파냐 원주민 다수가 정복자 무슬림을 점차 받아들이기 시작했다. 개종은 점진적이었으나, 대략 850년부터 1000년 사이에 집중적으로 늘었다. 아랍어로 각인된 기독교도인 비석, 아랍어 기독교 성서가 전해 내려오는 것만 봐도 정복자의 언어가 피정복민의 문화에 깊숙이 침투한 것을 알 수 있다.

종교와 언어뿐만 아니라 학문도 9~10세기 이베리아 땅에 뿌리를 내렸다. 에스파냐-아랍 사회가 발전한 것은 이 시기에 엄청난 경제적 번영이 있었기에 가능했다. 이렇게 이슬람 세력이 지중해 세계를 점령하면서 이슬람의 역사 자체도 전환기를 맞이했다. 교역망은 알안달루스를 이집트, 이라크, 이란, 심지어 인도에 이르기까지 멀리 떨어진 이슬람 세계와 연결해주었다. 다양한 물품을 교역하는 것은 물론이고 역사, 시, 서예, 음악, 식물학, 의학, 수학, 천문학, 상아 조각과 금속공예 등 여러 분야에서 풍요롭고 다양한 문화가 표출됐다.

10세기에 이르러 코르도바 칼리프의 전성기가 시작됐다. 이슬람 세계 서쪽 끝에 독립적으로 위치한 알안달루스 왕국에는 이슬람 세계의 모든 풍요로움이 집약됐다. 정교한 관개시설, 발달된 농업과 수공업, 원거리무역, 다민족, 다종교는 전 아랍 세계와 이슬람 전체의 여행가, 사상가, 철학자, 예술가를 매료했다. 에스파냐의 이슬람 문화는 현지 문화도 일부 흡수했지만, 기본적으로는 서아시아의 아랍-이슬람 문명을 받아들인 것이었다.

알안달루스의 도시는 지중해 세계에서 가장 찬란한 문화를 꽃피웠다. 서지중해 제해권을 장악했던 비잔틴제국 해군의 전력 약화도 에스파냐 이슬람 문명의 확산에 도움이 됐다. 세비야와 코르도바는 풍부한 농업 생산과 국제무역을 기반으로 번영을 누렸다. 마침내 톨레도와 세비야, 인구 30만 명을 헤아리는 대도시인 코르도바 등이 출현했다. 그러나 이베리아에서 꽃핀 이슬람 문명은 13세기에 접어들면서 내리막길을 걸었다.

오랜 이슬람 지배를 거쳐 에스파냐는 다시 기독교도에게 점령됐다. 이베리아반도 북쪽에서 서서히 세력을 키우면서 내려온 페르난도 3세는 이슬람 칼리프국의 수도였던 대도시 코르도바와 세비야를 1236년과 1248년에 각각 정복했다. 레콩키스타의 일환으로 페르난도 3세가 도시를 점령하면서 세비야는 카스티야 왕국의 영토에 포함됐다. 아라곤 왕국과 카스티야 왕국의 연합 왕국을 거쳐 에스파냐 왕국이 성립하면서 세비야는 점차 그 규모가 확대됐으며, 대항해시대에 세비야는 전성기를 구가하게 됐다.

각 나라의 물품이 들어올뿐더러, 역으로 세비야에서 나가는 물품도 풍부했다. 레콩키스타 이후 세비야 인구는 약 2만 4000명에 이르렀다. 이베리아반도에서 바르셀로나 다음으로 많았다. 규모는 작지만 무슬림 공동체도 존속했다. 도시가 정복되고 나서 많은 유대인이 다시 찾아왔으며, 그들의 공동체는 이베리아반도 내 유대인 집단 거주지 중에서 매우 활기찬 곳 가운데 하나였다.

아랍 세력을 축출한 다음, 마침내 에스파냐는 곧바로 1492년 아메리카 발견이라는 중요한 사건의 극적 조명을 받으며 국제무대에 등장했다. 에스파냐인 정복자는 수십 년 동안 아메리카 대륙 전체에 걸쳐 원주민을 잔인하고 교활한 방식으로 정복해 나갔다. 백인 정복자의 신세계 정착은 16세기 중엽까지 착실하게 진행됐다. 신세계는 금과 은 같은 귀금속을 제공했고, 신대륙으로 건너간 이주민은 토지와 원주민 노동력을 착취하여 농장을 만들어 나갔다. 사탕수수 재배와 다른 작물의 플랜테이션이 뒤따랐으며, 이에 따라 세

비야항도 최상의 번영을 구가했다.[6]

1503년 세비야에 서인도무역관(Casa de la Contratacion)이 설립된 이후 두 세기 동안 함대는 멕시코와 페루의 은을 싣고 돌아왔다. 해외 식민지 독점 무역으로 도시는 활기를 띠고 번창했다. 신대륙 항로는 무역풍을 이용해야 했는데, 세비야는 무역풍 입구에 위치했다. 세비야는 과달키비르강을 타고 내려가는 소형 선박과 소 네 마리가 끄는 유명한 수레가 도착하는 곳이었다. 브르타뉴, 잉글랜드, 젤란트 및 홀란트의 선박은 대구 염장에 꼭 필요한 소금과 해외의 산물뿐만 아니라 포도주와 기름을 얻기 위해 이곳으로 왔다.[7]

그런데 세비야의 부상에는 유대인 외에 이탈리아 제노바인의 전면적인 후원과 참여가 있었다. 대항해시대에 세비야에는 많은 제노바인이 집단으로 거주하고 있었다. 제노바인은 세비야의 발전을 주도한 또 하나의 세력이었다. 제노바는 에스파냐 왕국의 재정을 통제했고, 이른바 브장송(Besancon) 정기시(定期市)를 통해 유럽 자본 전체의 움직임을 정상에서 지배했다.[8] 이탈리아가 이베리아의 '신대륙 항해 선구자이며 교사'였다고 해도 과히 틀린 말은 아닐 것이다. 지중해를 오가는 선박 혹은 이베리아인이 '레반트 선박'이라 부르는 배가 매년 지중해에서 런던이나 안트베르펜까지 항해했다. 그만큼 그들은 대서양 항해에 익숙했다. 이들 선박은 심지어 신대륙 항해도 했다.[9]

이슬람 과학기술과 유대인 자본이
바탕에

대항해시대를 거칠게 겪고 아메리카 대륙에 히스패닉이라는 전혀 새로운 문명을 구축한 에스파냐는 그에 걸맞게 자신들의 영역 곳곳에 항구를 건설했다. 지배 영역이 급작스레 넓어진 에스파냐 해양 문명의 폭과 깊이는 워낙 커서 단순 요약은 어렵다. 게다가 간과하거나 무시하는 것 중의 하나는 에스파냐 해양력의 바탕에 오래전 이식된 고대 페니키아와 그리스 문명 그리고 로마 문명, 8세기 이후의 이슬람 문명이 있다는 사실이다. 과달키비르강가에 자리한 페니키아, 그 뒤를 이은 그리

아랍어가 쓰인 아스트롤라베,
카타르 도하의
이슬람아트박물관

스와 로마 문명 그리고 그 위에 이슬람과 기독교 문명이 각자 자신들의 방식대로 영향을 미쳤다.

사실 우리가 알고 있는 많은 선진적 항해기술은 이슬람에서 온 것이다. 이슬람의 과학과 기술을 창조적으로 융합하지 않았다면 에스파냐의 대항해도 불가능했다. 그럼에도 서구 기독교 중심, 에스파냐 중심의 시각에 따라서 이슬람의 영향이 무시되고, 전적으로 에스파냐의 독자적 과학기술로 대항해의 모든 역사가 가능했다는 편향된 사고가 지금껏 지속돼왔다.

2016년 여름 카타르 도하의 이슬람아트박물관을 찾아간 적이 있다. 그곳에 항해 도구의 압권인 아스트롤라베(Astrolabe, 천체관측기)가 상당량 전시되어 있었다. 아스트롤라베는 본디 그리스 천문과학기술의 성과물이다. 그리스의 천문과학기술을 이슬람이 새로운 방식으로 응용해 아스트롤라베를 만들어냈고, 이는 후에 이슬람-에 141

스파냐를 통해 유럽으로까지 도입된다. 당시 이슬람아트박물관에서는 아랍 글자가 새겨진 아스트롤라베와 라틴어가 쓰인 에스파냐의 아스트롤라베를 비교하는 전시를 하고 있었다. 에스파냐의 것이 아랍의 것을 고스란히 복사한 '짝퉁'임을 한눈에 알 수 있었다. 이슬람의 아스트롤라베는 오랫동안 이어져 내려오는 한 수공예 가문이 만든 것이다.[10] 가문이 세습되면서 정교함이 더해졌고, 장인의 손길에 의해 과학기술의 첨단을 자랑하는 도구로 탄생했다.

아랍의 이베리아반도 지배 시절 많은 아랍인 과학자가 이베리아반도에서 활동했음을 주목해야 한다. 톨레도 출신의 자르쿨리도 그중 하나다. 1029년 자르쿨리는 기원전 6세기 페니키아 해양 세계의 일원으로 참여한 유대인이 개척한 톨레도에서 태어났다. 톨레도는 부자 도시로 번성을 구가했으며, 에스파냐의 문화, 정신, 지성의 심장이었다. 자르쿨리는 천문과학자가 사용하는 기구를 만드는 장인 집안 출신이었다. 그러나 워낙 정교한 솜씨로 과학기구를 만들었기 때문에 아랍의 과학자는 그에게 공부를 권했다. 천부적인 손재주와 두뇌를 갖춘 장인 자르쿨리는 이론과 실제를 겸비하여 높은 경지에 도달했고, 마침내 세계 최고의 아스트롤라베를 완성하기에 이른다. 그가 죽고 200여 년 뒤 알폰소 10세가 이 아랍인의 논문을 번역한 것은 그만큼 그의 재능과 기술이 시대를 앞섰다는 뜻이다.[11]

톨레도는 1085년 알폰소 6세에게 함락된다. 그렇지만 무슬림의 발명품은 그대로 이용됐다. 무슬림 세계에서 기독교 세계로 바뀌었지만, 에스파냐에서 아랍어는 여전히 통용됐다. 특히 과학자는 아랍어를 충분히 이해했다. 이 시기에 톨레도에서는 본격적인 융합이 이루어지기 시작한다. 과거의 것을 청산하는 것이 아니라 융합하여 새롭게 만들어냈다. 청산해 없애버리기에는 이슬람 문명의 힘이 막상 승리를 거둔 에스파냐의 힘을 여전히 압도했다.

'에스파냐의 보석'으로 화려한 번성을 구가하던 세비야는 모스크를 성당으로 바꾸고, 기존의 궁궐과 정원을 알카사르궁으로 바꾸는 식으로 이슬람 문명과 에스파냐의 요소를 결합해 나갔다. 그런데 강력한 스폰서는 언제나 유대인이었다. 안달루시아를 기독교도가 점령하고 난 다음에도 안달루시아의 무슬림 천문학은 여전히 이어졌는데, 사실 안달루시아 무슬림 과학의 역사는 유대인의 역사라고 해도 과언이 아니다.

알비트루지(Al-Bitruji) 같은 뛰어난 과학자의 연구가 유대인 공동체의 지원으로 13세기 유럽에서 번역됐다. 16세기의 과학자 코페르니쿠스가 혁명적 이론을 제기할 때도 알비트루지의 글을 인용했을 정도다. 코페르니쿠스가 알비트루지의 업적을 충분히 읽고 이해했다는 증거다. '지구는 둥글며 자전하면서 태양의 주위를 돈다'는 지동설은 신대륙 발견 등 항해의 이론적 정당성을 부여했고, 둥글기 때문에 언젠가 돌아올 수 있다는 이론에 힘입어 마젤란의 대항해가 이루어졌다. 아랍의 천문 지식을 통해 이미 에스파냐인은 대항해의 가능성을 점치고 있었다.

아랍어로 번역된
그리스 문명

안달루시아의 아랍-이슬람은 어떻게 그렇게 높은 경지까지 문명 수준을 보여줄 수 있었을까? 에스파냐가 이슬람에 빚지고 있다면, 거꾸로 이슬람은 그리스 문명에 빚지고 있다. 역사는 소멸과 단절이 아니라, 복고와 전승과 번안을 통해 계승된다. 이슬람 문명의 배경에 깔린 그리스 문명의 힘을 주목할 필요가 있다.

오로 등탑의 옛 모습이 나오는 그림. 아랍 배가 보인다

아랍의 과학기술이 최단시간 내에 최상에 도달할 수 있었던 것은 이슬람제국의 아바스 왕조 통치기 첫 200년(8~10세기) 동안 새로 건립된 수도 바그다드에서 전례 없이 벌어진, 그리스어 문헌의 아랍어 번역 운동의 결과다. 8세기 중반부터 10세기 말까지 비잔틴제국 동부와 근동 전역을 손에 넣은 아바스 왕조는 그리스·로마의 문헌 대부분을 아랍어로 번역하기 시작했다. 점성학과 연금술, 비학(秘學), 산수, 천문, 음악 이론 등 4과(科), 형이상학, 윤리학, 물리학, 동물학, 식물학, 철학, 의학, 약리학, 수의학, 군사학 등을 망라한 국가적 번역 사업이 진행됐다.[12]

근동의 번역은 기원전 2000년대의 수메르 문서가 아카드어로 번역된 이후 계속돼왔다. 천문학, 점성학, 수사학, 의학 등 인도의 과학 자료도 아바스 왕조에 의해 페르시아어를 거쳐 아랍어로 번역됐다. 평론가 에드워드 사이드가 언급했듯이 제국 때문에 모든 문화는 서로 관련되어 있으며, 어떤 것도 단독적인 것이 없다. 모든 것이 혼성물이고 균일하지 않으며 매우 차별이 심하고 단일하지 않다.[13] 아랍인이 점령한 이베리아반도의 에스파냐 지역에서 문화 융합이 벌어졌고, 아랍인이 물러난 후에도 그들이 남긴 선진 과학기술이 에스파냐 대항해의 건실한 기초가 됐음은 재론할 필요가 없다.

니코스 카잔차키스는 《스페인 기행》에서 "에스파냐는 두 얼굴을 지니고 있다"라고 했다. 하나는 '슬픈 얼굴의 기사'라는 돈키호테의 열정적이면서 긴 얼굴이고, 다른 하나는 실용주의자 산초의 멍청한 얼굴이다. 문명사도 두 얼굴을 지닌다. 결코 어느 일방의 지식만으로 성립되는 것이 아니다. 이베리아 문명도 마찬가지다. 아랍 문명이나 저 멀리 그리스·로마 문명을 제거하고 오로지 레콩키스타 이후 기독교 문명 중심의 '백인의 역사'로만 설명하는 것은 얼마나 옹색한 일인가.

대항해에는 지도를 포함한 이슬람의 선진적 지리학이 필수였다. 그런데 이슬람의 과학적 지리학도 사실은 인도, 페르시아, 그리스 등지에서 온 것이다. 가장 큰 영향을 미친 것은 알렉산드리아의 프톨레마이오스 같은 그리스 학자의 저작이었다. 이집트 알렉산드리아에 거주하던 프톨레마이오스는 150년경 파피루스에 그리스어로 《지리학 입문》을 썼다. 그의 지리학 책에는 유럽, 아시아, 아프리카 대륙 8000곳의 위도와 경도가 실렸고, 지리학에 필요한 천문학의 역할이 설명됐으며, 지구상 여러 지역의 지도를 만드는 데 필요한 수학이 상세히 안내됐고, 서양 지리학의 전통에 오랫동안 자리하게 될 지리학의 정의가 규정됐다. 지리학은 한마디로 고대 세계가 고안한 지도 제작에 필요한 일체의 도구였다.[14] 프톨레마이오스가 만든 지리학적 모범을 따라서 에스파냐-아랍인도 적도와 평행하는 선을 설정해 세계를 일곱 권역으로 나누었고, 다시 경도에 따라 열 개의 부분으로 세분했다. 모든 이슬람의 지리적 지식은 그리스인이 남겨준 틀에 맞추어 재조정됐다.[15]

그러므로 지금까지 기독교 문명권 위주로 서술되어온 에스파냐의 해양력에 대한 '기독교 주류적' 시각에서 벗어나야 한다. 에스파냐로서는 자신들의 피지배 시기를 가급적 축소해 서술하고, 아랍인을 몰아낸 시점부터 자신들의 문명 발화를 강조하고 싶었을 것이다. 8세기 초부터 13세기 말까지 500여 년에 걸친 아랍의 지배 시기는 오랫동안 레콩키스타, 즉 단순한 피지배 시대가 아니라 '재정복의 시대'로 적극적으로 해석, 정리됐다. 중세사를 레콩키스타라는 거대한 드라마로 재구성한 것은 에스파냐인의 자아상 정립의 소중한 특징이 됐다. 점령됐던 피지배기보다는 중세 조상의 가톨릭적, 십자군적 사명을 둘러싼 강력한 민족적 신화화가 필요했다. 에스파냐 중세기의 변화무쌍하고 복잡한 역사는 이런 과도한 단순화를 통해 비로소 이해할 수 있다.[16] 그러나 이런 과도한 단순화의 위장막을 걷어내면 이슬람 문명의 거대한 족적이 그 바탕에 깔려 있는 것이다.

아랍풍의 황금탑과 등탑 미너렛

대항해가 시작되는 세비야, 이곳의 등대 역사에서도 이슬람 문명의 바탕을 지워낼 수 없다. 최근 많은 이들이 세비야를 찾는다. 물론 세비야의 관광 1번지는 대성당이다. 그런데 나는 과달키비르강가의 등대를 꼽고 싶다. 산 텔모 다리 바로 옆에 세워진 '오로 등탑(Torre del Oro)', 일명 '황금탑'이다. 강물에 황금빛 그림자가 비쳐 황금탑이라는 별칭이 생겼다. 같은 시대에 건설된 것으로 짐작되는 플라타 등탑(Torre de la Plata)도 인근에 있다. 일명 '백은탑(白銀塔)'이라고 한다.

이곳의 등대는 서구의 등대와 구별하여 등탑이라고 표현하는 것이 적확할 것이다. 예를 들어 중국 송 대에 유행한 불교의 탑을 원용한 등대는 모두 등탑이라고 칭한다. 세비야의 등탑은 13세기 초반에 축성됐으므로 이곳에서 아랍인이 물러나기 전의 일이다. 우리가 일반적으로 생각하는, 이른바 서양식 등대가 아니라 과거의 아랍식 그대로 등대 및 방어탑으로 활용한 사례다. 아랍이 남긴 유산이 이와 같이 쓰였으며, 지금까지도 세비야의 상징으로 인정받고 있다.

오로 등탑은 본디 과달키비르강을 지키는 군사 망루였다. 다목적 기능이라 등대 역할도 했으며, 중세에는 한때 감옥으로도 쓰였다. 돌과 모르타르, 석회 같은 건축 자재가 쓰였는데, 빈틈없이 큰 돌을 짜 맞추어 견고하게 축성했다. 십이각형의 아랍식 탑 축성법을 충실하게 따랐으며, 3층 구조다. 상층에 야외 발코니가 있고, 그 위쪽에 등탑으로 쓰이는 둥근 탑이 있다. 발코니로 나가면 세비야의 구도심이 한눈에 들어오며, 대성당이 바로 지척에 있는 듯 보인다. 등대가 구도심의 중심에 자리하고 있음을 알 수 있고, 등대 주변으로 배가 나가고 들어오는 것을 공간적으로 한눈에 담을 수 있다.

이 등탑은 1220~1221년 아부 이울라(Abu l-Ulà)의 명령으로 세워졌다. 세비야로 들어오는 배는 일단 이 등탑을 보고 접근했다. 항로 표지로서 가장 중요한 지표였다. 이 견고한 등탑도 1755년 리스본 대지진으로 심하게 손상됐으며, 한때 탑을 철거하려는 움직임도 있었다. 그러나 세비야 주민이 반대했고, 1760년 대대적 복원이 이루어졌다. 1868년 혁명이 일어났고, 혁명가는 벽의 장식을 파괴하려 했다. 이때도 세비야 주민의 반대로 파괴를 막아냈다. 세비야인에게 이 등탑은 조상의 혼이 담긴 역사적 상징 같은 것이었다.

1900년 엔지니어 알콘(Carlos Halcón)이 다시 복원했다. 따라서 오늘날 남아 있는 등탑은 아랍인이 1220년 축성한 초기 양식, 1760년 복원과 1900년 복원이라는 세 단계의 역사적 절차를 밟아 이루어진 것이다. 그럼에도 이슬람식 전통은 여전히 탑에 강하게 잠재돼 있다.

등탑 안쪽 벽에는 1923년 알폰소 13세의 방문을 기념하는 타일 장식 팻말을 붙여놓았다. 오늘날 등탑은 해군박물관으로 활용되고 있다. 해군박물관에는 이 등탑의 옛 모습이 담긴 그림이 여러 장 걸려 있다. 강둑 위에 오늘날과 흡사한 모습의 등탑이 서 있고 그 앞에 배가 정박해 있는데 아랍풍 선박이다. 에스파냐의 항해력이 쇠약해진 19세기까지도 이 등탑은 등대 역할을 수행했다. 1832년 데이비드 로버츠가 그린 그림에는 돛을 내린 아랍풍 범선이 즐비하게 등장한다. 1937년 처음 출간된 《스페인 기행》에서 니코스 카잔차키스

오로 등탑, 일명 황금탑

는 세비야 강변을 이렇게 묘사한다.[17] 대항해시대가 지난 후 쓸쓸하게 쇠락해가는 강변 풍경이다.

세비야의 항구 과달키비르의 제방으로 내려갔다. 이물 장식과 색색의 용골을 한 커다란 배들이 닻을 내렸다. 술집에서는 앵무새가 인간처럼 큰 소리로 외쳐댔다. 맞은편 제방에는 야자수가 우아하고 가볍게 바람에 나부꼈다. 갤리선이 아메리카의 이국적 보물을 내려놓던 이 멋진 항구는 이제 오래되어 몇몇 낡은 배, 두세 마리의 앵무새, 죽 늘어선 야자수밖에 없었다.

과달키비르강변의 황금탑 말고도 모스크의 미너렛(minaret, 첨탑) 자체가 등대 역할을 겸했음을 주목해야 한다. 모스크를 볼 때 이방인의 눈에 가장 먼저 눈에 띄는 것이 첨탑이다. 멀리서도 쉽게 눈에 띄는 미너렛은 한 지역에 이슬람교의 특징을 심기 위한 표지물로 세워졌다. 654년 처음으로 이집트의 한 모스크에 미너렛이 세워졌는데, 당시에는 항해자나 사막 여행자의 길 안내 역할도 겸했기 때문에 등탑이라고도 했다. 등탑은 탑기(塔基), 탑신(塔身), 탑정 세 부분으로 이루어지는데, 탑신은 가늘게 뻗어 올라가고 탑정은 뾰족하다. 지역에 따라서 탑신이 원주형이나 나선형, 탑정이 왕관처럼 원형으로 된 것도 있다.[18] 꼭대기에서 무에진(muezzin)이 하루 다섯 차례 기도 시간을 알리는 소리를 지른다.

이슬람 포교지는 바닷가나 사막 지대를 다수 포함하고 있어 미너렛은 실제로 항해자나 사막을 지나는 무역 상인에게 해상 등대, 육상 등대의 역할을 수행했다. 유럽식 관점에서 보면 이슬람 문명권은 '등대가 없는 곳'으로 간주된다. 그러나 대항해의 역사가 이슬람권에서 먼저 발달했음을 볼 때 이슬람이 이슬람 나름의 종교적 첨탑을 등대로 활용해왔음을 이해할 수 있다. 어떤 이슬람 문명권의 항구에서도 먼 바다에서 볼 때 첨탑이 가장 먼저 눈에 들어와 항로 표지 역할을 수행했기 때문이다. 역으로, 근대적 개념의 등대가 보급되기 전 기독교 문명권에서도 높이 솟구친 성당의 첨탑이 항구의 항로 표지 기능을 했다.

과달키비르강가의 이 아랍식 등탑을 콜럼버스와 마젤란도 목격했을 것이다. 이 등대의 불빛을 의지해 강을 빠져나가 대서양으로 나갔을지도 모른다. 아랍인이 만든 정교한 아스트롤라베, 지구는 둥글기에 빙 돌아서 돌아올 수 있다는 이론, 과달키비르의 황금탑 등이 모든 것이 세비야가 대항해의 근거지가 된 힘이었고, 또 그것이 이슬람의 힘이었다.

대항해시대를 선도한 나라답게 에스파냐의 등대는 산탄데르, 발레아레스제도, 라스팔마스제도 등 북부 대서양 연안과 지중해 연안, 여러 섬 등에 널리 분포한다. 두말할 나위 없이 쿠바, 페루, 푸에르토리코, 멕시코 등의 식민지에도 에스파냐의 등대는 강력한 흔적을 남겼다. 그런데 대체로 에스파냐의 등대는 로마 시대에 건축된 라코루냐의 헤라클레스 등대와 산탄데르의 카보 마요르 등대(1839)를 제외하고는 19세기 중후반에서 20세기 초에 불을 밝혔다. 19세기 후반이 되면 가히 에스파냐는 등대의 시대라는 표현이 과하지 않을 정도로 다수의 등대를 만들게 된다. 산업혁명 이후 범선 대신 증기선이 건조되고, 국제 자본의 확대에 따른 물동량이 증가하면서 에스파냐도 등대와 항구를 정비한다.

재미있는 것은 칠레의 가장 오랜 등대(Faro Angeles)도 고작 1857년, 푸에르토리코의 등대(Elboe Reef)도 1864년으로 19세기 중후반의 등대라는 점이다. 멕시코의 등대도 대체로 19세기 후반의 것인데, 건축 시기를 알 수 없는 등대가 많다. 연대 미상은 에스파냐 식민 당국에 의해 조금 이른 시기에 만들어졌으나 정확한 연도를 알수 없는 경우다. 결론적으로 식민지를 포함해 에스파냐의 등대는 근대의 등대이며, 19세기 후반의 것이 다수를 차지한다.

카디스에서 시작됐고, 전파됐고, 이전됐다

세비야 중앙역에서 기차를 타고 헤레스데라프론테라로 내려갔다. 불과 한 시간 거리다. 헤레스데라프론테라는 카디스(Cadiz)주의 도시로, 대서양 해안에서 불과 12킬로미터밖에 떨어져 있지 않다. 고풍스러운 알카사르궁과 산미겔 성당, 산살바도르 성당이 보존되어 있으나 시간이 멈추어버린 듯 쇠락하여 고풍스럽되 활기를 잃은 지 오래다.

헤레스데라프론테라는 플라멩코와 말(馬)이 유명하며, 엉뚱하게도 모터사이클 축제가 열린다. 그러나 도시는 조용하기만 하다. 옛 궁성 앞에는 관광객 몇이 사진을 찍고 있는데, 방문객이 너무 적어서 성당 앞에 가도 아무도 볼 수가 없다. 도시는 깨끗하게 정비되어 있지만, 바로크 양식 건물의 과거 한때 화려했던 장식이 정지해버린 듯한 시간 앞에서 왠지 남루해 보이는 모습으로 역사의 그림자를 드리우고 있다.

지중해의 해안도시가 대체로 그러하듯 헤레스데라프론테라는 과거 아스타레지아(Asta Regia)로 불리던 로마의 거점 도시였다. 아랍이 점령한 것은 비교적 이른 711년이었고, 오늘날 남아 있는 성당 건축물 등이 증거하듯 큰 규모로 발전한 것은 12~13세기였다. 도시는 1264년 기독교도에게 접수됐으며, 정치권력은 바뀌었으나 무슬림은 여전히 헤레스데라프론테라에서 살았다. 신대륙 발견과 인근의 그라나다 함락(1492)으로 헤레스데라프론테라는 안달루시아에서 세비야와 카디스 못지않은 최대의 번성기를 누리게 된다.

헤레스데라프론테라에 숙박을 정한 것은 가고자 하는 대서양 항구인 카디스와 치피오나가 지근거리에 위치한 교통의 요충지이기 때문이다. 이 고풍스러운 도시에서 버스나 기차를 타고 각각 한 시간 후면 카디스와 치피오나에 닿는다.

먼저 카디스다. 세비야-헤레스데라프론테라로 이어지는 기차의 종점이 카디스다. 헤레스데라프론테라 역은 독특하게 붉은 벽돌로 장엄하게 지어졌고 실내는 청화도자기로 장식하여 포르투갈 포르투 역의 도자기 벽면을 연상케 한다. 기차가 바닷가에 당도하여 황량한 해변을 달리기 시작한다. 철로가 모래톱 위에 놓여 있었다. 양쪽으로 바다가 펼쳐지고 보호구역으로 지정된 연안습지가 길게 이어진다. 거센 바람이 모래를 밀어내 오랜 세월에 걸쳐 아주 길게 뻗은 모래톱을 형성했다. 철길이 끝나는 지점이 섬처럼 따로 떨어져 있었다. 카디스는 모래톱으로 연결된 일종의 섬과도 같은 이격된 공간이다. 고대에는 섬이었으나 세월이 흐르면서 모래가 쌓여 육지와 연결됐다. 카디스는 유럽에서도 가장 오래된 도시의 하나다.

모래땅에 세워진 카디스는 기반이 약해 초고층건물은 지을 수 없고, 섬이라는 지형 조건 때문에 더 이상 확장성이 없는 도시다. 젊은이는 마드리드나 해외로 빠져나가고, 이곳의 취업률은 에스파냐에서도 낮은 편에 속한다. 페니키아와 로마가 지배할 때는 방어하기 좋고 배를 대기 유리한 해상 거점이었으나, 시대가 바뀌면서 이 오래된 해양 문명의 거점은 쇠락하여 박물관의 오랜 유물이나 당대의 영화를 남기고 있다. 그러나 역사적으로 확실한 것은 에스파냐와 프랑스, 북서아프리카를 둘러싼 해양도시의 문명이 카디스에서 시작됐고, 전파됐고, 이전됐다는 사실이다.

지중해는 대서양으로 나가는 서쪽 출구만을 갖고 있기 때문에 폐쇄된 공간처럼 보인다. 이 서쪽 출구, 즉 '견고한 문'은 많은 상징을 담고 있는 장소이자, 미지의 험난한 세계로 향하는 입구인 가디르(오늘날 카디스 지방)의 페니키아 지역을 가리키는 말이었다. 헤라클레스가 경계를 짓기 위해 세운 기둥, 즉 산맥으로 둘러쳐진 좁은 통로였다.[19]

카디스에는 페니키아와 로마 문명의 그림자가 곳곳에 어른거린다. 페니키아라는 말 자체는 포이닉스(Phoenix), 즉 자홍색에서 유래했다. 자홍색은 바다 햇볕에 그을린 페니키아인의 피부색을 말한다. 이처럼 페니키아라는 이름 자체가 이 민족이 바다와 관계있음을 직접적으로 말해준다. 페니키아의 지중해 식민도시 카르타고(Carthago)는 진정한 '바다의 제국'이 됐다. 해상 우위를 확고히 하기 위해 카르타고는 바다 건너 이베리아반도 연안의 페니키아계 식민도시와 일종의 관계망을 형성했다.[20]

페니키아는 동지중해에 뿌리를 두었고, 그리스는 에게해와 그리스 중부의 코린토스를 출발점으로 삼았다. 둘 다 발전된 문명을 갖고 있었다. 이때 힘은 문명, 도시 간의 연대, 항해술과 금속을 다루는 기술, 거래와 시장 장악력을 뜻했다. 당시 서아시아에서 배를 띄운다는 것은 오랜 세월이 지난 뒤, 즉 대항해시대가 시작돼 항로가 개척되고 탐험과 무역이 번성하던 15~16세기에 막강한 군사력을 확보한 유럽에서 배를 출범시키는 것과 비슷했다. 선두주자는 페니키아였다. 페니키아는 북아프리카 해안을 따라 동에서 서로 점진적으로 이동하면서 새로운 땅을 발견하고 정착했다. 상업은 페니키아의 배를 움직이는 원동력이었다. 배로 붐비는 페니키아의 항구는 홍해와 인도양에서 지브롤터와 저편의 대서양까지 왕래하는 무역 활동의 중심지였으며, 지중해 전역이 이 광범위한 시스템의 한 축이었다.

동지중해에서 서지중해를 잇는 세 개의 주요 해로가 있었다. 첫 번째 해로는 북쪽 해안을 따라가는 길로, 이탈리아 해안을 따라 메시나 해협까지 이어졌다. 두 번째 해로는 이집트에서 리비아, 나아가 헤라클레스 기둥까지 북아프리카 해안을 따라가는 길이었다. 세 번째 해로는 지중해 가운데를 관통하는 해로로 상대적으로 짧았다. 키프로스, 크레타, 몰타, 시칠리아, 사르데냐, 발레아레스제도 등을 지나는 가장 빠른 길이었다. 이 직선 항로는 연안항로를 포기하고 먼바다를 항해하는 쉽지 않은 길이었다. 페니키아인은 세 항로를 모두 개척해 활용했다.

페니키아의 번영은 장거리 항해에서 시작됐다. 그들이 개척한 도시 가운데 카르타고는 '제2의 페니키아'였다.[21] 그리고 그 제2의 페니키아 건너편 이베리아반도에 세운 또 다른 강력한 페니키아가 카디스였던 셈이다. 기원전 지중해 극서 지역에서 진정으로 중요한 식민지는 지브롤터 해협 너머에 있는 카디스였다. 지브롤터 해협 너머에 있으면서도 초기의 카디스가 지중해 역사에 포함되는 까닭은 그곳에서 창출된 이익이 페니키아의 지중해 교역망으로 흘러들었기 때문이다.[22]

로마 시대부터 대항해시대까지
늘 중심에

카디스 기차역에 내리자마자 섬을 한 바퀴 돌았다. 해변에는 신대륙에서 바다를 건너온 나무가 수백 년 수령을 자랑하는 중이다. 카

카디스의 절탑 등대

디스의 뱃사람이 저 먼 신대륙에서 식물의 이동과 전파를 담당했고, 그 뿌리가 에스파냐 남서단에 내린 것이다.

해변을 걷다 보니 대항해시대의 여러 영웅을 흉상으로 모셔놓은 해변공원에 이르렀다. 그곳에 놀라운 것이 하나 있었다. 호세 리살(Jose Rizal)의 두상. 호세 리살은 필리핀 마닐라 출신으로 에스파냐에서 의학을 공부한 후 귀국해 독립운동을 전개하다가 1896년 총살된 비운의 민족시인이자 의사다. 그가 처형되기 전날 지은 〈마지막 이별〉은 에스파냐어로 쓰인 걸작 시로 손꼽힌다. 2013년 에스파냐와 필리핀의 '우정'(우정이라고 하지만, 사실은 '식민과 제국'이다)을 기리며 이곳 공원에 리살의 흉상이 세워진 것이다. 카디스가 에스파냐의 최초 헌법이 공표(1812)된 곳이기 때문에 카디스 독립 200주년을 기념하며 이런 상징적 공원이 마련된 듯하다. 지구를 반 바퀴 돌아서, 즉 필리핀에서 멕시코 그리고 에스파냐 카디스까지 '제국의 동맥'이 여전히 바다를 통해 이어졌다는 좋은 증거다.

카디스박물관부터 찾았다. 1층의 로마실에 들어서니 카디스 등대를 묘사한 그래피티가 있다. 페니키아의 이베리아 거점이었던 카디스답게 등대가 고대부터 존재했다는 결정적 증거다. 현존하는 등대가 있는 카디스 남쪽에 고대의 등대가 있었을 것으로 추측되지만, 정확한 것은 알 수 없다. 문헌 자료도 당연히 없다. 다만 기원전으로 소급되는 고대 등대가 카디스에 존재했다는 사실만큼은 명확하다.

카디스는 종종 역사의 전면에 등장했다. 이베리아반도로 들어가는 관문이었기 때문이다. 제1차 포에니전쟁 때 카디스는 한니발 장군의 이베리아반도 경략의 전진기지였고, 그가 기원전 218년 그 유명한 알프스를 넘어 이탈리아를 공략할 때는 희생 제의를 이곳 신전에서 행했다. 기원전 206년 카디스는 로마 장군 스키피오의 손으로 넘어갔다. 로마 역시 우수한 해양 거점인 카디스를 포기하지 않았고, 해군 기지이자 전략적 항구로 키워 나갔다.

로마제국 이후 카디스는 안달루시아의 다른 도시처럼 비잔틴제 국 그리고 중세 이슬람, 다시 에스파냐의 손으로 돌아오는 과정을 밟는다. 콜럼버스가 2차, 4차 항해를 떠날 때 출발한 항구가 카디스 였고, 그 후 카디스는 신대륙으로 떠나는 항해 거점으로 부상했다. 덕분에 16세기 영국의 드레이크 같은 해적이 보물선을 노리고 대대 적 약탈과 공격을 감행하기도 했다. 17~18세기에는 수차례에 걸친 영국-에스파냐 전쟁도 치러야 했다.

18세기 에스파냐는 아메리카 무역 전진기지를 세비야에서 카디 스로 옮기고자 했다. 카디스에서 대서양으로 떠나는 것이 좀 더 편 리하고 가까웠기 때문이다. 제국 에스파냐는 기울고 있었지만 카디 스는 새로운 황금시기를 맞았다. 에스파냐에서 가장 화려하고 큰 국제도시이자 많은 나라에서 찾아오는 무역 거점이 됐다. 당시 가 장 부유한 사람은 아일랜드 상인이었다. 오늘날 남아 있는 고풍스 러운 건물의 대부분이 이 시기에 건축됐다.

18세기 대항해시대 무역의 덕을 듬뿍 본 카디스는 무려 180개가 넘는 등탑을 세웠는데, 대체로 상인의 집을 이용한 축조물이었다. 먼바다의 상선이 안전하게 들어올 수 있도록 하는 일종의 항로 표 지였다. 타비라 등탑(Torre Tavira)은 그중에서도 가장 높은 건축물로, 지금도 남아 있다. 1765년부터 시작된 신고전주의 양식의 세관 건 물, 신대륙에서 직수입해온 담배를 가공하던 담배공장 등에 대항해 시대의 흔적이 남아 있다. 1980년 한 창고 건물에 화재가 났는데, 그 때 화재를 진압하던 중 바닥에서 로마 시대(1세기)의 극장 흔적이 발 굴되기도 했다.

섬의 남동쪽 끝단으로 걸어가니 군사용으로 만든 세바스티안성이 보이고, 건너편 끝자락에 등대가 서 있다. 성은 길게 연륙된 작은 등대섬으로 연결된다. 과거에는 배가 모래톱과 자잘한 암석으로 이루어진 암초에 좌초하는 경우가 많았다. 그래서 철탑으로 고층 등대를 세웠다. 지정학적으로 볼 때 이곳은 페니키아와 로마 시대에 등대가 있을 법한 곳이다. 카디스박물관 로마실에서 목격한, 카디스의 고대 등대를 묘사한 그래피티 속 장소가 이곳이 아닐까.

현재 그 오랜 세월, 2500년 전까지 소급되는 등대의 장소나 실체에 관해서는 오리무중이다. 그런데 카디스에 전해오는 구전과 고고학 발굴에 따르면, 오늘날 현존하는 등대섬에 크로노스 신전이 있었다. 이 신전은 하늘의 남신 우라노스와 땅의 여신 가이아 사이에서 태어난 열두 티탄족의 막내인 크로노스, 바다의 신 포세이돈, 죽음의 신 하데스, 난로의 신으로 식민 정착지에 불을 밝혔던 헤스티아, 수확과 농업의 신 데메테르, 최고의 여신인 헤라를 모셨다고 한다. 고전학 교수 필립 프리먼은 자신의 책에서 크로노스를 이렇게 요약한다. 카디스 등대섬의 크로노스 신전에 모셨던 신이 일제히 등장한다.

아버지 하늘을 제압한 크로노스는 타이탄 형제의 막내로서 천상과 지상을 모두 지배하게 됐다. 여동생 레아의 저항에도 그녀와 잠자리를 가져 자식 여섯 명을 거느렸다. 황야의 신인 헤스티아, 땅 위에 과실을 영글게 하는 데메테르, 황금 샌들을 신은 헤라가 있으며, 힘이 세고 무자비한 하데스와 포세이돈은 세상을 어지럽게 만들었다. 그렇지만 교활한 크로노스는 부모의 선례를 보고 자신도 자식에게 패해 권력을 잃게 될 운명이라는 것을 알았다. 그래서 자식이 태어나는 족족 눈물로 애원하는 레아에게서 빼앗아 통째로 삼켜버렸다.[23]

등대섬은 어느덧 세바스티안성과 연결됐다. 주말마다 사람들이 등대를 찾아와 섬으로 걸어 들어간다. 무심한 대서양의 거친 파도가 등대 길목의 해변 바위를 거칠게 때린다. 등대섬 신전 터 어딘가에 고대 등대의 흔적이 있을 가능성을 생각해본다. 그러나 이 역시 추측일 뿐이다.

2200년의 시간과 거리를 뛰어넘다

카디스에서 헤레스데라프론테라로 막 기차를 타고 돌아왔다. 이튿날 새벽 다시 치피오나행 시외버스를 탔다. 대서양 연안의 자그마한 도시 치피오나는 세비야에서 110킬로미터 떨어져 있으며, 한 시간 20분가량 소요된다. 지브롤터까지는 한 시간 50분쯤 걸린다. 치피오나는 과달키비르강 하류 계곡에 위치하며, 위쪽으로 가면 세비야가 나온다. 버스터미널에서 내려 주택가를 30여 분 걸어서 해변으로 갔다. 깨끗하고 단아하지만 우리나라 읍내 같은 작고 소박한 느낌이 든다. 한겨울에는 사람을 구경하기 힘들 정도로 해변이 쓸쓸한데, 피서철에는 좋은 모래밭이 있어 관광객이 가득하다.

치피오나 등대(Faro de Chipiona)는 의외로 찾기 쉽다. 모래밭 끝 암벽 위 평지에 솟구쳐 있기 때문이다. 69미터에 달하는 상당한 높이를 자랑한다. 에스파냐에서 가장 높고 유럽에서는 세 번째로 높은 등대다. 1867년 점등했으며, 푼타델페로에 위치한다. 배가 과달키비르강에 접근할 때 살메디나 암초와 충돌하는 것을 막기 위해 이 등대를 세웠다. 치피오나 등대를 찾아온 것은 바로 살메디나 암초 때문이었다.

기원전 2세기경의 문헌과 로마의 고고학 자료에서 확인되는 살메디나 암초는 그리스 신화 속 게리온의 무덤이 있던 곳으로 알려진다. 게리온은 포세이돈과 메두사의 아들인 크리사오르와 오케아노스의 딸인 칼리로에 사이에서 태어난 아들이다. 지중해 서쪽에 위치한 신화적인 에리테이아섬에 사는 무시무시한 동물인데, 세 개의 머리와 몸을 가진 괴물이다. 리비아 사막을 지나던 헤라클레스는 태양신 헬리오스의 도움으로 '황금 사발'이라는 배를 타고 하루 만에 에리테이아섬에 당도한다. 격투 끝에 마침내 헤라클레스는 독화살을 쏘아 게리온의 머리를 맞힌다.

신화에서 언급한 지중해의 끝에 있다는 에리테이아섬을 그리스인은 이베리아반도 남부의 타르테수스와 연결했다. 타르테수스는 페니키아인이 처음으로 당도하여 원주민과 더불어 문명을 일으킨 곳으로 세비야, 치피오나, 카디스 등을 모두 포괄하는 지역이다. 게리온이 죽고 난 다음 그의 무덤이 치피오나의 살메디나 암초에 만들어졌고, 거기에 등대를 세웠다는 전설이 전해온다.

신화는 신화로 끝날 위험도 있지만 당대 지리학자의 기록은 치피오나의 고대 등대에 관한 비교적 명확한 증거가 된다. 고대 그리스와 로마의 지리학자 스트라본과 폼포니우스 멜라에 따르면, 과달키비르강가에 '투라드 카이피오니스(Turad Caepionis)'라고 불리는 등대가 있었다. 과달키비르강은 라틴어로 베티스(Betis)라고 했는데, 그 입구에 살메디나 암초가 도사리고 있어 그야말로 항로의 최대 위험 지역이었다. 등대는 선적을 위한 위험한 장소와 이동이 가능한 강인 과달키비르를 '여는 곳'이었다. 치피오나라는 명칭은 로마 영사관 킨투스 세르빌리우스 카이피온의 명령에 따라 기원전 140년 이곳에 등대가 건설된 데서 비롯한 것으로 보인다. 등대의 명칭은 라틴어로 '투리스 카이피오니스(Turris Caepionis)', 즉 치피오나 등

치피오나 등대

치피오나 등대 내부

탑이다.

현재의 등대는 카탈루냐의 엔지니어 하이메 폰트가 1862년 처음 건축을 시작했다. 이듬해 4월 30일 첫 번째 돌을 놓았으며, 1867년 최초로 점등했다. 현존 치피오나 등대 자리가 로마 시대 고대 등대가 있었던 곳인지는 불명확하다. 그러나 고대 등대의 정확한 위치와 무관하게 치피오나라는 명칭은 지금도 이 작은 해안 도시의 이름이며, 여전히 과달키비르강 입구에는 같은 이름의 등대가 서 있다. 역사 기록, 신화, 현존 지명 등이 내적 연관성을 지닌 채 2200년의 시간적 거리를 뛰어넘어 유전되는 현장. 굳이 이 작은 도시 치피오나를 찾아온 이유는 이처럼 분명하다.

현존 등대 건축물은 로마제국의 기둥을 연상케 하는, 약간 가늘어지는 기둥 형태다. 등대 안으로 들어서자 정사각형의 넓은 로비가 나오고 신전에서 볼 법한 기둥이 즐비해 독특한 분위기를 풍긴다. 등대지기 안드레이가 출입을 막는다. 한국에서 왔다고 하니, 인천의 '2018 세계등대총회(IALA)' 소식을 잘 알고 있다며 갑자기 친절한 태도로 안내를 시작한다.

344단의 계단을 올라 등롱 아래 발코니로 나갔다. 지척에 과달키비르강이 굽이치며 흐르는 모습이 보인다. 저 강 입구에 살메디나 암초가 있을 것이고, 강을 거슬러 올라가면 세비야가 나올 것이다. 고대인이 개척하여 전파하고 융합해 만들어낸 이베리아 남부의 타르테수스 고대 문명의 족적이 이 일대에 모두 흩어져 있을 것이다. 세비야, 헤레스데라프론테라, 카디스, 치피오나, 이들 네 도시를 차례로 밟아온 이유는 이와 같이 고대 해양 문명의 족적과 등대의 희미한 기억을 찾아내기 위해서다.

대항해 시대의 빛 2;
포르투갈의 길

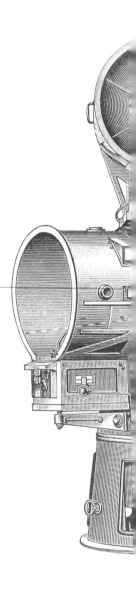

6

전략가 엔히크
왕자의
싱크탱크

상비센테 등대

'세상의 끝'으로 알려진
보자도르곶

어느 시대나 그 시대를 주름잡고 이끄는 사람과 집단이 있기 마련이다. '모든 사람이 함께한다'는 말도 일면 타당하지만, 뛰어난 지도자 없이는 불가능하다. 포르투갈 왕 주앙 1세의 아들 엔히크(Enrique) 왕자는 그런 면에서 대항해시대를 이끈 시대를 앞선 지도자였다. 그리고 엔히크 왕자의 곁으로 몰려든 항해가, 탐험가, 지도 제작자 등이 그의 리더십을 받쳐주었다. 그런 점에서 포르투갈의 대항해시대는 '싱크탱크의 작품'이라 표현해도 과언이 아니다. 훗날 포르투갈이 몰락하기는 하지만, 한때 세계를 주름잡던 이들 두뇌집단의 전략과 지성의 결집 과정은 21세기 글로벌 기업의 경영에서도 반복되고 있다.

그 싱크탱크가 활약하던 역사의 현장인 사그레스곶 건너편에는 오랜 역사를 지닌 상비센테 등대(Farol do Cabo de São Vicente)가 지금도 불을 밝히고 있다. 1520년 세워졌으니 엔히크 사후 60년 만에 만들어진 것이다. 황량하면서도 아름답고, 뛰어난 경관을 자랑하면서도 위험하기 그지없는 벼랑 위에 포르투갈 대항해의 비밀이 각인되어 있다.

사그레스는 유라시아 대륙의 남서단에 위치한다. 오지 중의 오지라 이 한적한 동네가 한때 대항해시대의 거점이었다는 사실이 믿어지지 않는다. 리스본이나 포르투도 당대의 중요 항구였으나, 사그레스는 엔히크가 대항해의 마스터플랜을 짜고 실행에 옮기던 진짜 중심지였다. 엔히크는 사그레스를 거점으로 하여 원양항해에 생을 바쳤으며, 수도인 리스본보다는 남쪽 대서양 해안 지대에서 평생을 보냈다. 여기서 가까운 라구스를 조선업의 전진기지이자 대항해의 출발지로 삼았으며, 알부페이라와 파루 등 포르투갈 남부의 항구도 시를 전략적으로 활용했다.

외길로 이어지는 지방 국도를 타고 천천히 달리다 보면 사그레스에 닿는다. 손바닥만 한 동네다. 시골 호텔과 레스토랑 등이 눈에 띄기는 하지만 분위기는 시간이 멈춘 듯 적막하다. 쇠락하여 역사의 흔적만 남아 있는 곳이다.

사그레스 성채(Fortaleza de Sagres)는 바다를 향해 튀어나온 곳의 자연적 이점을 이용한 요새다. 성문 쪽 출입구 방향으로만 성벽을 쌓았다. 성문만 방어하면 곶 주변은 천혜의 낭떠러지라 접근 자체가 불가능하다. 마치 섬 같다.

1418년 엔히크 왕자는 수도 리스본을 떠나 사그레스를 거점으로 삼았다. 담대하고 거친 포부가 엿보이는 발상이다. 그리고 이곳에 해양 전략 싱크탱크를 조직해 아프리카와 대서양을 공략하고 인도로 가는 항로를 개척했다. 유라시아 남서단의 황량한 곳에 지휘부를 설치한 그의 기개가 놀랍다. 그의 이름에 '항해가(Navigator)'라는 별칭이 붙는 이유를 알 것 같다. 그러나 이름과 달리 정작 그는 바다로 나가 항해를 한 적은 거의 없다.

당시 아프리카는 미지의 대륙이었고, '세상의 끝'으로 알려진 서아프리카의 보자도르곶(Cape Bojador) 아래쪽 바다를 항해한다는 것은 엄두도 못 내던 시대였다. 유럽은 아프리카 남쪽 바다를 돌아서 인도로 이어지는 교역로가 열리리라는 것을 생각지도 못했다. 프톨레마이오스 지리학이 대서양에서 인도양으로 들어갈 수 있는 개연성을 철저히 부정했기 때문이다. 그러나 이베리아인의 탐험 정신은 인류가 그때까지 생각한 지구의 크기를 상대적인 것으로 만들었다. 그들 덕에 15세기 유럽의 역사적 공간이 무한히 확장됐다. 그리고 그에 따라 지도도 확장돼갔다. 물론 유럽 중심의 확대였지만 말이다.

엔히크 왕자, 등대박물관

우리는 종종 바스쿠 다가마(Vasco da Gama) 등의 개인적 영웅 행위로 희망봉 따위가 느닷없이 '발견된' 것으로 생각한다. 그런데 희망봉을 돌아 인도양으로 나아갈 수 있었던 극적 계기가 된 아프리카 서안 보자도르곶 돌파는 기원전 400년부터 1443년까지 연평균 1.4킬로미터라는 굼벵이 속도로나마 인류가 항해를 계속해온 덕이다. 느린 속도로나마 항해에 관련한 다양한 지식의 축적이 밑바탕이 됐기에 바스쿠 다가마의 위업이 가능했다. 설령 콜럼버스나 바스쿠 다가마, 마젤란이 없었더라도 신대륙은 필연적으로 '발견됐을' 것이다. 대항해의 영웅과 급격한 발견의 의미를 인정하는 것 못지않게 영웅주의적 시각을 벗어나 역사 전진의 보편적, 점진적 수레바퀴도 함께 인정할 필요가 있다. 보자도르곶은 서사하라 해안에 위치하는데, 카나리아제도보다 더 남쪽에 있으며, 별로 특별해 보이지 않는다. 그러나 이 곳은 1000년 이상 사람이 살고 있는 세계의 '마지막 전초지', '세계의 변방'이었다. 유럽인은 이 곳 뒤편에 어둠의 바다, 지옥, 미탐험 대륙이 놓여 있다고 생각했다. 거기까지 간다면 어떤 여행자도 집으로 되돌아올 수 없다고 여겼다. 15세기 대항해시대가 열리기 전까지 대서양은 미망의 바다, 침묵의 바다였다. 중세의 세계관에 따르면 배가 무한대로 나아가다가는 바다의 끝 낭떠러지로 떨어질 것이었다. 대서양은 공포였고 두려움 그 자체였다.

엔히크의 야심, 아프리카와 인도 공략

관념적으로 존재하던 오랜 미망을 떨쳐내자 포르투갈은 최단시간 내에 최강의 해양제국이 될 수 있었다. 보자도르곶 공격은 이 같은 오랜 역사의 침묵을 깨는 극적인 시도였다. 정작 아프리카는 지옥도, 미개의 땅도 아니었다. 오히려 15~16세기 아프리카 북서부 말리에는 아프리카와 중농, 지중해를 잇는 교역과 학문의 중심지인 송가이제국의 수도 통북투(팀북투)가 있었다.

유럽 변방의 포르투갈은 유라시아 변방의 사그레스 성채에서 보자도르곶 돌파를 기획하고 실행에 옮겼다. 당시 포르투갈은 4세기 말 국경 분쟁에서 예상과 달리 강대국 에스파냐를 격파하여 오랫동안 평화를 유지했으며, 유럽 최초의 단일민족국가로서 탄탄한 행보를 보이고 있었다. 당시 에스파냐를 물리친 주인공은 주앙 1세였으며, 그 셋째 아들이 엔히크 왕자다.

1415년 포르투갈은 아프리카의 황금과 노예를 실어 나르는 항로의 중요 기점인 모로코의 교역도시 세우타(Ceuta)를 이슬람 세력에게서 빼앗아 세력을 확장한다. 포르투갈은 지속적으로 모로코 영토를 점령했다. 이는 포르투갈 자체의 힘만으로 이룬 승리가 아니었다. 해상 모험을 통해 경제적 이득을 노렸던 이탈리아는 해양 경략의 후원자이자 자금 유통자로서 포르투갈의 영토 확장을 뒷받침했다. 당대 해상 모험의 최대 과제는 아프리카 대서양으로의 진출이었으며, 포르투갈 입장에서는 지중해 이슬람 세력의 도움 없이 독자적 힘으로 아프리카를 공략하는 것이 중요 목표였다.

세우타 점령은 포르투갈에 전혀 새로운 역사적 지평이 열림을 뜻했다. 16세기 포르투갈의 시인 루이스 바스 드 카몽이스(Luís Vaz de Camões)는 영토 확장 과정을 다룬 위대한 서사시 〈우스 루지아다스(Os Lusiadas)〉에서 세우타 정복을 이렇게 노래했다.

수천 마리의 수조가 톱니바퀴 모양의
날개를 퍼덕이며 바람 부는 쪽으로
퍼져 나가니 백색의 거친 파도가
헤라클레스의 두 기둥에 부딪쳐 산산이 부서지네[1]

세우타에서는 이른바 '침묵의 교역'이 행해졌다. 무슬림 상인과 아프리카 원주민이 서로 말이 통하지 않자 침묵으로 장사에 임했던 그 현장에서 후추와 정향 같은 귀한 동양의 상품이 거래되어 높은 이득을 올린다는 것을 포르투갈은 간파했다. 꿈에도 그리던 향료가 서아프리카가 아니라 동쪽에서 카라반에 실려 도착한다는 것을 세우타에서 직접 목격했다. 그 동쪽이 어디인가? 그 동쪽을 찾아 나서는 일이 국가적 프로젝트가 됐다.

세우타 정복은 엔히크의 인생을 크게 바꾸어놓았다. 그는 결혼하지 않은 자신의 삶을 아프리카와 대서양의 수수께끼를 푸는 데 오롯이 투자했다. 그래서 해양학적 재능을 가진 온갖 사람을 불러들였고, 그 스스로는 포르투갈 세계 탐험의 매니저로 변신했다. 그가 지원한 질 에아네스(Gil Eanes) 선장은 세계가 보자도르곶의 암초에서 끝난다는 천 년의 전설에 마침내 종지부를 찍었다. 경계선 저 너머, 삶이 불가능할 것이라고 그렇게 오랫동안 여겨왔던 저편에 새로운 대륙과 다른 민족이 존재한다는 사실이 '갑자기' 확실해졌다. 엔히크는 원정대를 꾸려 여러 차례 아프리카로 보냈다.[2]

1445년 바르톨로메우 디아스(Bartolomeu Diaz)가 세네갈강 하구를 관통해 베르데곶에 당도했으며, 1456년에는 카 다 모스토(Alvise Ca' da Mosto)가 감비아강 하구를 관통하여 남쪽으로 내려갔다. 엔히크 왕자가 1460년에 사망했으니 이 일련의 일은 그의 생전에 이루어진 대탐험이었다. 그가 죽고 수십 년이 지난 1498년 바스쿠 다가마가 인도의 캘리컷(현재 코지코드) 해안에 도착했다. 이듬해에는 향신료를 실은 최초의 포르투갈 화물선이 리스본에 도착했다. 엔히크 시대에 포르투갈은 아프리카를 공략하고, 이를 디딤돌 삼아 희망봉을 돌아서 인도까지 나아간 것이다.

사그레스 성채, 당대의 해양 전략 두뇌집단

사그레스 성채의 명성은 유럽 전역으로 널리 퍼졌다. 당대의 지중해 세계 맹주였던 베네치아와 제노바의 수많은 항해가가 포르투갈로 몰려와 사그레스의 두뇌가 됐다. 오늘날 잣대에 비추어보아도 손색이 없는 항해 전문 도서관과 항해 전문 연구소가 변방에 마련

된 것이다.[3]

그리스도(템플) 기사단의 수장이기도 했던 엔히크는 선박을 건조하여 원정대를 조직하고, 이교도와의 투쟁을 통한 해상 발전과 원거리 항해를 추구했다. 사그레스 성채에 기사단의 재정으로 천문대와 도서관도 세웠다. 리스본 대학에는 수학과 천문학 강좌를 개설하고 저명한 천문학자, 지도 작성자, 항해가를 초빙했다. 한편 무어인, 인도인 그리고 아비시니아인을 고용하여 세계의 온갖 정보를 수집해 진위를 판단했다. 그리고 사그레스에서 동쪽으로 20킬로미터 떨어진 라구스에는 항구를 확대하고 조선소를 세웠다.

그리하여 사그레스는 실질적인 포르투갈 항해 사업의 본부가 됐고, 대서양을 향한 정복과 지식의 중심이 됐다. 항해가, 탐험가, 지리학자와 지도 전문가, 천문학자와 선박 전문가 등이 이 성채에서 집단 합숙을 하면서, 오늘날 표현을 빌린다면 '밤샘 토론'을 '국가적'으로 벌였다.

아울러 사그레스 성채에는 각종 기행기와 지리책, 각국의 지도와 항해 관련 서적이 수집돼 쌓였다. 일종의 해양도서관이 만들어진 것이다. 그에 따라 관련 책을 보고 싶어 하는 전문가가 세계 도처에서 모여들었고, 이들 전문가의 대화와 연구는 다시 기록으로 남겨져 사그레스 성채에 보관됐다. 당대의 '해양 정보 아카이브센터'가 자연스럽게 만들어진 셈이다.

사그레스 성채가 정복을 뒷받침하는 두뇌로 떠오를 수 있었던 배경에는 포르투갈이 외래인에게 보여준 관용적 미덕, 즉 톨레랑스가 큰 몫을 담당했다. 외래인은 포르투갈이 가지지 못한 새로운 지식을 보유하고 있었다. 에스파냐 카스티야 왕조의 개종 압력을 피해 이곳으로 온 유대인을 수용하는 포용 정책을 통해 포르투갈은 지식과 기술, 자본을 유입했다. 포르투갈은 아프리카와 좁은 해협으

사그레스 성채. 건너편에 등대가 보인다

로 연결되어 있었지만, 당시로서는 놀랄 만큼 인종적 편견과 지역적 편협성에서 벗어나 있었다. 타 인종과의 결혼에도 개방적이었고, 기독교도나 유대교도, 무슬림 등도 포용하는 문화를 가졌다.

유대인을 포함한 외래인은 사그레스 성채를 정보와 지식의 교류 장소로 만든 또 다른 주역이었다. 엔히크의 항해 사업에 큰 영향을 미친 사람으로 당시 유럽 최고의 지도 제작자인 유대인 예후다 크레스케스를 기억해둘 필요가 있다. 예후다 크레스케스 덕분에 엔히크는 당대 유럽의 모든 지구 관련 자료를 얻을 수 있었다. 구텐베르크가 창안한 금속활자와 더불어 이제 방대한 지식이 짧은 시간 안에 인쇄돼 책으로 쏟아져 나왔다.

오늘날 잣대에 비추어보아도 손색이 없는 항해 전문 도서관과 항해 전문 연구소를 겸해놓은 듯한 사그레스 성채를 배경으로 탄생한 걸작이 바로 카라벨(caravel)이었다. 용골을 특징으로 하는 북해 바이킹의 선박과 무슬림의 삼각돛단배를 결합해 만든 것이다.[4] 그리고 엔히크의 또 다른 업적은 항해학교, 즉 일종의 전문 항해 실습 학교를 세워[5] 유능한 뱃사람을 아주 빠른 시간 내에 양성해낸 것이다. 이들이 카라벨을 타고 엔히크의 사업을 전개한 것이다. 먼저 15세기 초 포르투갈이 완전히 새로운 바다였던 대서양 원양항해를 어떻게 시작했는지 살펴보자.

1415년 세우타 원정 당시 포르투갈은 확실히 경험이 부족했다. 그들은 지브롤터 해협의 조류를 파악하는 데 어려움을 겪었다. 연대기 작가인 바로스는 포르투갈인은 자침의 편차와 천체 관측 도구에는 익숙했지만, 1415년까지만 해도 원양항해에는 익숙하지 않았다고 기록했다. 어떤 역사가는 엔히크 시절 끝없이 이어진 아프리카 해안을 따라 조심조심 내려가는 포르투갈 항해가에 대해 '소심하고 겁 많은 연안 항해자일 뿐, 모험 정신이 없다'고 말했다.

원양항해 경험이 있다 해도 기본적으로 그들은 지중해 선원이었던 것이다.

그러나 카라벨이 개발된 후 사정이 달라졌다. 이 혁신적인 선박은 귀환 항해 시 기니에서 맞부딪히게 되는 맞바람과 역류에 대비하기 위해 1439~1440년경 개발한 배였다. 이제야 정말로 바다로 나가게 된 것이고, 그들은 아주 신속하게 그동안 잃어버린 시간을 되찾았다.[6]

16세기 초부터 1580년경까지 이베리아인은 지중해인이 '세비야의 대서양'이라고 부르던 세비야와 서인도제도 사이의 바다를 지배했다. 그들은 또 리스본에서 포르투갈의 영향권에 있는 대서양도 지배했다. 일부 프랑스의 사략선을 제외하고, 다른 어떤 선박도 이런 바다를 항해하지 못했다. 다른 어떤 강대국도 이베리아인의 경제적 성장을 훼방하거나 중지시키지 못했다.

'세비야의 대서양'은 파나마 지협을 통해 페루 항로로 이어져 볼리비아 남부에 있는 포토시 은광의 항구인 아리카까지 연결됐다. 1564년 이후 마닐라 갤리언선이 아카풀코에서 필리핀으로 태평양을 정기적으로 횡단하면서 포르투갈은 실질적으로 중국 경제와 연결됐다. 그 후 포르투갈은 선박을 인도로 보낼 수 있게 됐고, 그 너머 동인도제도, 중국, 일본으로도 보냈다. 또 아프리카와 아메리카 사이의 대규모 노예무역을 조직했을 뿐만 아니라, 포토시의 은을 밀수출하기도 했다. 이 모든 것은 세계경제 전체에 접목된 복합 체제를 이루었다.[7] 사그레스 성채는 이러한 세계 체제의 초석을 한 세기 전에 일찍이 마련한 시대적 '예감'이었다.

사그레스 성채는 문화유산으로 지정돼 있지만, 성문 안에는 자그마한 성당과 건물 서너 개가 보일 뿐 황량한 분위기다. 깎아지른 듯 아찔한 사그레스곶은 전략적으로 방어에 유리한 뛰어난 입지를 갖

사그레스 성채 안에 남은 엔히크 왕자 기념 등대

고 있지만, 영화로운 시대가 스쳐 지나간 지금은 대서양의 거친 파도에 물이뜯기며 텅 빈 공간으로 남았다. 섬처럼 둥근 곶의 성채를 한 바퀴 돌았다. 섬에서는 사방이 모두 보인다. 높다란 곶의 평평한 너른 대지에는 바람을 이겨낸 키 낮은 잡풀이 자랄 뿐, 온통 고즈넉하고 쓸쓸하기까지 하다.

한때 세계의 항해 전문가가 구름처럼 몰려들었다는 사실을 그저 전설처럼 남기고 포르투갈의 쇠락과 더불어 사그레스 성채의 시간도 멈추어버렸다. 엔히크 왕자는 1460년 사그레스 앞바다의 거친 파도 소리를 들으며 세상을 떠날 때까지 약 40년간 이곳에 머물렀다. 그러나 사그레스 성채에 그의 흔적은 별로 남아 있지 않다. 그나마 성 끝단에 왕자에게 봉헌한 등대(Ponta de Sagres)가 남아 있어 위안이 된다. 엔히크 탄생 500주년을 기념해 1894년 점등한 등대다. 포르투갈은 이런 식으로나마 엔히크의 흔적을 남겨서 당대의 영화를 반추하는 중이다. 사그레스 성채 바로 건너편에 1520년 세워진 상비센테 등대가 빨간 등롱을 머리에 쓰고 대서양의 강한 햇살 속에 빛나고 있다.

대서양 절벽, 성스러운 곳에서 마주하다

사그레스 성채에서 상비센테 등대로 차를 몰았다. 사그레스 해안은 참으로 묘한 날씨를 연출하곤 한다. 햇빛이 눈이 부시게 비치다가도 갑자기 안개가 몰려오면서 한치 앞이 안 보인다. 사그레스곶에서 20분쯤 가면 해안 절벽을 따라 불쑥 튀어나온 상비센테곶이 나온다. 심술궂은 요정이 살 것 같은 곳, 아무런 건물도 보이지 않는 황무지의 곶을 따라 그 끝까지 달렸다. 유라시아의 진정한 끝이다. 이곳에 대서양을 향해 등대가 하나 서 있다. 1520년 세워진 등대, 바스쿠 다가마가 인도에 상륙한 1498년에서 불과 22년 만에 완성된 것이니 대항해시대가 결정적으로 전개되던 시점에 이 등대가 등장한 셈이다.

상비센테곶은 역사 이래 신성한 땅으로 여겨져 왔다. 선사시대인도 오묘한 절벽이 이어지는 천혜의 이 공간에서 어떤 신성을 느끼지 않을 수 없었으리라. 고대 그리스인은 오이스트리미니스가 거주하는 뱀의 땅(Ophiussa)이라 불렀고, 이곳에 헤라클레스 신전을 지어 바쳤다. 유럽과 아프리카 사이의 '헤라클레스 등대'를 벗어나 유라시아 서단의 신비로운 곳을 헤라클레스에게 봉헌한 것은 일맥상통하는 뜻을 지닌다. 로마인은 '성스러운 곳'으로 불렀고, 일몰 때 이곳의 태양이 다른 어느 곳보다 훨씬 큰 '마법의 장소'라고 생각했다. 태양이 이 곳에서 바다 속으로 휩쓸려 가라앉는다고 믿었다. 페니키아인, 그리스인, 로마인 모두 경의를 표하고 이곳을 신들이 모이는 곳으로 여겼다.

상비센테곶의 종교적 장기 지속성은 고대에 그치지 않았다. 사그레스에 살던 기독교인이 무슬림 통치 때 코르부 교회(Church of Corvo)를 세운다. 8세기 성인 비센테의 시신이 매장된 그곳을 기려서 상비센테곶이라는 명칭도 유래했다. 그런데 성 비센테가 누구인지는 불명확하다. 16~17세기 플랑드르 출신의 예수회 사제이자 뛰어난 수학자였던 비센테(1584~1667)가 있지만 그는 훨씬 후대의 사람이고, 또 그가 브루게에서 태어나 당대 유럽의 대도시 젠트(Gent)[8]에서 사망했음을 고려한다면, 8세기 사그레스곶의 비센테와는 다른 인물로 보인다. 문제는 8세기의 성인 비센테에 대해 알려진 것이 없다는 것이다. 상비센테 등대는 입구의 건물 하나를 등대박물관으로 개방했는데, 그 안에 오래된 사제의 성상이 하나 모셔져 있다. 설명문에 성 비센테라고 쓰여 있다. 어떤 전설과도 같은 사제가 이곳 안개 자욱한 곳에 이르러 성소를 만들고 수도에 전념하다가 이곳에 묻힌 것으로 보인다.

과거 한때 이곳에는 수녀원도 있었다. 상비센테 등대는 수녀원 유적 위에 세워진 것이다. 등대가 세워지게 된 결정적 계기는 영국의 공격이었다. 영국은 사그레스곶을 돌아서 지중해로 치고 들어왔다. 1587년 영국의 군인 프랜시스 드레이크(Francis Drake)가 등대를 파괴했으며, 1606년 펠리페 2세[9]의 명에 따라 복원하여 다시 가동했다. 뛰어난 전략적 위치에 자리한 만큼 등대는 몇 번이나 파괴됐

상비센테 등대

으며, 오랫동안 방치 상태로 버려져 있기도 했다. 1897년에야 개조 작업이 이루어졌고, 1908년에는 등대에 1330밀리미터의 프레넬 렌즈가 설치됐다. 이는 포르투갈에서 사용되는 가장 큰 광학 장치로, 세계 10대 렌즈 중 하나다. 그만큼 중요한 등대라는 뜻이다.

많은 이들이 상비센테 등대를 찾아온다. 유라시아 대륙의 남서단이라는 지정학적 위치만으로도 찾아올 만한 가치가 있다. 언제나 대륙의 끝은 깎아지른 듯한 절벽으로 험난함을 주지만, 막상 유라시아 대륙의 끝이 평평하다면 실망감을 자아낼 것이다. 고대인은 유라시아 대륙을 빙 돌아 갈리시아 지방이나 영국으로 북상하는 이 거룩한 곳에 신들의 이름을 내걸었으며, 그 신들은 장기 지속하여 어느 성자의 이름과 수녀원으로 연결됐고, 바로 그 공간에 등대가 들어선 것이다. 등대의 건립 사유야 영국의 침략에 대비한 현실적 목적이지만, 유라시아 남서단의 신성한 공간이라는 면에서 본다면 해양문명사의 오랜 궤적이 헤라클레스 신전에서 등대로 바뀌었을 뿐이다.

유럽의 첫 노예시장, 라구스의 불길한 미래

보통 한국인에게 포르투갈 남해의 바닷길은 미궁과도 같다. 에스파냐의 안달루시아 지방이 널리 알려진 것에 비해 포르투갈의 남부 해안은 짐작이 어렵기 때문이다. 대항해시대에 신대륙으로 향하던 선박이 머물던 주요 항구는 세비야뿐 아니라 파루, 알부페이라, 라구스 등 포르투갈 남부에도 포진해 있었다. 에스파냐의 해양 전략 거점이 세비야였다면, 포르투갈의 초기 전략 거점은 라구스(Lagos)

였다. 사그레스에서 라구스, 파루에 이르는 바닷길이 포르투갈의 대항해시대를 여는 거점 중의 거점이었다.

1493년 3월 13일 콜럼버스는 귀환길에 올랐다. 그는 포르투갈에서 세비야 항로를 따라 항해했다. 이튿날 포르투갈 사그레스의 상비센테 앞바다에 도착했다. 그 후 미풍을 받으며 파루에 도착했다.[10] 나 역시 콜럼버스가 돌아온 항로 방향, 즉 최종 목적지를 동쪽 끝의 파루로 정해놓고 사그레스에서 출발하여 라구스로 들어갔다.

라구스에서도 곳곳에서 엔히크의 흔적을 찾을 수 있다. 벤사프림 강 어귀에 있는 라구스는 강 깊숙이 항구를 숨겨두어 태풍이 불어도 안전할 뿐 아니라 곧바로 대서양으로 원양항해를 떠날 수 있는 최적의 위치를 자랑한다. 오늘날 요트장이 들어서 있고 성당이 자리한 곳이 오랜 항구의 흔적이다. 여름철 유동인구를 채워주는 관광객 러시를 제외하고는 이곳 역시 조용한 시골 도시에 지나지 않으나, 대항해시대에는 분주하던 도시였다. 가로수가 줄지어 서 있는 해변도로는 아프리카에서 넘어온 흑인이 자주 보이고 노예 상인과 항해가가 득실거리던 역사의 현장이다. 엔히크의 활동 무대이자 역사적인 조선소가 있던 항구이며, 한때 유럽 노예무역의 중심지였다.

라구스 역시 2000년 이상의 역사를 지닌 페니키아와 로마와 아랍의 해양 도시였다. 로마제국 멸망 후 이베리아반도 남부 지역이 모두 그러했듯, 이곳 역시 비시고트(Visigoths, 서고트) 왕조와 비잔틴 제국의 지배하에 놓였다.

한편 북아프리카에서 들어온 무어족은 라구스의 전략적 가치를 꿰뚫어보았다. 거대한 성을 쌓고 이 도시를 북아프리카와 이베리아반도 사이의 중요 무역 거점으로 만든다. 무어족의 시대, 북아프리카와 이베리아 남부 사이의 대서양과 지중해가 또 다른 차원에서 '우리 바다', 즉 '이슬람의 바다'로 연동됐다. 이베리아와 아프리카는 둘이 아니라 하나의 바다에서 교류했으며, 헤라클레스의 기둥은 아프리카의 신화로 대체됐다. 이슬람 통치기인 1174년 무어족은 한 기독교인이 성 요한을 위한 성당을 도시 외곽에 세울 수 있도록 허가했다. 이슬람 통치가 기독교인이 생각하는 것과 달리 종교적 관용에 기초해 있었음을 알 수 있다. 아폰수 왕이 레콩키스타를 벌여 남진을 거듭했어도 라구스는 여전히 무어인의 거점이었다. 1249년 라구스 공략이 완성되면서 아폰수는 비로소 '포르투갈과 알가르브의 왕'이라 자칭할 수 있었다. 그만큼 라구스가 해양 전략상 중요했다는 뜻이다.

엔히크는 라구스의 조선소에서 배를 건조해 1415년 북아프리카의 교역 도시 세우타를 점령했다. 그는 라구스에서 모로코와 아프리카 서부 해안으로 뛰어난 항해기술을 갖춘 선원을 태운 배를 보내 인도로 가는 길을 탐사하게 했다. 사그레스곶은 높은 절벽 지대였기에 전략 기지는 될 수 있어도 배를 띄우기에는 부적합했기에 인근의 라구스 항구를 이용한 것이다.

라구스는 1434년 처음으로 보자도르곶을 돌아 바다를 넘어간 질 에아네스의 고향이기도 하다. 당시에는 '세상의 끝'인 보자도르곶을 돌아간나는 것만으로도 대단한 사건이었다. 시에서는 1969년 질 에아네스의 동상을 세워 라구스의 대항해시대를 자랑스러워하고 있다.

무엇보다 역사적으로 중요한 사건이 라구스에서 벌어졌다. 1443년 라구스의 란사로테가 275명의 아프리카인을 데리고 왔는데, 당시 포르투갈의 부족한 농업 노동력에 보탬이 됐다. 그런 상황에서 대항해의 성공 소식과 더불어 많은 양의 향신료와 물품이 항구로 밀려들어왔다. 이후 라구스는 유럽으로 향하는 노예무역의 첫 번째 관문이 됐다.

선원은 노예가 돈이 된다는 것을 알아차리고 병적으로 노예사냥에 심취했다. 1444년 유럽에서 열린 첫 노예시장(Mercado de Escravos)에서 많은 노예가 유럽으로 팔려 나갔다. 노예 거래는 포르투갈 상인에게 상당량의 현찰과 값싼 노동력을 공급했다. 시대를 앞서가는 인물이기는 했으나 엔히크가 비인간적 노예 판매 수수료를 챙겼음을 기억해둘 필요가 있다. 그는 팔리는 노예마다 5분의 1의 수수료를 받았다. 노예 수요가 급증하여 1450년에는 수익률이 700퍼센트까지 올랐다. 훗날 벌어질 신대륙과 아프리카, 아시아에서 행한 반인류적 약탈과 원주민 착취가 라구스에 개설된 노예시장에서 그 불행의 씨앗을 발아했는지도 모른다.

아폰수 곤살레스가 발견한 금도 라구스의 경제 활동을 활성화했으며, 엔히크는 아예 무역회사를 차렸다. 희망봉을 돌아온 바르톨로메우 디아스의 선조 주안 디아스(Juan Dias), 보자도르곶을 발견한 질 에아네스 등이 이에 참여했다. 이 모든 일이 라구스에서 펼쳐졌다.

엔히크 왕자가 사망한 이후 대서양과 신대륙으로의 팽창이 지속되면서 라구스의 상품과 노예 시장은 여전히 성했으나 그 주된 역할은 리스본으로 옮겨가게 된다. 식민지 아조레스와 브라질에서 바로 리스본으로 돌아올 수 있는 지정학적 위치 때문에 대서양의 축이 리스본으로 옮겨진 것이다. 포르투갈이 에스파냐의 지배를 받게 되자, 에스파냐의 해군기지가 있는 카디스 인근의 라구스도 곧바로 영국 함대의 공격 대상이 됐다. 1850년대에 감행된 프랜시스 드레이크의 공격이 그것이다. 이제 이베리아의 시대가 저물고 신흥 해상제국 영국의 발흥이 본격화된다.

'바다의 성' 알부페이라와
파루

라구스에서 서쪽으로 조금 가면 알부페이라(Albufeira)라는 도시가 나타난다. 차량으로 약 30분 거리다. 현재까지 발굴된 유적으로 볼 때 이 항구도시도 로마인이 작심하고 경영한 식민도시다. 로마 시대에 건축된 파데르네(Paderne) 다리가 남아 있다. 로마인은 대서양 안의 풍광이 우수하고 기후가 온화한 이곳을 점거하여 다리, 도로, 성채 등을 만들고 농사를 지었다.

이후 무어족의 세력이 확대되면서 그들 역시 전략적으로 뛰어난 이곳에 거대한 성벽을 만들었다. 알부페이라는 아랍어 '알부헤라(Al-buhera)'에서 유래하는데, 이것은 '바다의 성', 즉 '석호(Lagoon)'를 뜻한다. 아랍인은 선진적 관개 기술과 새로운 작물을 도입하고 농경 댐을 건설해 미경작지를 정원과 과수원으로 만들었다. 이베리아반도 남부의 질 좋은 농산물과 뛰어난 농경기술은 부를 축적하는 데 일조했고 풍족한 식량을 기반으로 한 해양 문명을 가능케 한 바탕이었다.

알부페이라는 가파른 경사지에 빈틈없이 빼곡하게 건물이 들어서 있다. 비좁은 구도심은 일방통행 길이 많아서 외지인은 운전하기 어렵다. 포르투갈과 에스파냐의 북부는 인구밀도가 낮은 데 비해 남부는 기후 조건상 인구밀도가 높다. 따라서 도시 건축 역시 조밀하게 발전했다. 아름다운 건축과 대서양의 온화한 기후는 관광객을 끌어들이는 데 큰 요인이 되는데, 이곳의 아름다운 건축군은 대개 18세기 이후의 것이다. 1755년 리스본 대지진 때 10미터가 넘는 쓰나미가 몰려와 알부페이라를 덮쳐 모조리 쓸어갔다. 리스본 지진의 여파는 포르투갈의 남부 해안 전체를 강타하여 건축, 도로 등을 파괴했다. 따라서 현존하는 건축물은 대부분 18세기 말부터 재건축 된 것이다.

알부페이라에서 다시 30분쯤 가면 파루가 나온다. 파루 역시 이슬람이 오랫동안 지배했던 도시다. 1143년 포르투갈이 독립하면서 아폰수 왕이 산타마리아데파람(Santa Maria de Faaram)이라고 명명한 데서 현존 명칭이 유래한다. 호반과도 같은 항만, 갯벌과 염초식물과 수로로 가득 찬 석호가 펼쳐지는 앞바다, 아름답기 그지없는 바다의 도시다. 이곳 사람들은 천혜의 방어 요새인 석호의 조간대를 이용해 소금을 만들어 수출하여 부를 창출했다. 석호를 앞마당 삼은 고풍스러운 건축물이 줄지어 서 있고, 성문 안으로 들어서면 지금은 박물관으로 변한 궁궐을 비롯해 귀족과 상업 자본가의 고급 건축물이 즐비하다. 대항해시대의 파루는 번성하는 경제력을 자랑하던 도시로, 이웃 에스파냐의 세비야와 더불어 신대륙 항로의 과실을 만끽했다.

인근 세비야와 마찬가지로 이곳에서도 유대인 공동체가 성장을 거듭했다. 세비야에서 파루까지 뱃길로 지척임을 감안한다면, 지중해를 무대로 활약하던 노마드 유대 상인이 이곳에도 거점을 확보했으리라고 생각하는 것은 당연하다. 1487년 파루의 유대인 사무엘 가콘(Samuel Gacon)이 구약성서의 '모세 5경'''을 이곳에서 히브리어로 인쇄했을 정도로 파루의 유대인 공동체는 강력한 사회적 발언권을 지녔으며, 도시 발전에 기여했다. 그러나 유대인의 영화는 지속되지 못했다. 1496년 포르투갈 왕 마누엘 1세가 기독교로 개종하지 않는 이는 추방하라는 칙령을 내렸기 때문이다. 수많은 유대인이 도시를 떠났고, 마누엘은 유대인이 남긴 건물을 재활용하는 새로운 도시 건설을 기획해 오늘의 파루를 만들어냈다. 각각의 도시가 면한 작은 만과 곶을 바라보자니 문득 페르낭 브로델의 이런 말이 떠

오른다.

하나의 바다가 아니라 크고 작은 입구를 통해 서로 소통하는 일련의 작은 바다의 연속이라 할 수 있다. 지중해는 동쪽과 서쪽 해역으로 크게 나뉘고, 각 해역은 대륙의 다양한 돌출부에 의해 분절된 작은 바다로 나뉜다. 그 바다는 모두 고유의 성격, 고유의 배와 역사를 가지고 있다.[12]

파루시내에서 자동차를 타고 북쪽으로 20분가량 달리면 에스토이라는 시골 마을이 나온다. '로마 시대의 유적지 밀레우(Roman Ruins of Milreu)'라고 쓰인 표지판이 보인다. 대서양의 훈풍 덕에 짧은 겨울이 가고 봄이 되면 복사꽃이 만발하는 화려한 이 도시에 일찍이 로마인이 들어와 집단 거주지를 건설했다. 분명 지중해와 대서양 언저리를 다니던 무역상인의 후예였을 것이다.

유적은 그리 크지 않다. 입장료를 내고 들어가면 입구에 자그마한 고고학 자료실이 보이는데 발굴한 기왓장이나 돌무더기, 부러진 조각상 등을 모아놓았다. 폐허로 가득한 이 로마 시대의 유적은 1877년 고고학자 에스타시오(Estácio da Veiga)가 발견했다. 기원전으로 소급되는 유적은 아니며, 1세기 이후 로마시대의 마을이 있던 곳인데, 대략 10세기까지 이어졌다. 비교적 높은 위치에 자리한 밀레우 유적에서 바라보면 저 멀리 대서양이 내려다보인다. 로마인은 오늘의 파루항으로 들어와 이곳 언덕에 집을 짓고 거류지를 마련했던 것으로 보인다.[13]

3세기에 들어오면 기둥을 세운 커다란 돔 건물을 짓고 정원을 꾸몄다. 4세기에는 마을 입구를 큰 기념물로 꾸미고 목욕탕을 바다와 관련한 소재로 장식했다. 지금도 남아 있는 목욕탕 유적에는 돌고래 모자이크가 선명하다. 남쪽에는 기도처를 만들었다. 후대에 들어선 붉은 벽돌의 실린더 모양 건축물도 남아 있다. 하나의 거점 공간이 오랜 세월 동안 복합 주거지로 활용됐음을 알 수 있다.

밀레우 유적은 파루 일대가 고대부터 원양항해의 거점 중 하나였음을 시사한다. 파루의 지척에 페니키아, 카디스섬(로마의 해양 거점), 세비야가 있는 것은 우연이 아니다. 세비야, 카디스, 파루로 이어지는 지역이 모두 고대 해양 문명의 거점이었다. 파루에서 동쪽으로 조금만 가면 세비야와 카디스가 나오고, 유럽과 아프리카가 만나는 헤라클레스 기둥이 나온다. 지중해 문명의 서쪽 권역은 헤라클레스의 기둥을 넘어감으로써 대서양권으로 이어진다. 지중해 문명권에서 대서양 문명권으로의 이행이 이들 포르투갈 남부의 도시에서 선명하게 벌어졌던 것이다.

엔히크의 활동 거점인 포르투갈 남부가 로마제국의 식민지 또는 비잔틴 시대와 이슬람 시대의 주요 해양 공간과 같다는 점이 흥미롭다. 포르투갈 남부는 고대부터 대항해시대까지 계속해서 대항해의 거점으로 활용됐다. 그만큼 전략적 위치이고 항구의 입지 여건이 양호했기 때문에 가능했을 것이다. 인류의 해양 문명사에서 지리적 조건과 환경은 그 어느 것보다 장기 지속성을 발휘하게 해주는 힘일 것이다. 그 어떤 해양 문명도 바다라는 자연 조건을 뛰어넘어 성립하기는 어렵기 때문이다.

빛나는 에덴, 호카곶

파루 공항에서 리스본 공항으로 소형 프로펠러 비행기가 오간다. 초소형 비행기를 운영한다는 것은 그만큼 왕래가 많지 않음을 뜻한다. 리스본 공항에서 차를 렌트하여 곧바로 40여 킬로미터 떨어진

호카곶 등대

호카곶으로 향했다. 상비센테곶이 유라시아 대륙의 남서단이라면, 호카곶은 경도로만 본다면 극서단에 있다.

대서양이 붉게 물들고 있다. 어느 바다든 일몰이 아름답지 않은 곳이야 없겠지만, 리스본 북쪽 신트라 해안 단애에서 바라보는 대서양은 장엄함 그 자체다. 150미터 이상의 높은 절벽이 병풍을 두른 듯한 유라시아 대륙의 최서단, 이곳에 자리한 등대가 항로를 밝힌다. 바이런이 자신의 시 〈차일드 해럴드의 여행(Child Harold's Pilgrimage)〉에서 '빛나는 에덴'이라 불렀던 호카곶,[14] 그 곳에 호카곶 등대(Farol de Cabo da Roca)가 서 있다. 바이런은 배로 리스본(Lisbon)까지 가서 에스파냐를 횡단하여 지브롤터를 지나 몰타까지 갔는데, 이때 호카곶을 돌아서 리스본으로 들어갔다. 호카곶이 유라시아의 최서단이라는 것은 역으로 대서양의 최전선이라는 뜻이기도 하다.

호카곶은 서단이라는 지리적 위치와 수도 리스본에서 가깝다는 이유로 수많은 관광객이 찾는 필수 코스다. 관광과 경관 면에서는 사그레스곶보다 월등히 지명도가 높지만, 대항해시대와 관련해서는 밀리는 감이 있다. 호카곶 등대는 포르투갈에서 세 번째로 오래된 것인데(1772), 석회암과 화강암 벽돌을 쌓아올리고 그 위로 등탑을 솟구치게 만들었다. 등대 건축 자체는 22미터 높이로 낮은 편이나 163미터 높이의 절벽 위에 서 있기 때문에 먼바다에서도 잘 보인다. 등대는 대서양의 세찬 비바람을 이겨가며 240년을 버텨왔다.

호카곶 등대가 세워진 1772년은 이미 포르투갈이 쇠락한 시기였다. 다만 남아메리카 등지의 식민지는 여전히 유지했기에 리스본에서 출발한 배는 호카곶 등대의 불빛을 의지해 항해를 했을 것이다. 당연히 영국, 프랑스, 독일, 네덜란드 등의 북방과 지중해, 아프리카 등의 남방에서 리스본으로 들어오는 배도 그러했을 것이다.

리스본의 의례적 관문

호카곶 남쪽으로 두 시간 거리의 리스본으로 향했다. 리스본을 찾는 사람이라면 보통 제로니무스 수도원과 엔히크 왕자의 서거 500주년을 맞이해 1960년 건축한 대항해기념탑을 찾는다. 높이 52미터에 달하는 배 모양의 기념 조각상은 15~16세기 대양을 건너던 용감한 선조를 기리기 위해 리스본시에서 헌정한 것이다. 왕자가 앞장서고 항해가, 과학자, 성직자가 그 뒤를 따른다. 항구 최고의 역사적 랜드마크로 관광객을 끌어 모으는 중이다. 사그레스 성채에서 벌어졌던 역사적 사실이 리스본에서 재현됐다.

엔히크가 활동하던 1450년 무렵 대서양의 리스본은 지중해의 베네치아처럼 유럽 팽창의 중심지로 떠올랐다. 카탈루냐와 아라곤인이 지중해인이라면, 포르투갈인은 운명적으로 대서양인이 됐다. 포르투갈은 지중해 세력권에 속하지 않으면서도, 특히 14~15세기 지중해의 역사와 긴밀하게 연관됐다. 포르투갈은 대서양과 지중해 양쪽에서 영향력을 발휘한 중요한 중계국이었다.

1418년 리스본에는 잉글랜드와 플랑드르로 가는 제노바, 베네치아 선박과 한자동맹의 선박이 드나들었다. 리스본은 북쪽과 남쪽의 상품뿐만 아니라, 해상의 관습과 전통이 뒤섞이는 곳이었다. 대서양과 지중해의 전통을 결합한 새로운 선박이 고안되면서 루시타니아(Lusitania)[15]의 조선소는 유례없이 활기를 띠게 된다. 1441년에는 쾌속 범선이 대서양 항해에 부분적으로 사용되기 시작했다.[16]

남부의 라구스가 아프리카를 공략하는 전략적 위치였다면, 리스본은 신대륙으로 향하는 최단거리의 출발지이자 플랑드르, 영국, 북해와 발트해 지역의 전진기지라는 입지를 충분히 살리면서 대서양 세계의 핵심 도시로 부상했다. 이국에서 거두어들인 제국의 노획물이 당도했으며, 향신료와 금, 진귀한 목재, 무기, 설탕, 담배는 물론이고, 포르투갈의 불명예스러운 역사로 기록된 서아프리카의 노예도 이곳에 가득했다.

브로델의 표현을 빌린다면, 포르투갈의 해상 팽창은 기묘한 근대국가를 탄생시켰다. 이 기묘한 근대국가는 초기 잉글랜드와 유사했고, 잉글랜드가 수도 런던을 중심으로 발전한 것처럼 포르투갈에서도 수도 리스본으로 모든 것이 집중됐다.

리스본에도 이러저러한 역사적 등대가 산재한다. 그러나 등대는 아니지만 항로표지 역할을 겸했던 중요한 건축물이 바닷가에 서 있다. 그 유명한 벨렝 탑(Torre de Belém)이다. 1515년 마누엘 1세는 바스쿠 다가마의 세계일주 위업을 기념해 이 탑을 만들게 했는데, 테주강을 오가는 선박을 감시하고 방어하는 데 실제적인 목적이 있었다. 한때 세계를 풍미한 마누엘 양식(Manueline style)의 대표작이다. 애초부터 성채 방어 기능을 가진 리스본의 의례적 관문이자, 상징적 건축물이었다. 제국 포르투갈의 함대와 무역선이 리스본의 테주강을 빠져나가 대서양으로 향할 때, 반대로 브라질이나 마카오, 고아에서 온 선박이 리스본으로 들어올 때면 이 탑에 경의를 표하곤 했다.

에스파냐 지배기에는 한때 감옥으로도 활용됐다. 석회암을 정사각형으로 잘라서 30미터 높이로 쌓아올리고 육각의 주변을 원통형 방어탑으로 둘렀는데, 부분적으로 고딕 양식도 차용했다. 본 건물에 붙여서 지은 탑은 4층 구조다. 본디 테주강변의 작은 섬에 축조됐던 것인데, 지형이 변화해 지금은 육지와 붙어 있다. 인근에 위치한 제로니무스 수도원과 함께 세계유산으로 등재됐다.

리스본은 과거의 영예를 훈장처럼 달고 있는 항구도시다. 제국 해양의 영광은 곳곳에 남아 있다. '바스쿠 다가마'라는 이름은 리스본의 또 다른 이름이다. 바스쿠 다가마는 지금 제로니무스 수도원 묘지에 조용히 누워 있다. 그리고 그 곁에 포르투갈의 위대한 시인 루이스 바스 드 카몽이스도 잠들어 있다. 카몽이스는 서사시 〈우스 루지아다스〉에서 포르투갈의 해양 탐험을 이렇게 찬양했다.[17]

이곳은 유럽의 생명이 숨 쉬는 곳이다
이곳에서 바다가 시작되고 육지가 끝난다
태양이 지기 시작해 푸른 대서양으로 들어간다

리스본은 1998년 대항해 500주년, 즉 바스쿠 다가마의 인도 원

벨렝 탑

정(1498)을 기념해 '대양, 미래를 위한 유산'이라는 주제로 세계박람회를 개최했다.[18] 이는 6년 전 대항해시대를 주제로 열린 에스파냐의 '세비야 세계박람회', '제노바 세계박람회'에 조응하는 것이다. 리스본, 세비야, 제노바가 대항해시대와 깊은 내적 연관성을 지니고 있음을 말해준다. 세비야와 제노바가 콜럼버스를 내세운 반면, 리스본은 바스쿠 다가마의 정신을 기리자는 구호를 내세웠다. 실제로 장장 16킬로미터에 달하는 '가마 다리'도 바다 위에 건설했다. 포르투갈 파빌리온뿐만 아니라 당시 수준으로 최대 규모였던 수족관을 건설해 대항해의 위업을 과시했다. 오리엔테(Oriente) 역은 이른바 오리엔탈 특급이 당도하던 마지막 기차역이자 대서양 출항의 출발지임을 기렸다.

리스본 해양박물관은 해양 유물이 너무 많아 전시가 아니라 창고를 보여주는 듯싶다. 그런데 아쉽게도 제국의 통치와 노예 매매 등을 둘러싼 반성의 글귀는 단 한 줄도 발견할 수 없다. 노예사냥과 매매, 아메리칸인디언 집단학살, 동양에서 저지른 만행 등은 외면하면서 오로지 제국의 영광과 찬양뿐이다. 사탕수수 재배와 설탕 공장, 광산에서의 착취는 철저히 가려졌다. 당시 신대륙의 은과 금이 유입돼 이베리아반도는 흥청망청했고 식민지 향신료무역 덕에 곳곳에 많은 건물이 들어섰지만, 그 이면엔 아픈 역사도 있었다는 것을 우리는 미래 세대에게 알려줄 의무가 있다. 리스본에는 끊임없이 인구가 유입됐는데, 1633년 당시 도시 인구 총 10만 명 가운데 1만 5000명 이상이 흑인 노예였다. 또 웅장한 성당과 고풍스러운 건축물 대부분은 15세기 이후 들어선 것이다. 해외 식민지에서 거두어들인 약탈적 부의 축적이 없었더라면 이러한 번영은 불가능했을 것이다.

중국 CCTV가 제작한 다큐멘터리 〈대국굴기(大國崛起) 강대국의 조건〉 시리즈 중 '포르투갈/스페인' 편에서는 이베리아 해양제국의 급성장과 쇠락을 분석했다. 포르투갈은 제대로 된 물건을 스스로 생산하지 않고 오로지 프로방스 등지에서 구입해와 향료와 바꾸는 중개 방식으로 일관했다. 신대륙에서 수탈해온 금과 은 덕분에 귀족의 생활은 사치가 극에 달했다. 자작농은 몰락하고 젊은이는 배를 타는 일밖에 할 수 없게 됐다. 유럽 전역에서 많은 사람이 리스본으로 모여들었지만 부는 온전히 항구에 남지 못했다. 식민지 경영은 군사력 등 막대한 비용을 필요로 했고, 네덜란드와 영국의 부상은 세계 곳곳에서 전략 비용의 증가를 초래했다.

역사는 흐르고 또 흘렀다. 대서양에서 불어오는 맞바람만큼이나 모진 역사의 바람이 이베리아반도로 휘몰아쳤다. 리스본시내에서 노란 트램을 타고 천천히 언덕을 오른다. 트램은 역사의 무게가 가라앉은 오랜 돌 포장길을 기어오르며 좁은 골목으로 사라진다. 트램의 흔들리는 낡은 차체가 들려주는 소리는 그 자체만으로도 옛 도시의 감흥을 느끼기에 충분하다.

리스본 성당으로 들어선다. 1150년 무렵 세워지기 시작한 장중한 로마네스크 양식의 건축물답게 중세의 그림자가 곳곳에서 묻어난다. 대지진이 강타해 이곳의 중세 풍경은 대거 사라졌으나, 다행히도 이 장중한 건물은 살아남았다. 성당 앞으로 흑기사가 보무도 당당히 걸어가고 영주와 화려하게 치장한 귀부인이 향기를 풍기며 서성이고 있는 듯하다.

리스본은 오랜 역사를 지녔지만 어쩌면 '신흥 도시'다. 숱한 지진으로 많은 건물이 무너져 내렸고, 그 덕에 신축 건물이 다수 지어졌기 때문이다. 그래도 따뜻한 해양성 기후 속에 종려나무가 줄지어 늘어선 언덕 아래로 노랗거나 분홍빛의 화사한 건물이 도심을 아름답게 물들이고 있다.

리스본의 술집에서 포르투갈 특유의 대중 가곡 파두(fado)를 듣는다. 향수와 동경, 외로움과 처연함을 담은 파두는 해외 식민지로 나간 외로운 뱃사람이 선술집에서 들었을 법한 노래다. 사내는 말쑥한 정장을 입고 기타와 비올라의 감미로운 멜로디에 맞춰 파두를 부른다. 포르투갈 와인을 마실 때마다 파두가 뿜어내는 독특한 취향이 도도하게 높아져간다. 파두 공연장의 여종업원 중에는 백인이 아닌 여성도 있다. 남미에서 왔을 것 같은 여성을 보니 포르투갈이 한때 제국이었음이 느껴진다. 북아프리카와 남미에서 온 흑인 여성이 파두 공연장에서 손님들 시중을 들고 있다. 아프리카에서 남아메리카, 인도 고아에서 마카오, 그 말썽 많은 티모르 분쟁에 이르기까지 원죄는 포르투갈에 있으며, 리스본이 그 진원지였다. 식민의 시대는 가거나 혹은 멈추거나 아직도 진행 중이다.

리스본 역 앞에 앉아 포르투행 야간열차를 기다리며 잠시 눈을 감고 조제 사라마구의 소설《눈먼 자들의 도시》를 떠올렸다. 이름 붙여지지 않은 한 도시의 주민 거의 모두가 설명할 수 없는 집단적 실명에 걸리게 되고, 그에 따라 빠른 속도로 사회가 붕괴되는 모습을 묘사한 소설이다. 소설에서는 모두가 눈이 멀었다. 어쩌면 인류의 역사 자체가 잠시 눈이 멀었던 것인지도 모른다. 눈이 멀지 않고는 그런 무참한 식민제국을 거느릴 수 없었을 테니……. 리스본시내에는 유색인이 눈에 많이 띈다. 과거 해양제국의 자취가 이 항구도시에 남았기 때문이리라. 그랬으니 나 같은 동방인도 거리낌 없이 이곳까지 찾아들어온 것이 아니겠는가.

대항해인의 고대적 기질을
간직한 포르투

포르투갈 탐사의 마지막 장소인 포르투(Porto)로 향했다. 포르투는
여느 도시와 분위기 자체가 '참' 다르다. 포르투는 '타일의 도시'이자
'다리의 도시'다. 무엇보다 중국에서 마카오를 통해 건너왔거나 이
슬람 문명의 세례를 받은 것이 분명한 청화백자를 포르투갈식 타일
로 재탄생시켜 고전적 건축에 접목했다. 포르투 역 앞의 역사기록
화는 기독교도와 무슬림 간의 전쟁과 승리의 나날을 웅장한 타일화
로 나타낸 것이다. 성당을 타일로 꾸미다니, 포르투다운 발상이다.
포르투는 1806년 최초로 항구적인 다리(Ponte das Barcas)를 만든다.
1996년 유네스코는 이 흥분을 자아낼 만큼 특이한 대서양 도시를
세계유산으로 지정했다. 이곳의 성당과 성벽, 15세기의 집이 모두
문화유산으로 보호받게 됐다.

　대성당의 아랫길로 내려가면 포르투의 젖줄인 도루강에 닿는다.
굽이진 골목길을 계속해서 내려가야 하는데, 가파른 산등성이에 이
렇듯 많은 집이 빼곡하게 자리한 것 자체가 놀랍다. 산등성이에 밀
집 대형으로 들어찬 고밀도의 골목과 주택은 이 도시의 역사와 전
개 과정이 압축적으로 진행됐음을 암시한다. 집마다 역사의 무게
를 지니고 있으며, 선원과 선장과 해군과 무역상인 그리고 짐 부리
는 일꾼과 굴뚝청소부가 살고 있었을 것이다. 높다란 절벽 위의 성
채처럼 지은 전망 좋은 집에서는 배가 나오고 얼굴에 기름이 흐르
는 귀족이거나 상인 자본가가 화려한 바로크 스타일 옷으로 치장한
부인과 딸을 데리고 짐짓 거만스러운 몸짓으로 신대륙에서 벌어들
인 돈을 세고 있었을지도 모른다. 어쨌든 포르투 사람에게 도루강
은 바다로 나아가는 고속도로이자 대서양으로 내달리는 지름길이

었기에 그들의 영혼과 일상생활에 중심으로 자리를 잡게 됐다.

그리하여 모든 골목은 강변으로 치닫는다. 강변에는 요새화된 성과 축대가 세워져 있어 이곳을 방어했다. 카페와 레스토랑, 호텔로 변모된 강변의 건축물 위로 우람한 철제 다리가 높다랗게 허공을 가로지르며 놓여 있고, 빛바랜 색감의 고풍스러운 전차가 쓰러질 듯 좁은 협궤에 몸을 싣고 비탈길을 내려간다.

포르투의 역사는 기원전 300년경 켈트족이 거주하면서 시작된다. 포르투갈이 켈트의 후손이 만들어낸, 유럽에서는 드물게 단일민족 국가라는 신화는 이러한 종족적 단일성에서 기인한다.

포르투 역시 페니키아와 로마제국의 영역에서 제외될 수 없었다. 로마 지배기에 포르투는 리스본과 브라가를 연결하는 중간 무역 거점이었다. 리스본은 항구도시로서의 천혜의 입지 때문에, 브라가는 고대적, 고전적 도시로서의 중요성 때문에 포르투의 남과 북에서 중요한 위치를 점했고, 이 두 도시를 연결하는 중간 거점으로서 포르투의 역할이 높이 평가됐다.

포르투를 비롯한 대서양 연안 도시의 포르투갈인에게 해양을 탐험하고 개척하고자 하는 피가 흐르는 것은 어쩌면 오랜 페니키아인, 그리스인, 로마인 등이 뒤섞이고, 지중해를 건너온 그들의 대항해적인 기질이 DNA로 이어져왔기 때문일 것이다.

포르투가 무어족의 지배기로 접어든 것은 711년이다. 그러나 이베리아반도의 남쪽과 달리 868년 아스투리아스의 왕이 보낸 함대에 의해 무어족의 지배를 벗어난다. 에스파냐가 뒤늦게 이슬람 세력에서 벗어난 것에 비하면 매우 빨랐으며, 868년 포르투갈을 세운다. 물론 나중에 이베리아반도 남쪽까지 모두 점령하여 아랍인을 추방하기까지는 오랜 세월이 걸렸다.

대항해시대 이전에 포르투의 역할은 영국, 플랑드르 등 북방 무역 거점과의 소통이었다. 1387년 포르투갈과 영국은 정략적 결혼을 통해 동맹을 맺는다. 이는 오랜 기간 양국 간의 군사적 동맹을 상징한다. 포르투갈과 영국의 동맹은 세계에서 아주 오래된 군사동맹의 하나일 것이다.

포르투에서 내륙으로 깊숙이 들어간 도루 계곡에서 생산된 포도주가 13세기에 바지선처럼 편편한 배에 실려 항구로 나왔다. 포도주 수출은 포르투항의 오래된 사업이었고 포르투를 먹여 살리는 생명줄이었다. 1703년 영국과 맺은 무역협정으로 포도주를 수출했으며, 1717년 최초의 무역거래소가 포르투갈에 설치됐다. 군사 거점, 무역 거점으로서의 포르투의 기능을 설명해주는 역사적 단편이다. 오늘날 도루강변에 와인 저장고가 즐비하게 늘어서 있고 도루 계곡 안쪽으로 포도밭이 길게 이어지는 것을 볼 수 있는데, 이는 포르투의 아주 오래된 풍경이다.

포르투갈은 지정학적으로 볼 때 이 나라의 어느 곳에서든 대서양의 수렴(收斂)이라 칭할 만한 융합체를 이루고 있다. 무엇보다 유럽의 남서쪽 끝이고, 또 동북부의 무역풍과 카나리아제도의 조류에 의해 형성된 해상 통로의 어귀에 자리한다. 유럽 대륙의 남부와 북부를 연결하는 해양 통로 역할 외에 아프리카, 중앙아메리카, 남아메리카, 아시아와의 항해 및 교역에서 최적의 항구 역할도 한다. 실제로 포르투갈은 북유럽과 지중해 간 항해에 꼭 필요한 기항지였고, 십자군운동 당시에는 북유럽과 영국 원정군의 물자 보급, 급수 및 일시적 정박항으로 이용됐다. 대서양을 접하는 845킬로미터의 긴 해안은 내륙 인구가 바다에서 활동할 수 있는 좋은 조건을 제공했으며, 대서양으로 흘러가는 큰 강인 테주, 몬데구, 도루는 깊고 넓은 하구를 갖추고 있어 바다와 인간의 접촉을 더욱 쉽게 해주었다.

포르투갈인의 해양성 기질도 중요한데, 당대의 현명한 왕으로 칭

포르투의 바르카스 다리, 1835

송받는 디니스가 자신이 소유한 선박의 제독으로 제노바인 에마누엘레 페샤뇨(Emanuele Pessagno)와 계약을 맺고 20여 명의 제노바인 항해 기술자를 고용한 사실에서 포르투갈 국민의 해양 지향성이 잘 드러난다. 또한 페르난두 왕은 국가 해운 사업을 촉진하기 위해 포고령을 발표하여 선박 제조와 해운 활성화를 도모하고 해상보험회사를 설립했다. 그 결과 13세기 초부터 리스본과 포르투에 강력한 상인 부르주아지가 출현했다.[19] 14~15세기에 찾아온 대항해시대라는 거대한 세계사적 파동은 이 같은 토대 위에서 생겨난 것이다.

대항해시대의 파동은 포르투에도 어김없이 밀어닥쳤다. 도루강변에 산재한 조선소에서는 당시의 첨단 기술로 선박이 건조됐다. 1415년 엔히크가 북아프리카를 공략할 때는 라구스뿐만 아니라 포르투에서도 함대가 출전했다. 즉 포르투는 라구스, 리스본과 더불어 포르투갈의 3대 항구로 중요시 여겨졌다. 대항해시대의 주역인 포르투인에게 당시 '포르투엔세스(Portuenses)'라는 별명이 붙었는데, '세 배쯤 되는 사람'이라는 뜻이다. 포르투에서 선원들이 양질의 자른 고기를 배에 실은 데서 비롯된 말인데, 오늘날에도 포르투의 중요한 요리 이름으로 남아 있다.

대항해 시대의 힘을 상징하다

유서 깊은 포르투 항구에는 16세기 대항해시대의 상미겔 등대(Farol de São Miguel-O-Anjo)가 남아 있다. 포르투갈에서 가장 오래된 등대이며, 유럽에서도 아주 오래된 등대 중 하나다. 구도심에서 노란 전차를 타고 종착역인 알레그레 공원에서 내리면 바로 등대가 보인다. 해안의 돌출된 곳에 화강암 축대를 정교하게 쌓고 등대를 세웠다. 등대가 위치한 곳은 도루강 하구로, 대서양과 만나는 기수역이다. 어선 몇 척이 눈에 띌 뿐, 항구라기보다 한적한 해변공원 같은 느낌이다.

등대는 3층 높이의 등탑 건물과 그 옆의 단층 건물로 구성된다. 등대의 기능과 강 하구의 조류 관측을 동시에 하던 건물이다. 등대 옆에는 조류관측기가 놓여 있다. 오늘날 시각으로는 그저 자그마한 건축물에 불과하지만, 자세히 보면 등대 주변의 넓은 축대와 방파제를 커다란 화강암을 잘라서 차곡차곡 쌓아올렸음을 알 수 있다. 많은 노동과 비용이 든 토목 사업이었을 것이다. 과거의 역사 유산을 평가할 때 각종 기계를 이용해 고층빌딩을 짓는 오늘 우리의 시각이 아니라, 손노동에 의존하던 당대의 시각으로 살펴볼 필요가 있다. 당대의 시각만이 어쩌면 가장 정확할 것이다. 그런 점에서 상미겔 등대는 당대의 역사(役事)였다.

1528년 비세우의 주교 미겔 다 실바(D. Miguel da Silva)가 등대 건설을 성당에 명했다. 이탈리아의 건축가 프란체스코 다 크레모나(Francesco da Cremona)가 디자인하여 1538년 완성했다. 단아하면서도 고전적이고 품격 높은 건축물이다. 현재 등롱은 세월을 이기지 못해 멈추었고, 실제로 등대 기능은 오래전에 상실했다. 건축 당시의 명문이 각인된 글씨판만이 화강암에 깊게 새겨진 채 등탑에 여전히 붙어 있다. 건축가 프란체스코의 이름도 각인돼 있다. 상미겔 등대는 1528년, 즉 포르투갈 대항해시대의 힘과 대서양으로의 분출을 상징하는 건축물일 것이다.

포르투에는 상미겔 등대 외에 후대에 세워진 세노라 다 루스 등대(Farol da Senhora da Luz)가 현존한다. 이 등대를 찾는 일은 생각보다 쉽지 않았다. 상미겔 등대가 있는 곳에서 10분 정도 언덕으로 걸어 올라가면서 오로지 이름 하나만 가지고 등대를 찾아 나섰다. 몇 번을 실패했다. 현지인도 등대의 존재 자체를 모르거나 이름을 알고는 있지만 막상 정확한 위치를 몰랐다. 이런 난처한 경우에도 '감'이라는 것이 있다. 당연히 등대는 높은 곳에 있을 것이다. 높은 언덕의 골목길을 여러 번 헤매다가 우연히 등대를 발견했다.

등대는 주택가 골목길 끝자락의 바다가 보이는 언덕 위에 있었다. 물론 그 기능을 멈춘 지 오래됐다. 민가에 포함된 마당에 등탑이 놓여 있는데, 외부인의 출입을 금한다. 층계로 올라가 2층의 등롱으로 들어가는 구조로 만들어진 작은 등대다. 1761년 점등했으며, 세노라 성당에 헌정된 명칭에서 비롯됐다. 실제로 등대는 성당 옆의 높은 곳에 세워졌다.

이 등대는 1758년 폼발(Pombal) 후작의 명으로 세워졌다고 전해진다. 상미겔 등대가 도루강 어귀를 통해 포르투로 진입하는 배를 위한 것이라면, 세노라 다 루스 등대는 높은 언덕에 위치하여 난바

상미겔 등대, 건축가의 이름이 각인되어 있다.
세노라 다 루스 등대

다에서도 관측이 가능하다. 각각 목적하는 것이 달랐기 때문에 상미겔 등대에서 비교적 가까운 산정에 새로운 등대를 또 설치한 것이다. 1865년 아르곤 램프와 파라볼라 반사경이 장착된 구식 기기가 프레넬 광학렌즈로 교체됐다. 여러 번 개축되다가 최종적으로 20세기 초반인 1913년에 재건축됐다.

등대가 있는 언덕 아래쪽 해변에 현존 부두와 등대 세 기가 1945년 세워지면서 세노라 다 루스 등대의 효용성이 사라졌다. 지금은 기록에만 그 이름을 남기고 있으며, 다만 문화재보호법에 따라 작은 간판 하나를 걸어두고 보존하는 중이다. 이로써 포르투갈 남해와 서해의 대서양안을 두루 관통한 등대 그리고 해양 문명 탐사는 포르투의 도루강 하구 언덕배기 이름 없는 등대 앞에서 일단 대단원의 막을 내렸다.

사그레스의 상비센테 등대는 1520년, 리스본의 벨렝 탑은 1515년, 포르투의 상미겔 등대는 1528년 각각 세워졌다. 각기 전혀 다른 지역인 남서단의 사그레스, 중앙의 리스본, 북부의 포르투에 거짓말처럼 비슷한 시기에 등대가 들어섰다. 대항해시대가 꽃피던 때 포르투갈의 불빛도 16세기 초반 일제히 여명을 밝혔음이 확인되는 순간이다.

켈트의 빛;
아일랜드의
DNA

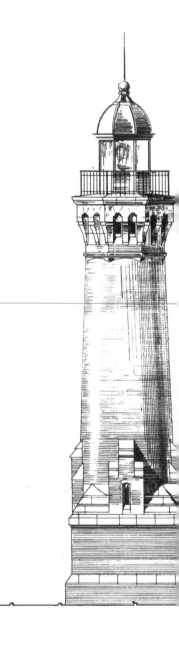

7

켈트의 전통과
식민의 유산이
깊게 밴

베일리 등대 앞에서 빅토리아여왕호가 침몰하고 있다. 1853

영국의 오랜 식민 유산이
깊게 밴 곳

지구상의 어떤 섬인들 슬픔과 분노의 역사가 없겠는가마는, '아일랜드(Ireland)'를 떠올리면 특히 무언가 늘 낮게 깔려 엄습해오는 듯한, 왠지 불안하고 떠밀리는 것 같은 느낌이 든다. 지형상 안개가 자주 끼어서이기도 하겠지만 역사의 안개도 늘 자욱했던 곳이기 때문이 아닐까.

낮은 언덕과 저지대의 목초지에서 양과 소가 한가로이 풀을 뜯고 흰색 페인트칠을 한 농가가 그림처럼 옹기종기 모여 있다. 이곳은 편서풍이 강하게 불고 비가 많은 해양성 기후라 아름다워 보이는 풀밭이라도 막상 들어가면 언제나 질퍽거린다. 난류가 싣고 오는 훈풍으로 풀은 잘 자라니 겨울에도 어디나 늘 푸르다.

녹색의 섬 영국령 북아일랜드 벨파스트의 발전한 산업단지와 얼스터의 고급스러운 빅토리아풍 풍경과 비교할 때,[1] 아일랜드의 대부분은 수도 더블린 정도를 제외하면 경제적으로 어렵다. 감자 대기근으로 목숨만 겨우 부지한 사람들이 아메리카로 떠나야 했던 비극의 고향이기도 하다.[2] 영국의 오랜 식민 유산은 아일랜드의 언덕과 바다, 도시와 촌락에 깊게 배어 있다.

서유럽에서는 낙후된 나라라고 하지만, 외려 아일랜드는 자연이 잘 보존되어 있고, 역설적으로 켈트 문명의 후예답게 아이리시 전통을 강고하게 지켜오고 있다. 켈트 문명은 그 기원이 애매모호한 지점도 있고 분포 권역이 산만하기도 하다. 그러나 적어도 스코틀랜드와 아일랜드, 프랑스의 브르타뉴 지방에서는 그 문명적 특질이 지금까지 전승되고 있다.

켈스서

8세기 초부터 11세기 초까지는 바이킹족이 아일랜드를 심각할 정도로 자주 침공했다. 그들의 세력이 약해질 무렵인 1172년 이번엔 헨리 2세의 영국군이 침공해왔다. 수도 더블린이 함락되면서 아일랜드는 영국의 식민지가 됐다. 켈트족은 끈질기게 저항하여 영국 세력을 서서히 몰아냈다. 그러나 헨리 8세가 1534년 또다시 대대적 침공을 감행하여 400년간의 식민 통치가 시작됐다. 이 시기에 영국인이 대거 이주하여 개신교의 씨앗이 뿌려진 북아일랜드는 가톨릭을 믿는 아일랜드와의 오랜 투쟁의 불씨를 안게 됐다.

더블린 시내의 트리니티 칼리지[3]를 찾았다. 아일랜드 땅에 있지만 지독하게 영국적인 트리니티 칼리지는 식민 지배층과 원주민을 분리하는 오래된 차별적 전통으로 얼룩진 학교다. 트리니티 칼리지를 찾은 것은 이곳 도서관에 소장된 1200년 전의 《켈스서(Book of Kells)》를 직접 보기 위해서였다. 800년경 아일랜드 또는 영국의 어딘가에 위치한 수도원에서 제작된 것으로 보이는 이 복음서 사본은 아일랜드의 국보 중의 국보이자, 서양 캘리그래피의 최고 걸작 가운데 하나다. 기독교의 성상(聖像) 외에도 사람과 동물, 전설상의 생물, 켈트의 매듭무늬와 뒤얽힌 패턴 등으로 구성된 이 화려하고 장엄한 책은 켈트 문명의 품격과 특별함을 상징한다.⁴ 《켈스서》는 아일랜드와 영국이 비록 같은 기독교 국가라도 전혀 성질이 다른 나라임을 상징하는 좋은 예일 것이다.

아일랜드적인 것과 영국적인 것이 나란히

아일랜드 등대 탐사를 하면서 북아일랜드의 '반영(反英) 도시' 데리를 찾았다. 데리는 북아일랜드에서 두 번째로 큰 도시이며, 아일랜드섬 전체에서는 네 번째로 큰 도시다. 옛 성벽으로 둘러싸인 이 도시는 포일강 서쪽 제방에 위치한다. 1613년 런던의 길드 상인이 이곳으로 집단 이주했다. 그들은 제임스 1세의 특허장을 받고 도시 건축 자금을 들이밀어 도시를 온전히 자신들의 것으로 만들어 나갔는데, 그러면서 이곳 이름 앞에 '런던'이라는 접두어가 붙게 됐다. 그 후 400여 년이 지났지만 여전히 데리 사람은 누구나 데리라고 할 뿐, 런던데리(Londonderry)라는 이름을 거부한다. 공식적으로는 '데리'와 '런던데리' 두 명칭이 간판에 병기된다. 이는 북아일랜드가 처한 오늘의 현실을 정확히 반영한다. 택시 운전기사가 단호하게 말한다. "우리는 런던데리라는 말을 죽어도 안 씁니다."

운전기사는 자신의 조카가 무장 IRA(영국으로부터의 완전 독립을 목표로 했던 아일랜드공화국군) 활동으로 옥고를 치렀다고 강조했다. 데리시내의 골목과 거리에는 죽음을 각오한 옥중 단식투쟁으로 결국 사망하고 만 IRA 활동가 보비 샌즈(Bobby Sands) 등을 기리는 벽화운동(murals)이 강렬한 정치예술적 프로파간다이자 일상의 풍경으로 휩쓸고 있다.[5] 아일랜드의 장구한 투쟁과 체 게바라 같은 혁명 전사까지 등장시킨 데리의 풍경은 아일랜드와 영국 간의 오랜 숙적 관계와 내적 길항 관계를 반영한다. 특히 벽화로 채워진 성벽 바깥의 프리데리(Free Derry) 구역은 저항의 본산지답다. 1972년 1월 30일의 '피의 일요일' 사건[6]을 기리는 추모비와 다양한 프로파간다가 담긴 이곳은 전쟁은 끝났어도 여전히 피의 냄새가 가시지 않은 느낌이다.

아일랜드의 역사와 현실이 만들어낸 여러 조건, 즉 400여 년간의 최장기 식민 지배가 빚어낸 산물과 고유의 켈트적 전통 등을 두루 살피지 않고는 아일랜드 등대의 진면목을 제대로 볼 수 없을 것이다. 비록 오늘날은 같은 아일랜드 영토 내의 등대일지라도 그 정체성에서 아일랜드적인 것과 영국적인 것이 병립하기 때문이다. 식민지 제국의 성격을 품에 안은 등대가 있는가 하면, 좀 더 아일랜드적인 울림을 간직한 등대도 있다.

혹 등대와 더불어 주목할 만한 같은 시대의 등대가 하나 더 있다. 혹 등대로 가기 위해 지나쳤던 쿠퍼 해변 길가에 자리한 요굴(Youghal) 등대가 그것이다. 1852년에 건축됐다는 기록이 남아 있다.[7] 그런데 1190년 모리스 피츠제럴드(Maurice Fitzgerald)가 앤(St. Anne) 수녀원의 수녀를 위해 요굴에 등대를 세웠다는 기록도 있다.[8] 1664년 프랑스의 기록에도 요굴에 등대가 있다고 했고, 예전에 있던 등대가 새로 보강된 것 같다고도 했다. 1688년 런던 트리니티 하우스는 더블린의 호스, 웩스퍼드, 워터퍼드 그리고 요굴에 등대가 있다고 보고했다.[9] 현재의 요굴 등대가 혹시 중세 1190년의 요굴 등대 그리고 1664년의 요굴 등대의 후신이 아닐까, 그런 생각을 해본다. 어쨌거나 요굴 등대는 아일랜드의 전통, 켈트적 건축 양식으로 건설됐음이 분명하다.

켈트의 전통이 이어지는 등대

아일랜드는 돌조각, 돌탑, 돌건축이 많은 거석 문명의 나라다. 거석 문명의 전통은 그대로 등대에도 반영된다. 더블린에서 비교적 가까운 위클로산맥에 10세기의 수도원 글렌다록(Glendalough) 유적이 있다. 일명 '수도원의 도시' 글렌다록에는 중세의 성당, 출입문 등 여러 기념비적 석조물이 즐비하다. 등대와 관련해 주목할 것은 원통형 탑이다. 30미터 높이의 가늘고 긴 탑인데, 현재의 것은 1876년 재건된 것이다. 원래 12세기에 건축됐을 것으로 추측된다. 지붕은 원추형이며, 탑에는 목재 바닥이 깔린 여섯 개의 층이 있었고 각 층은 사다리로 연결됐다.

원통형 탑의 건축 전통은 가까운 위클로 바닷가에 세워진 등대 건축과 내적으로 연결된다. 중세 아일랜드의 석조 전통이 건축물, 조형물, 등대 등에서 공통 유전인자로 작동해온 것이다. 위클로 등대(Wicklow Head Lighthouse)는 비록 대영제국 시대에 만들어졌지만 오랜 아일랜드 전통, 즉 돌건축의 장기 지속적 전통을 DNA로 잘 간직하고 있다. 원통형 탑은 성 패트릭 시대에서 바이킹 시대에 이르기까지 아일랜드 예술의 황금기를 대표하는 건축으로 간주된다.[10]

위클로 등대

켈트 전통 1 · 위클로 등대

위클로 항구와 모래톱 사이의 개울은 초기 북방에서 온 사람과 후대의 항해자에게 안전한 선박 피난처가 됐다. 등대가 서 있는 위클로헤드는 84미터 높이의 벼랑이며, 위클로시에서 남동쪽으로 3킬로미터 떨어진 모리스피츠제럴드의 앵글로노먼 블랙 캐슬 유적지를 지나면 나온다.

1781년 세워진 위클로 등대는 본디 한 쌍이었다. 더블린에서 그랜드 운하를 디자인했던 건축가 존 트레일(John Trail)은 항해자가 훅헤드와 호스헤드 사이에서 종종 헷갈리지 않도록 두 개의 등대를 건설하라는 임무를 받아 완수했다. 등대는 팔각형의 돌탑 형태로 건축됐는데, 이 여덟 방향으로 불빛을 발할 수 있다. 바다를 향한 다섯 방향의 램프에는 반사경이 달려 있다. 처음에는 쇠고기나 양고기의 지방을 태우는 초롱으로 점등했지만, 나중에는 큰 유리 반사경으로 초점이 모이는 20개의 수지(樹脂) 양초 촛불을 이용했다.

위클로 등대는 1994년 등대 운영이 자동화되어 등대지기가 철수했고, 이후 던레러의 통제소에서 제어하게 됐다. 등탑과 두 동의 등대지기 숙소는 1996년 아이리시 랜드마크 트러스트에 35년간 대여됐다. 팔각형 공간 여섯 곳을 객실로 만들어 개방해, 현재 주말 숙소로 인기를 끌고 있다. 두꺼운 돌벽에 낸 아치형 창문을 통해 아일랜드의 바다 전망을 눈에 담을 수 있다. 109개의 계단을 오르며 등탑이 부여하는 고도의 장소감을 만끽할 수 있다. '진실로 역사적인 건축물을 휴일 숙소로'라고 쓰인 입간판이 붙어 있다.

위클로 등대는 아이리시등대위원회가 운영하는 70개 등대 중 하나이며, 아일랜드의 '위대한 등대 12선'에 들어간다.

체인 기념 등대

켈트 전통 2 · 체인 기념 등대

더블린에서 기차를 타고 영국령 북아일랜드 벨파스트로 갔다. 벨파스트 센트럴 역에서 화이트헤드를 거쳐 유네스코 세계자연유산으로 지정된 자이언츠코즈웨이로 가는 북쪽 해안도로를 달리다 보면 종착점인 란에 닿는다. 인구 2만 명의 작은 항구지만 수천 년 이상 항만 역사를 이어온 요충지다. 란이 해양 교류사에서 전략지임은 18세기 스코틀랜드-아일랜드인이 란에서 출발하여 미국 이민을 떠났던 사실에서도 확인된다. 커런파크의 기념비는 1717년 5월 첫 이민선 굿윌(Friends Goodwill)이 란을 출발하여 보스턴으로 향한 역사를 기록한다.[11]

그 유서 깊은 란 항구로 들어가는 길목에 등대가 하나 서 있다. 체인 기념 등대(Chaine Memorial Tower)라고 명명되어 있다. 아일랜드 전통의 원통형 축조물로, 고깔 모양의 지붕을 얹은 연필 같은 형상이다. 제임스 체인(James Chaine)은 스코틀랜드로 가는 최단 항로를 개척하고 현재의 물류항을 만든 사람이자, 밸리미나행 협궤열차의 투자자이기도 했다. 공공 기부를 받아 1888년 아일랜드의 전통이 살아 있는 원통형 탑을 복제했다.

체인추모사업회는 1885년 아이리시등대위원회에 등대 건축을 제안했는데, 처음에는 조명 시설 없이 샌디포인트만에 원통형 탑만 세우는 것으로 허가가 났다. 탑은 3년 만인 1885년 완공됐다. 그러다가 1899년 탑을 28미터(직경 7.5미터)로 증축하면서 22미터 되는 지점에 오일램프를 설치하도록 했다. 해안에서 8킬로미터가량 떨어진 곳에 위치한 물에 잠긴 헌터록(Hunter Rock)을 선박이 잘 피할 수 있게 하기 위해서였다. 유럽문화유산일(European Heritage Open Days) 같은 특별한 날에만 개방한다.

체인 기념 등대의 시사점은 단순하다. 1781년 위클로 등대가 아이리시-켈트 양식으로 지어진 것이라면, 100여 년 뒤인 1885년 건축된 체인 기념 등대는 켈트 문명의 깊숙한 뿌리에 기대고 있다. 두 등대 모두 영국의 식민지배기에 점등됐다. 그럼에도 아일랜드의 영혼을 간직한 등대로, 앞으로도 계속 켈트의 문화 전통을 이어가는 등대로 기억될 것이다.

훅 등대, 1200년 전통의 장중함을 담은

아일랜드 남서부의 중심지 코르크에서 워터퍼드까지는 버스로 두 시간가량 걸린다. 버스는 아름다운 코퍼 해안을 달리는데, 코퍼는 유네스코가 지정한 지질공원이다. 오염되지 않은 경관과 작은 마을, 고고학적 유적과 지질학적 증거를 만끽하면서 버스는 막힘없이 해변을 달렸다. 워터퍼드에는 훅 등대(Hook Head Lighthouse)가 있다. 훅헤드는 행정구역상 웩스퍼드에 속하지만, 워터퍼드에서 찾아가는 편이 더 편리하다.

워터퍼드는 중세적 도시와 원형을 잘 간직한 유서 깊은 항구로, 아일랜드 최초의 계획도시다. 13세기에 만들어지고 15세기에 증축된 레지널드의 탑(Reginald's Tower)은 한때 감옥과 군사 요새로 쓰였는데, 지금은 바이킹 박물관으로 활용되고 있다. 914년 위대한 바이킹 모험가이자 해적이었던 라그날(Ragnall)이 이곳에 정착하여 선박 계류장을 만들었고, 그 후 도시로 성장하게 됐다. 918년 라그날은 배를 몰고 워터퍼드를 떠나 요크로 갔으며, 거기서 최초로 노르만 왕이 되어 '워터퍼드와 요크의 왕'이 됐다.

워터퍼드에서 출발하여 패시지이스트에 당도, 페리를 타고 만을

훅 등대

건너서 30여 분을 달렸다. 일망무제의 너른 벌판인 훅반도를 거칠 것 없이 달리자 평원 끝자락 바닷가에 우뚝 선 등대가 다가온다. 중세에, 그것도 오지인 이 외진 바닷가에 이처럼 거대한 등대를 세웠다는 사실이 믿어지지 않는다. 물론 지금의 훅 등대는 건설과 파괴 그리고 증축을 거듭한 적층(積層)의 결과물, 즉 시간의 작품이다.

810년 훅반도에서 족장의 여동생이 등대를 세웠다고 전해지는데, 이미 5세기 초 웩스퍼드의 선교사 더반이 신호 형태를 구축했다는 전설도 있다. 그래서 훅헤드를 '더반의 머리'라고도 부른다. 수도승 린(Rinn Dubhain)이라는 이름도 등장하는데, 이곳의 수도승은 위험한 암초에서 배를 구하려고 초보적 형태의 불빛을 사용했다. 전설 같은 이야기가 좀 더 구체성을 띠게 되는 것은 무려 400년이나 흐른 뒤인 1245년경이다. 한 수도원의 신부가 등탑을 고안하고 불을 달아 선원을 안내했다는 기록이 남아 있다. 1240년 지도에 등대가 나오므로 대략 이 시기에 훅 등대가 완성된 것으로 보인다. 1207년 왕의 명령으로 훅헤드에 등대를 지었다는 기록도 있다. 그리고 수도승을 최초의 등대지기로 활용했다고도 한다.

결론적으로 훅 등대의 기원은 1200년대라는 주장과 800년대라는 주장이 있다. 역사와 전설이 뒤범벅되면서 훅 등대는 켈트 문명의 저 오래된 시간 속 사다리로 소급된다. 그러나 1245년 시점은 전설보다는 역사가 더 강화된 실체이기에 후대인은 보통 800년대 등대로 어림짐작한다. 그것만으로도 헤라클레스 등대를 제외하면 세계에서 두 번째로 오래된 등대다.

훅 등대의 첫 등대지기는 작은 수도원에 딸린 수도승이었다. 수도승은 위험한 암초군에 접근하는 항해자에게 경고하기 위해 등대에 불을 밝혔다. 훅헤드에서 일어난 해난 사고는 너무나 많아서 일일이 기록하기 힘들 정도였다. 안개에 휩싸인 배가 반도의 돌출된 곳 부분을 바다로 착각해 그대로 충돌한 것이다.[12] 해도를 보면 주변 해역은 수심 15미터를 넘지 않고, 등대 주변은 1~5미터에 불과한데다 암초가 날카롭게 솟아 있다. 17세기 중엽 수도승 대신 전문 등대지기가 불을 밝히게 되기까지 훅 등대는 수도원 같은 분위기였다. 바다에서 길을 잃고 헤매는 어린 양을 지키는 목자의 역할을 해낸 것이다.

훅 등대는 아일랜드의 중세 건축물 가운데 가장 매력적이다. 벽은 최대 4미터 두께에 달하며, 높이는 4층 건물과 맞먹는다. 벽은 이중으로 돼 있어 중간에 통로가 놓여 있다. 규모가 꽤 크며, 날렵한 현대 등대와 달리 묵직한 느낌이다. 하부는 세 개의 아치로 구성되는데, 고색창연한 석축 아치가 중세의 품격을 보여준다. 115개의 계단을 올라가면 너른 광장 같은 공간이 나타나는데, 본래의 건물이 손상되지 않은 채 살아남은 것이다. 첫 번째 층은 직경 13미터에 달하고, 층마다 13세기의 석조 벽난로가 놓여 있다. 두꺼운 벽체에는 두 개의 집게발(화장실)을 포함하여 여러 벽화가 그려져 있다. 상부는 지름이 6미터이며, 짙은 안개 속을 헤맬 선원에게 경고를 보내기 위한 안개 신호 장치가 놓여 있다. 세 채의 등대지기 숙소는 1860년대에 지어졌다.

석탄 램프를 사용하던 중 화재가 발생하자 1791년 직경 약 3.5미터의 고래 기름 램프 열두 개가 설치되어 1871년 가스등으로 대체될 때까지 쓰였다. 1911년 파라핀 기름이 동력의 원천이 됐고, 시계 태엽장치를 설치하여 고정된 빛에서 회전 점등하는 빛으로 바뀌었다. 1972년 전기가 도입됐고, 1996년 자동 운전으로 전환되어 등대지기가 철수했다. 등대는 이제 던레러에 위치한 아이리시등대위원회에서 원격으로 제어한다. 2011년 1월 안개 경고음이 마지막을 알리며 울렸다. 선박 기술이 발달하여 안개 경고가 더 이상 필요하지

훅 등대 내부

않기 때문이다.

　2001년 오래된 등대지기 숙소가 방문객 센터로 바뀌면서 훅 등대는 관광 명소로 대중에게 공개됐다. 등대에는 세 개의 세계적 등대 그림이 걸려 있는데, 알렉산드리아의 파로스 등대, 갈리시아의 헤라클레스 등대 그리고 훅 등대다. 고대 이집트와 로마의 등대 반열에 훅 등대를 올려둘 정도로 이곳 사람에게 이 등대는 자랑이다. 등대 벽면에는 특별한 표지판이 걸려 있는데, 1810년부터 1955년까지 145년간 근무한 등대지기의 이름과 근무 기간이 적혀 있다. 그들은 이렇게 오랜 전통을 이어가고 있다.

제국의 등대 그리고
항만 유산

제국의 등대 1 · 호스항 등대

워터퍼드에서 기차를 타고 세 시간 만에 더블린에 도착했다. 더블린시내에서 북쪽 해안을 따라 올라가다 보면 혹부리처럼 매달린 반도가 나타난다. 영국에서 건너오는 배는 일단 호스라 불리는 이곳을 통과하여 더블린으로 들어간다. 더블린 코널리 역에서 고속열차 DART를 타고 30여 분 만에 호스항에 도착했다. 오늘날은 요트장, 화물 하역장 등으로 활용되는데, 옛 등대는 호스항 방파제에 있고, 남쪽으로 고개를 넘어 산자락을 내려가면 베일리 등대가 나타난다.

호스는 사람의 힘으로 만든 아일랜드에서 가장 큰 항구 도시다. 영국의 식민지로서 수탈과 이동의 관문으로 이용된 제국의 항구였으며, 등대는 당연히 제국의 전통, 빅토리아 시대의 전통을 간직하고 있다. 영국으로 오가는 배를 지키던 호스항 등대(Howth Harbour Lighthouse)는 견고한 사각의 돌을 차곡차곡 쌓아올리고, 주변을 원형 축대로 둘러막아 외해의 파도가 들이치지 못하게 건축했다. 방파제 등대라고는 하지만 오늘날의 것과는 다르다. 직사각 형태의 2층 건물은 등대지기 숙소와 사무실로 쓰였고, 등탑이 달려 있다. 건물은 순전히 돌로만 만들었다. 흰 등롱에 붉은 발코니 띠를 둘렀으며, 등대지기 숙소도 문만큼은 붉은색으로 강조했다. 석조 건축이 대체로 그러하듯 단아하고 고전적인 느낌이다.

제국의 등대 2 · 베일리 등대

호스 부두에서 버스를 타고 남쪽으로 가파른 산등성이를 넘어간다.

베일리 등대(Baily Lighthouse)는 호스의 남동부 끝자락 곳에 위치한

베일리 등대

다. 사람에 따라서는 베일리 등대를 아일랜드 등대의 백미로 손꼽기도 한다. 산자락에서는 더블린 항구로 들어가는 배의 모습을 볼 수 있다. 베일리 등대의 주요 역할이 외해에서 더블린 항구로 들어가는 배의 길라잡이였음을 알 수 있다. 등대는 거대한 성처럼 바다 위에 떠 있다. 3층의 정사각형 건축물 위에 화강암 벽돌로 만든 등탑이 세워져 있어 높고 장엄한 느낌이 든다.

베일리 등대는 1667년 찰스 2세의 특허장을 받은 로버트 리딩(Robert Reading)이 건축했다.[13] 초기에는 석탄을 태워서 빛을 내는 원시적인 조명에 의존했지만, 1790년 여섯 개의 기름 램프로 교체됐으며, 각 램프에는 포물선 모양의 구리판 반사 패널이 달려 있었다. 해수면 41미터에 세워진 등탑과 등대지기 숙소는 1814년 완성됐다.

1997년 3월 마지막 등대지기가 떠났다. 베일리 등대는 아일랜드 등대 역사에서 마지막으로 무인 등대가 된 경우다.

제국의 등대 3 · 던레러 방파제 등대

아일랜드에는 더블린 외에 또 하나의 제국 항구가 존재한다. 더블린의 외항인 던레러, 1821년부터 1920년까지 영국은 이곳을 킹스타운(Kingstown)이라고 명명했다. 오늘날 자동화된 아일랜드 등대의 제어권을 갖고 있는 던레러는 더블린에서 남쪽으로 12킬로미터 떨어진 작은 도시이기는 하지만, 영국 지배기에 일찍이 전략 항구로 개발된, 아일랜드의 해양력을 상징하는 도시이기도 하다.

던레러는 본디 소금으로 유명한 솔트힐 근처의 바위 많은 해안에 위치한 작은 어촌이었다. 둔리어리라고 불리는 마을이었는데, 18세기에는 석탄 항구로 알려지기도 했다. 본격적인 항만의 역사는 해난 사고에서 출발한다. 1807년 11월 더블린에서 출발한 웨일스의 왕자 일행을 태운 배가 항해 중 블랙록과 던레러 사이의 암초에 부딪쳐 400명이 넘게 생명을 잃는 사고가 일어났다. 이 참혹한 재앙으로 둔리어리 항만 계획이 수립됐고, 1821년 조지 4세는 항구 건설 현장을 친히 방문한다. 왕의 방문 이후 둔리어리라는 아이리시 지명은 사라지고 킹스타운이라고 부르게 됐다. 왕이 방문했던 사실은 던레러의 왕립 세인트 조지 요트 클럽 앞에 위치한 오벨리스크에 기록되어 있다.

던레러에는 제임스 조이스 박물관, 아일랜드 국립해양박물관 등이 있다. 국립해양박물관에 들어서면 거대한 프레넬 등명기가 돌아가는 것이 보인다. 1902년부터 1972년까지 호스헤드의 베일리 등대에서 사용하던 렌즈가 이곳으로 옮겨진 것이다. 주요 전시실을 등명기가 대부분 차지할 정도로 도서국 아일랜드의 역사에서 등대의 역사적 역할과 비중은 아주 높다.

던레러는 19세기의 항구인데 지금도 페리 터미널을 포용할 정도로 꽤 큰 배의 입출항이 가능하다. 항구는 두 개의 거대한 화강암 방파제로 이루어졌다. 이 방파제 역시 순전히 사람의 힘만으로 직사각형 돌을 잘라서 축성하듯 쌓아올린 것이다. 흡사 바다에 만리장성을 쌓듯이 바닷속으로 돌을 던져 넣어 쌓아올린 것이다. 완공하는 데 42년이 걸렸다는 게 충분히 이해된다. 육지 건축과 달리 파도와 싸우면서 이만 한 길이의 방파제를 만들어내고 그 끝자락 동과 서 양쪽에 등대를 세우는 것은 결코 쉽지 않은 일이다. 그들의 항만 축조 기술과 노동력만 봐도 당시 대영제국의 강력했던 해양력이 감지된다.

동방파제 등대는 붉은빛, 서방파제 등대는 초록빛이며, 아주 가까이 서로 마주 보고 있다. 서쪽에는 등탑만 있고 건물이 없고, 등대지기 숙소와 사무실은 동쪽 등대에만 있다. 워낙 방파제가 길어서 두 군데 다는 가보지 못하고 동방파제만 걸었다. 해변에서 무려 20여 분을 걸어가야 등대가 나올 정도로 긴 거리다.

로체스포인트 등대

제국의 등대 4 · 던모어이스트 등대

훅 등대로 가기 전에 워터퍼드에서 남쪽으로 내려갔다. 불과 30분 만에 작은 어항이 나타났다. 마을을 가로질러 언덕을 넘어가자 손 바닥만 한 항구가 눈에 들어온다. 인구 1600여 명에 불과한 작은 어촌이다. 1814년 스코틀랜드의 엔지니어 알렉산더 니모(Alexander Nimmo)가 아름다운 등대가 포함된 던모어 항만 설계를 시작했다.

니모의 디자인을 바탕으로 세워진 우아한 던모어이스트 등대 (Dunmore East Lighthouse)는 항구의 랜드마크가 됐다. 도리안 양식으로 지어진 독특한 형태의 등탑은 품질 좋은 벽돌을 사용해 품격을 드높인다. 잘 관리된 등대는 본래의 특징과 재료를 손상하지 않으면서 초기의 원형을 그대로 보여준다. 등탑은 벽돌을 쌓아 십이각 형태로 건축했으며, 총 23단이다. 발코니도 다듬은 화강암 돌로 단아하게 둘렀다.

붉은색 발코니 난간은 흰색 등롱과 대조되며, 발코니 모양새로 보건대 니모는 동시대인인 스코틀랜드의 토머스 스미스(Thomas Smith)와 로버트 스티븐슨이 철제 격자 발코니를 주문했던 곳과 같은 공장에서 주문했을 것만 같다. 등탑에 붙어 있는 건축물은 평평한 지붕의 단층 건물이며, 상부에 화강암으로 방어막을 둘러 파도를 막았다.[14] 아일랜드의 등대가 스코틀랜드, 잉글랜드와 불가분의 관계가 있었음을 잘 보여준다.

제국의 등대 5 · 로체스포인트 등대

코르크는 아름다운 리강 하구의 도시다. 아일랜드 남부의 정치경제 중심지이자 가장 중요한 국제항이다. 반영운동의 중심지로 부각될 정도로 아일랜드의 정신적 고향이다. 대영제국에 대한 아린 추억은 코르크의 스파이크섬에 강렬하게 남아 있다. 6세기 아일랜드의 수도원에서 영국 군대의 성으로 바뀐 스파이크섬은 빅토리아 왕조 때 감옥으로 또 한 번 바뀌었으며, 당시 2300여 명의 죄수가 이곳에 갇혀 있었다. 영국은 죄수 중 상당수를 호주와 뉴질랜드로 강제 이민을 보냈다.

로체스포인트 등대는 1817년 건립됐으나 지금은 사라졌고, 현재의 것은 1835년 건립된 것이다. 등탑의 기초는 해수면 14미터에 세우기로 결정됐다. 다른 등대의 불빛과 구분하기 위해 이곳의 불빛은 다른 색깔을 쓰게 했다. 1816년 등대지기의 숙소가 완성됐고, 1817년 열 개의 아르곤 기름 램프와 열 개의 반사경을 갖춘 조명 장치가 작동을 시작했다. 1876년에는 기존 광학 장치가 2차 프레넬 렌즈로 바뀌었다.

등대 입구에는 '개인 소유, 관계자 외 출입 금지'라는 표지판이 붙어 있는데, '방문객은 더블린의 아이리시등대사무소의 허락 없이는 들어올 수 없다'고 강조돼 있다. 등탑은 안정적인 형태를 갖추었다. 흰색을 기초로 발코니의 철 난간은 붉은색을 칠해 강조했다. 지붕은 주철 판을 썼으며, 등탑에는 2단의 유리창을 뚫었다. 등탑과 연결해서 사무실과 등대지기 숙소를 병렬로 지었다.

건축 양식은 아일랜드의 파나드헤드, 도니골, 믹섬에 건설된 등탑과 비슷하다. 이 작은 등탑은 선박 피난과 항구 진입에 효율적인 도움을 주지 못하여 1835년 높이 15미터, 직경 3.6미터의 큰 등탑으로 교체됐다. 지금도 이 등탑이 쓰이고 있다.

코르크에는 또 하나의 중요한 철제 등대가 있다. 코르크의 거리 벽화에는 '도시로 향한 바다(Ocean to City)'라는 제목 아래 등대 두 개가 그려져 있다. 하나는 앞에서 언급한 로체스포인트 등대이고, 다른 하나는 스핏뱅크 등대(Spit Bank Lighthouse)다. 코르크항 남쪽 긴 갯벌 방조제 근처에 세워진 스핏뱅크 등대는 철제 다리로 기초를 만들고 그 위에 등롱을 올렸다. 고정식 붙박이 등대를 세우기 곤란한 지형에 철제 구조물을 박은 것이다. 전통적 석재 등대와 달리 철 구조물 등대는 알렉산더 미첼(Alexander Mitchell)이라는 특별한 사람의 작품이다. 23세에 눈이 멀게 되었지만, 엔지니어로서의 그의 열정은 대단했다. 그는 1833년 갯벌이나 모래땅에 깊이 박을 수 있는 철 구조물 건축 특허를 냈다. 쉽게 등대를 세울 수 없는 진흙과 모래 같은 해저 토양에서도 견뎌내는 혁신적 시스템이다.

이 시스템을 사용하는 등대는 미첼의 감독 아래 아일랜드 여러 곳에 세워졌다. 1848년 벨파스트러프(Belfast Lough), 1855년 던독(Dundalk) 등이 그것이다. 코르크항구위원회는 미첼이 제안한 등대 공법을 수용했다. 스핏뱅크 등대는 1853년 점등했고, 1890년에는 안개 경보 장치가 설치됐다. 미첼의 시스템은 아일랜드, 영국뿐 아니라 북미 지역의 150여 개 등대 구축에 적용됐다.

스핏뱅크 등대는 코르크항의 아이콘 같은 상징물로, 지금도 불을 밝히고 있다. 거대한 거미가 바다에 떠 있는 형상으로 150여 년을 버텨온 것이다. 제국 등대위원회의 통제와 자금 지원으로 만들어진 등대이기는 하지만, 반영 의식 강한 한 시골 출신 눈먼 사내가 만들어낸 영혼의 등대이기도 하다.

아이리시등대위원회, 등대를 명품 호텔로

아일랜드의 등대가 철저히 보존되면서도 호텔, 교육장 등으로 잘 활용되는 바탕에는 아이리시등대위원회가 있다. 수천 년간 이어져온 항로표지로서의 장기적, 문명사적 궤적이 이제 호텔 경영 등 다양한 문화 공간 속 등대라는 새로운 문명의 방식으로 전환되고 있다.

아이리시등대위원회의 주 기능은 안전한 항해 서비스, 선박과 선원, 관광객에게 자료와 정보를 제공하는 것이다. 해상 안전에 관한 역할과 조언, 상업적 서비스와 전략 등을 담은 다양한 책도 발간한다. 등대세(稅)는 위원회의 주 재원인데, 아일랜드나 영국의 항구로 들어가는 상업용 선박에 징수한다. 1786년 제정된 법령(Act of Grattan's Parliament)에 근거해 위원회가 존립하며, 많은 변화를 받아들여 오늘에 이르고 있다.

이 법령은 1786년 더블린항의 등대를 보존하고 증진시키기 위한 법이 발효되면서 시작됐다. 200년을 훌쩍 넘는 이 법은 등대를 보존하고 증진시키는 유효한 근거다. 1810년 통과된 영국법에 근거해 아일랜드 연안의 모든 등대에 관한 권한이 재규정됐다. 1867년에는 더블린항만법에 더블린 항만과 독(dock), 등대를 총괄 관리하는 제반 사항을 규정했다. 등대와 등대선, 부이, 수로 표지 등이 전적으로 아이리시등대위원회에 일임되어 오늘에 이른다. 전통이란 이처럼 강고하고 완전한 것일 수도 있다.

등대 호텔 1 · 블랙헤드 등대

더블린에서 출발하는 벨파스트 라인을 타고 화이트헤드 역에 내렸다. 호텔로 이용되는 블랙헤드 등대(Blackhead Lighthouse)를 찾아 나섰다.

등대로 가는 길은 어디서나 인상적이고 서정적인데, 블랙헤드 등대로 가는 길도 훌륭하다. 좁고 긴 길의 먼 끝에 블랙헤드 벼랑이 우뚝 자리하고 등대는 그 위에 걸터앉아 있다. 등대로 가는 길은 철도 회사의 도움으로 1888년 정비된 전형적인 빅토리아풍 산책로다.

1899년 엔지니어인 윌리엄 더글러스(William Douglass)가 등대를

블랙헤드 등대

설계했고, 마침내 1902년 완공되기에 이른다. 가파른 낭떠러지 꼭대기에 위치하여 벨파스트 항구로 진입하는 배를 안전하게 안내하기 위한 남쪽 뮤섬의 등대를 보완하는 역할을 하게 됐다.

등대는 바다 위 45미터에 건립됐으며, 워낙 높은 벼랑 위에 건설됐기 때문에 등탑 자체는 그다지 높지 않다. 등탑 높이 16미터, 팔각형의 석조 기둥 위에 흰색으로 칠해진 등롱이 있다. 등대지기 숙소는 등탑과 떨어져 두 동이 있는데, 2층짜리 건물이다. 블랙헤드는

벨파스트 타이태닉호를 포함하여 '운송의 황금시대'에 많은 유명 선박을 안내했을 것이다. 유인 등대의 기능은 멈추었지만 블랙헤드는 아일랜드의 '위대한 등대 열두 개' 중 하나다. 등대지기는 1975년까지 여기에 살았고, 그들이 떠난 다음에도 오랜 집기는 고스란히 보관되고 있다.

블랙헤드 등대는 현재 관광 명소로 이용되는데, 등대지기 숙소가 환상적이고 이색적인 숙박 시설로 재탄생했다. 등대에는 휘슬, 파이프 시스템을 비롯하여 흥미로운 등대 장비가 보관돼 있어 그 자체로 살아 있는 등대박물관이다. 벨파스트에서 차나 기차로 30분밖에 걸리지 않는 곳에 위치하여 북아일랜드 명소의 하나로 손꼽힌다.

파나드 등대

람사르 습지로 지정돼 보호되는 벨파스트 호수를 찾아오는 사람은
대체로 블랙헤드 등대도 찾는다.

등대 호텔 2 · 파나드 등대

데리에서 파나드 등대(Fanad Head Lighthouse)까지 한 시간여, 전형적
인 아일랜드의 시골길을 지난다. 같은 영국인데 영국 본토의 도로
를 달릴 때 보던 풍경과 파나드 등대로 가는 풍경은 사뭇 다르다. 이
내 국경 아닌 국경을 넘는다. 거기서부터 도니골인데, 그야말로 시
골이다. 파운드에서 유로로 바뀐 상태지만, 두 가지 돈이 모두 통용
되는 국경지대다. 간판의 지명이 영어와 켈트어로 병기된다. 그렇지

237

만 정작 일반 시민이 켈트어를 사용하는 경우는 없다.

파나드 등대는 북해의 거친 파도가 절벽을 때리는 파나드반도의 곶에 위치한다. 바람이 늘 세차게 불고 안개가 자욱하게 끼어 조난 사고가 잦은 험난한 곳이다. 등대를 건립한 이유도 1812년 발생한 살다냐(HMS Saldanha) 난파 사고가 결정적인 계기였다. 이 배에 실렸던 앵무새 한 마리만 생존했다는 이야기가 전해진다. 당대의 엔지니어 조지 핼핀이 설계했으며, 1817년 점등했다. 등대는 최근 자동 운전으로 전환됐고, 등대지기 숙소는 등대위원회에서 운영하는 호텔로 활용되고 있지만, 등대 자체는 철저히 보존되고 있다.

등대는 전형적인 영국식 근대 등대 양식이다. 흰색의 등탑과 흰색의 등롱이 있고, 그 곁에 별도로 두 채의 등대지기 숙소가 붙어 있다. 등탑으로 올라서니 보이는 것이라곤 온통 바다와 절벽뿐이다. 파나드 등대는 이른바 '야생의 대서양길'에 자리한 명소다. 북아일랜드에서 남서부의 코르크에 이르는 광활한 대서양 바닷길은 거친 파도와 모진 바람, 화려한 풍광 등 야성으로 가득하다. 경관 가치 면에서 보면 세계의 등대 중에서도 열 손가락 안에 든다.

등대를 안내하는 등대지기가 층마다 멈추면서 재미있는 자료를 보여주었다. 오래된 장롱의 쪽문을 열자 200여 년 된 작은 도서관을 겸하는 서가가 나온다. 꽂힌 책을 빼서 뒷면을 펼치니 대출자인 등대지기의 이름과 서명, 대출 날짜가 적혀 있다. 해상에서 신호하는 깃발을 모아놓은 함도 열어 보였는데, 이 역시 100년이 넘었다고 한다.

역사성과 아름다운 경관을 모두 갖춘 파나드 등대에서 아일랜드 등대가 나아갈 새로운 방향을 읽어본다. 지금 우리는 항로표지의 전통적 해양 문명에서 e-내비게이션이라는 디지털 문명으로 옮겨가는 과도기적 현상 속에 있다. 컴퓨터가 보편화됐다고 손 글씨가 사라질 이유가 없듯이, 디지털 등대 문명의 시대라고 하여 등대의 고전적 역할과 그 장기 지속성이 사라질 이유는 없을 것이다. 등대 호텔은 그 틈새를 비집고 들어선 하나의 방법일 뿐이라고, 등대 그리고 문명의 틈새에서 그런 생각을 해본다.

제국 영국의 빛;
근대 등대의
탄생

8

시멘트 문명,
등대 건축에서
숙성되다

템스강에서 조직되고, 통제되고, 시작됐다

첫 순례지로 런던을 택했다. 런던은 근대 해양제국 영국의 중핵이고, 런던의 동맥은 템스강이기 때문이다. 템스강으로 제국의 바다를 연결하는 수많은 배가 올라오고 내려갔다. 템스강은 런던의 '거대한 거리(Grandest Street)'로서 국가와 시민의 온갖 의례와 삶이 투영됐던 '로열 리버(royal river)'였다.[1] 통념상 등대라고 불리는 근대적 양식과 시스템도 템스강에서 조직되고, 통제되고, 시작됐다. 소설가 조지프 콘래드(Joseph Conrad)는 템스강을 이렇게 묘사했다.

조수(潮水)는 고향처럼 편안한 안식으로, 또는 격랑으로 숱한 남자와 선박의 추억을 지닌 채 끊임없이 밀렸다 빠졌다 한다. 조수는 온 국민이 자랑스러워하는 모든 남자를 익히 알고 있고 그들을 위해 봉사한 바 있다. 조수는 그 명성이 마치 보석처럼 빛나는 모든 선박을 실어다주었다. (……) 남자의 꿈이요, 공화국의 씨앗이며, 제국의 기원이다.[2]

나 역시 템스강의 안개 속에서 희미하게 보이는 제국의 기원을 찾아 나섰다. 콘래드가 살던 때보다 한 세대 전 템스강에서는 근대적 등대산업이 활발하게 전개되고 있었다. 그 진원지가 아직도 템스강 모퉁이에 고스란히 남아 있다. 세계 등대사에서도 거의 언급되지 않는 공간이다.

그리니치와 템스강변은 오랫동안 흘러들어온 이방인과 흘러나가는 영국인이 배와 씨름하며 독(dock)을 만들고 짐을 부리던 공간이었다. 마치 대영제국의 동맥이 시작되는 심장과도 같은 곳이었다. 그러나 제국의 몰락과 더불어 영화는 막을 내렸다. 현재 로열독은 낡은 기중기가 줄지어 서 있는 옛 무역항으로, 오랜 역사적 임무를 중단하지 않으려 애쓰는 중이다.

로열독에서 케이블카를 타고 노스그리니치 역까지 갔다. 케이블카는 강을 가로지르면서 이런저런 풍경을 보여주는데, 짙은 안개 속에 멈추어버린 공장과 허름한 독 등이 내려다보였다. 10여 분 만에 노스그리니치 역에 도착했다. 그리니치국립해양박물관, 커티 사크(돛대가 세 개인 쾌속 범선) 등이 즐비한 '영국 해양의 메카', 목적지는 바우크릭 등대(Bow Creek Lighthouse)다.

바우크릭 등대는 템스강과 바우강이 합류하는 모퉁이인 트리니티부이워프(Trinity Buoy Wharf)에 자리를 잡았다. 현재 런던 유일의 등대다. 이방인이 이곳을 찾아가는 일은 의외로 쉽지 않았다. 나중에 알고 보니 웨스트인디아 역에서 걸어가는 방법이 있었다. 웨스트인디아 역에서 조금 걸어가면 동인도회사 독이 나온다.

독은 폐쇄된 지 오래돼 조류 서식 습지로 변했다. 런던 도심의 습지공원이 한때 제국을 경영하던 동인도회사 독(1803)이 있었던 곳이라는 사실은 간판만이 알려줄 뿐이다. 1802년 서인도회사 독, 1807년 서리독(Surrey commercial docks) 등 여러 독이 건설됐고, 남쪽 바우강변에는 조선소가 자리하는 등 19세기 초반 이곳에는 대영

제국의 해양 전진기지가 활발하게 들어서고 있었다.[3]

독 앞에는 고래 기름을 짜서 비누를 만들던 고래공장 건물이 남아 있다. 많은 고래가 그린란드에서 템스강의 그린란드독까지 헤엄쳐왔다. 고래사냥이 정점에 달했던 1784년 무렵 런던의 상인이자 포경업자인 제임스 마더(James Mother)가 이곳에 고래공장을 세워 고래 기름을 짜고 뼈를 가공해 생활용품을 만들었다.

바우크릭 지역은 '철과 증기의 시대'를 구가하던 곳이다. 공장이 커지고 도시가 확장되면서 1810년 아름다운 철제 다리가 놓였고, 사람들은 배를 타고 건너올 수 있게 됐다. 1840년에는 독과 시내를 연결하는 상업철도(Blackwall Railway)가 부설되어 증기기관차가 부두까지 들어왔고, 부두에는 호텔이 세워졌다. 바로 이곳 부두에서 뉴질랜드와 호주로 이민자가 배를 타고 출발했다.

부두의 골목길로 접어드는데, '고아가 있던 곳-보그섬(Bog Island, 1830~1930)'이라고 쓰인 간판이 보인다. 이곳은 오처드플레이스라 불리던 가난한 마을로, 주민은 대부분 조선소와 공장에서 일하는 노동자였다. 애초 이곳은 삼각주 같은 섬으로, 지형적으로 고립돼 있었다.

노동자 계층과 1930년 당시 160여 명의 고아가 있었다. 조선산업의 몰락은 마을의 몰락을 초래한 요인이기도 했다. 고립되고 가난하고 날마다 먹을 것을 걱정하던 1930년대의 오처드플레이스는 슬럼화됐고, 얼마 후 슬럼가는 철거됐다. 영국의 등대를 관장하고 실험하던 핵심 시설이 이 슬럼가에 있었다는 사실을 기억할 필요가 있다. 보그섬이라고 쓰인 간판의 내용은 다음과 같다.

트리니티부이워프는 런던에 남은 유일한 등대가 있는 곳이다. 등대의 목적은 항해를 위한 것이 아니라, 트리니티 하우스(Trinity House)가 운영하는 등대 및 등대선을 위한 등대 네트워크와 등대 발전을 도모하는 데 있다.

트리니티부이워프는 영국 등대의 산실이다. 그러나 유서 깊은 이 지역은 아무리 둘러봐도 슬럼가나 공장 지대 이상의 느낌이 오지 않는다. 다행히 바우크릭 등대는 보존 상태가 양호하다. 체인 하우스로 알려진 벽돌 창고에 등탑을 붙여 세웠다. 단아하고 탄탄한 조형미를 풍긴다. 창고가 딸린 등탑으로 창고 자체가 등대산업 용도로 쓰였기에 '체인 하우스'라는 이름이 붙었다. 벽돌을 고전적 기법으로 쌓아올려 안정감이 있다. 등탑의 발코니와 등롱은 철과 유리로 만들었다.

영국 근대 등대의 역사는 산업혁명 이후로 거슬러 올라간다. 제국 영국이 절정기로 치닫던 19세기 초 등대 수요도 기하급수적으로 증가했고, 그에 따라 바우크릭의 역사도 새롭게 쓰이기 시작했다. 트리니티 하우스의 엔지니어인 제임스 워커(James Walker)가 1852년 세운 등대는 70여 년간 사용되다가 1920년대 후반 철거됐고,[4] 현재 남아 있는 등대는 1864년 당대의 유명 등대 설계자인 제임스 디글러스(Sir. James Douglass)가 설계한 것이다. 더글러스는 현존하는 플리머스 호 언덕의 그 유명한 에디스톤 등대(Eddystone Lighthouse)를 만든 인물이다. 조명은 1866년 캠벨 회사가 설치했다. 출입문 옆벽에 '체인 앤드 부이 스토어(Chain and Bouy Store) 1864'라는 작은 간판이 붙어 있다.

이곳의 등대는 등대 설비를 시험하는 데 쓰였다. 예를 들어 1869년 울프록(Woolf Rock) 등대에 설치된 붉은색과 흰색의 섬광도 여기서 실험을 거쳤다. 등대에 붙어 있는 마이클 패러데이(Michael Faraday)의 워크숍 건물도 렌즈와 다른 조명기기를 생산하고 실험하던

트리니티부이워프
바우크릭 등대

공간이다. 워커나 더글러스 같은 인물은 모두 당대 영국 등대의 설계자로 이름을 날렸던 인물이다. 이들의 건축물은 등대지기를 훈련하는 교육장이기도 했다. 조명을 실험할 때는 강 건너 슈터스힐에서 지켜보았다.

런던의 문화유산으로 보존된 등대 건물은 오랫동안 방치됐다. 1988년 12월 트리니티 하우스는 부두를 폐쇄했으며, 독랜드개발공사에 인수됐다. 1998년 도시공간회사가 장기 임대 계약을 맺고 등대 생산 기지를 '예술 및 문화 활동의 중심지'로 개발하기에 이른다. 중고 컨테이너를 기반으로 특이한 아키텍처를 포함한 스튜디오 공간, 전시 공간이 조성됐다. 주변에 컨테이너 건축물이 즐비하게 서 있게 된 것은 지난 20여 년 사이에 벌어진 일이다. 등대는 더 이상 작동하지 않으며, 다양한 예술 프로젝트의 중심지로 활용된다.

500년 영국 해양사와 함께한 트리니티 하우스

트리니티 하우스에서 펴낸 팸플릿에는 '트리니티(TRINITY) 500'이라고 쓰여 있어 창립 500주년을 강조한다. 영국의 등대는 트리니티 하우스라는 조직(회사)에 의해 관리되는데, 이 조직은 1514년 창립해 현재까지 500년의 역사를 자랑한다. 이전에도 항해를 위한 제도적 시스템이 없었던 것은 아니지만, 트리니티 하우스는 세계사적으로 볼 때 아주 독특한 시스템이다. 트리니티 하우스의 설립은 해운과 해상 안전을 증진시키고 균일화하기 위한 헨리 8세의 특허장 (Royal Charter, 1514)에 근거를 둔다.[5] 이것이 트리니티 하우스에 관한 첫 번째 공식 기록이다. 하지만 트리니티 하우스가 등대 및 항로

표지와 직접 연관되는 것은 1566년 엘리자베스 여왕의 항로표지법 제정 이후부터다. 이 법은 많은 항로표지로 선박이 좀 더 안전하게 항구로 들어올 수 있게 협력해야 함을 규정한다.

트리니티 하우스는 왕립 특허장에 의해 관리되는 엄연한 사기업이다. '왕립 사기업' 정도로 보는 것이 옳다. 법인 주인(현재는 명예직)의 명칭도 로열 프린세스다. 트리니티 하우스의 초기 마스터(Master)는 유력 권력가였다.[6] 마스터가 주재하는 31명이 법원을 통해 조직을 통제한다. 마스터는 고문으로서 필요에 따라 활동하며, 제각기 임무를 수행하는 300명의 젊은 형제에 의해 임명된다.

트리니티 하우스가 등장하던 16세기 초반, 영국의 등대 역사는 13세기에 혹 등대 등을 세운 이웃 아일랜드에 비해 뒤처진 상태였다. 1323년 월터 드 고디턴(Walter de Godyton)이 영국 남해안 포츠머스 남쪽에 붙어 있는 와이트섬의 세인트캐서린에 등대를 세웠고, 1427년 은둔자 리드바로웨(Reedbarowe)가 요크셔 동쪽의 위험하기 그지없는 스프룬 모래톱에 등대를 세웠으며, 1536년 동해안 뉴캐슬의 노스실즈와 타인머스에, 1540년 카디프로 들어가는 길목의 일프래콤에 등대가 들어선 것 정도다.[7]

해양력이 미진한 상태여서 등대 발전이 더딘 것도 있었지만, 한편으로 생각해보면 제한적인 항해 시대에 성당이나 높은 건축물의 유리창 불빛을 보고 배가 항해했던 면도 고려해야 한다. 그러나 1600~1700년에는 등대가 증가하기 시작한다. 대부분 잉글랜드 동부와 남부 해안에 집중됐는데, 당대의 항로가 반영된 것이다. 왕권과 트리니티 하우스가 관리하는 등대뿐 아니라, 사설 등대도 급증했다. 17세기 해양제국의 전성기를 맞으면서 선박은 늘어났으나, 이들 선박은 그야말로 '적당히' 운영되고 있어서 안전에 취약했다. 개인이 소유한 석탄을 이용한 배가 본격화되면서 17~18세기에는

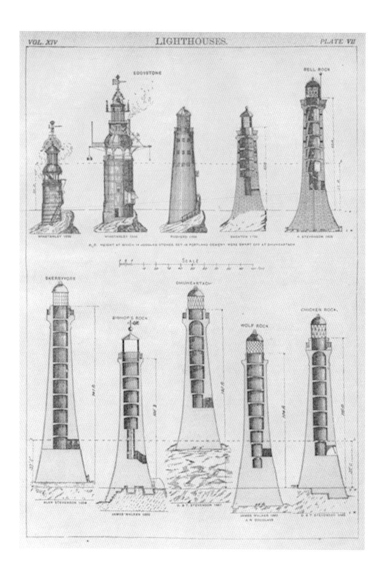

영국의 등대 단면도, 1892

등대 수요도 증가했다. 트리니티 하우스는 뉴캐슬에서 런던으로 가는 석탄 항로에서 선박 조난이 점점 더 늘어나자 1609년 동해안에 로스토프트 등대(Lowestoft Lighthouse)를 세웠다. 영국의 경우 다른 외국과 달리 사설 등대가 번창했다.

18세기 후반까지 등대 조명으로는 초와 석탄 등을 사용했다. 그러다가 18~19세기에 광학 렌즈와 회전 광학 기구가 발명되면서 등대 발전의 일보 전진이 이루어졌다. 1777년 최초의 거울반사경이 등장했고, 1782년 기름을 태우는 원형의 아르강 램프가, 1732년 프랑스에서 개발된 프레넬 렌즈가 도입됐다. 광학기술 발전은 등대의 효용성을 높이고 해상 안전사고를 줄임으로써 등대 건설을 더욱 촉진했다.

트리니티 하우스는 1803년 블랙월 창고를 부이 워크숍으로 전환했으며, 여섯 개의 지역 창고를 설립했다.[8] 그리고 사설 등대를 사들여 등탑을 높이고 좀 더 밝게 광도를 높이는 작업을 통해 조직의 권위를 확보했다. 1836년 트리니티 하우스는 마지막으로 남아 있던 개인 등대를 사들였다. 자료에 따르면 트리니티 하우스는 1786년 등대 네 군데를 보유한 수준이었는데, 1786년부터 1816년 사이 여섯 개의 등대를 새로 설립하고 등대 장비에 관심을 가지면서 18세기 초반 들어 급속한 발전을 도모했다.[9]

오늘날 트리니티 하우스는 영국의 중요한 등대 대부분을 관리, 운영한다. 1998년 11월 마지막 유인 등대, 즉 켄트(Kent)의 노스포랜드 등대(North Foreland Lighthouse)가 자동 운전으로 전환된 이후 모든 트리니티 하우스 산하의 등대는 전면 자동화됐다. 등대 자동화는 구스타프 달렌(Gustaf Dalén)의 발명 덕에 일찍이 1910년부터 시작됐다. 그의 태양 밸브는 아세틸렌가스로 구동되는 다수의 등대에 설치됐다. 중요 구성 요소는 검은 금속 막대로, 수직으로 매달려

가스 공급 장치에 연결됐다. 태양열을 흡수하면 막대가 아래쪽으로 확장돼 하루 동안 가스가 끊어지는 방식이었다.

현재의 트리니티 하우스는 잉글랜드, 웨일스, 지브롤터를 망라한 등대국 GLA(General Lighthouse Authority)를 뜻한다. 영국과 아일랜드의 GLA는 라이트 듀(Light Dues)라 불리는 시스템에 의해 기금이 마련되며, 영국과 아일랜드의 항구를 사용하는 상선은 교통 당국이 정한 일정 비율의 금액을 지불해야 한다. 기금은 GLA 재원으로 쓰이며, 아일랜드 등대국과 북부 등대국 그리고 트리니티 하우스로 삼분된다. 영국의 세금은 GLA 기금에 들어가지 않는다.

거대한 해양기금인 트리니티는 연간 300만 파운드의 재원을 해양인 교육과 복지, 훈련, 나아가 해상 안전을 도모하고 항해 후보생을 키우는 데 사용한다. 트리니티 하우스는 등대를 관리하고 위성 항법장치를 관장하며, 지방 항구와 항만 당국에 항해 정보를 제공한다. 또한 해양인의 안전과 복지, 훈련을 위한 자선 조직이기도 하며, 북유럽 해상에서 해상무역의 전문 항해자를 제공하는 심해 파일럿 당국(Deep Sea Pilotage Authority)이기도 하다. 오늘날 영국에서 내로라하는 명품 등대는 대부분 트리니티 하우스 아래 집결되고 통제, 관리된다.

결론적으로 트리니티 하우스는 영국 해양사와 함께해왔다. 즉 대영제국이라는 극점을 거쳐 저점에 이르기까지 500여 년 동안 등대 역사를 펼쳐온 것이다. 어떤 의미에서 대영제국이 '제국의 꿈'이 구현되는 시대였다면,[10] 그 꿈의 드러난 상징적 표징으로서 등대를 설정해도 무방할 것이다.

해가 지지 않는 나라,
팍스브리타니카

한때 세계 인구의 약 25퍼센트를 통치했고, 거의 같은 비율의 육지와 대양을 지배했던 대영제국. 이는 역사상 가장 큰 제국이었다. 유럽 대륙 서해안의 비가 많이 내리는 한 섬나라가 어떻게 세계를 다스리게 됐는지는 영국사는 물론이고 세계사에서도 중요한 의문 가운데 하나다.[11] 사실 영국의 해양력은 16세기 초반까지만 해도 보잘 것없었다. 유럽 대륙의 눈에 영국은 분명 발전 수준이 낮은 나라였다.[12] 그러나 이 작은 섬나라가 명실 공히 세계 강국으로 떠오르기까지는 그리 오래 걸리지 않았다. 놀라운 성공이고, 세계사에 남을 만한 사건이었다.

영국은 국가를 풍요롭게 만들기 위해 종종 해군을 직접 이용했다. 왕실 소속의 많은 선박이 해적처럼 작전을 펼쳤다. 여왕의 명을 받은 해적왕 프랜시스 드레이크(Sir Francis Drake)가 무차별적 해상 폭력과 약탈 행위를 벌였음은 잘 알려진 사실이다. 타국 상선을 나포해 물건을 탈취했으며, 경쟁국의 경제를 혼란시켰다. 함대는 영국 시민보다 국가 자체를 풍요롭게 하는 원천이 됐다. 영국은 18세기 중엽부터 세계 최강의 함대를 갖춘 강력한 해양력으로 세계 제일의 해양국가 위치를 차지했으며, 거의 2세기 동안 자본주의 세계에서 그 위치를 유지했다.[13]

그리하여 타국의 도전을 허용하지 않는 팍스브리타니카(Pax Britanica) 시대를 열었다. 유럽 북서부의 섬나라 국민이 자신들의 규칙인 '영국의 평화'를 세계에 부여하는 시대였다. 영국 해군에 의해 효율적으로, 그리고 확실하게 관리되는 장기간의 평온한 시대, 동시에 다른 모든 나라가 영국에 의존해야만 하는 지나치게 강력한 국가였

다. 18세기 런던은 유럽에서 가장 빛나는 도시였다. 인구 100만 명
이 움직이는 메트로폴리탄으로 성장한 런던은 영국의 가장 크고 번
화한 항구였다.[14]

　전쟁에서 승리한 영국은 해외 식민지를 실질적으로 독점했고 세
계 최강의 해군력을 획득했다. 선진적인 해양력이 국가 성장의 기
반을 제공하여 영국을 유일한 세계 최강대국으로 만들었다. 산업,
통상, 금융 그리고 해운에 대한 지배력은 1815~1870년 절정을 이
루었다. 역사학자 폴 케네디(Paul Kennedy)의 표현을 빌리면 영국은
'소매상의 국가'에서 '세계의 공장'으로 바뀌었다. 세계의 공장은 19
세기 중엽 확실하게 나타났다. 열대국가와의 교역량도 1815년 이후
급격하게 증가했다. 라틴아메리카, 레반트, 아프리카, 극동, 오스트
레일리아는 런던 중심의 세계경제 속으로 편입됐다. 19세기 후반이
되면 영국은 상품 생산자보다 투자자, 은행가, 보험업자 그리고 해
운업자로서 선두 자리를 차지했다.[15]

　19세기 대영제국이 이렇게 특별한 위치를 점하게 된 것은 산
업혁명에도 그 뿌리가 있다. 팍스브리타니카는 강한 해군력 외에
또 다른 원동력인 산업혁명과도 불가분의 관계가 있었던 것이다.
1760~1830년의 제1차 산업혁명은 대체로 영국에 국한됐다. 이 시
기에 활동했던 존 스미턴(John Smeaton)을 주목할 필요가 있다. 최초
의 '시민 엔지니어'라고 자칭한 스미턴은 다리, 운하, 항구, 등대 등
의 설계를 맡았다. 그는 수경(水硬)시멘트, 즉 물에 의해 잘 굳는 시
멘트를 최초로 만들어냈으며, 이를 건축에 사용했다. 수경시멘트는
현대 콘크리트의 기초가 되는 것으로, 스미턴은 이 분야 발전에 전
환점을 이루어낸 인물로 평가된다. 그가 알아낸 수경시멘트는 포틀
랜드 시멘트의 출현으로 귀결됐다.[16]

　산업혁명과 산업자본의 증폭으로 말미암아 생산품을 전시, 소비

1851년 런던만국박람회에 초청받은 프레넬 렌즈 등명기

하기 위한 만국박람회가 1851년 런던에서 개최됐다. 근대적 의미에서 최초로 열린 박람회였다. 만국박람회가 열리자 등대도 중요 전시품목으로 등장했다. 산업혁명과 더불어 과학기술은 발전을 거듭했으며, 만국박람회는 그러한 발전상을 전시하는 공개적 공간이 됐다.

인류의 기술 발달을 '에너지'와 '정보'의 이용 발달사라고 요약한다면,[17] 본격화된 대량생산은 기계 대중화 사회를 낳았으며, 그 징표로 1851년의 런던만국박람회를 빼고는 논할 수 없을 것이다. 영국에 경제적, 정치적 우월감을 부여한 것은 기계였기에 런던만국박람회에 많은 기계가 전시된 것은 전혀 이상한 일이 아니었다. 기계가 산업 발달과 번영의 원천 가운데 하나임을 아무도 의심하지 않았다. 세계는 구조적인 진보의 길을 가고 있으며, 필연적으로 모든 인간에게 더 나은 삶이 다가올 것이라는 믿음은 박람회 역사에서 변함없었다.[18]

기술적 진화를 거듭한 등대 역시 박람회에 초대받아 그 기술력을 인정받았다. 런던만국박람회장에 거대한 프레넬 렌즈가 전시된 것이다. 수온통 위에 띄운 회전식 톱니바퀴가 장착된 프레넬 렌즈는 당대 등대산업의 총아였다. 팍스브리타니카의 종말(1914)이 올 때까지 대영제국의 국기 유니언잭은 세계 곳곳에서 펄럭였다. 등대가 팍스브리타니카 시기를 전후하여 발전해 나간 것은 두말할 나위가 없다.

대서양 진출의 길잡이,
포틀랜드 등대

런던 워털루 역에서 웨이머스행 기차를 탔다. 직행이 없어 도체스터에서 갈아타야 했다. 웨이머스는 영국 남쪽 끝에 자리한 자그마한 해안도시다. 아침이면 한가롭게 개와 함께 해변을 산책하는 평화롭고 일상적인 해변이 보인다. 고풍스러운 시계탑의 선박 장식, 나치의 비행기 공격으로 침몰한 해군 함정의 전몰기념비, 수변 공간에 세워진 조지 3세의 동상, 기꺼이 자유를 위해 희생한 수많은 남녀 선원을 기리는 기념비 등에서 웨이머스 사람이 바다와 깊은 연관이 있음을 알아차릴 뿐이다. 오늘날 이 자그마한 항구도시는 전형적인 휴양도시이기도 하다.

역삼각형 형태로 남쪽으로 내리뻗은 반도에 웨이머스 항구가 자리를 잡았다. 웨이강 입구의 보호된 만구(灣口) 덕분에 항구도시가 형성될 수 있었다. 로마 시대의 유적이 남아 있는 것으로 보아 이곳도 로마의 식민도시였을 것이다. 43년 로마인이 당도하여 이곳의 천연 항구를 이용했다. 로마 이전에 페니키아가 영국 남부에 당도했음을 알 수 있는 고고학 증거도 발굴됐다.[19] 787년에는 바이킹이 침범했다.[20] 웨이머스는 12세기 중반부터 발전했지만, 13세기까지는 잘 알려지지 않은 곳이었다. 1252년 무렵 공인 항구로 활용되기 시작했으며, 1310년에는 양모를 수출했다. 요트 같은 선박을 위한 마리나로 활용되는 구도심은 세관이 있던 곳으로, 범선 시대에는 원양항해용 선박이 정박하던 천혜의 항구였다.

웨이머스 도심보다는 그 아래쪽의 포틀랜드섬(Isle of Portland)이 중요하다. 웨이머스 도심에서 11킬로미터 남쪽에 자리한 포틀랜드섬은 대서양으로 길게 그 몸을 들이민다. 연륙된 사구를 지나면 포틀랜드 성곽이 있는 구도심에 닿는다. 포틀랜드섬 역시 로마 시대부터 이용됐다. 이 섬은 동고서저 지형인데, 주로 목장 지대다. 또 '돌의 섬'이기도 하다. 바람이 거칠고 눈비가 많고 돌이 많아서 농사에는 적절치 않은 척박한 토양이다. 14세기부터 런던 등지로 돌이 수출됐으며, 19~20세기에는 방대한 양의 돌이 반출됐다. 1914년에는 10만 톤의 돌이 반출됐다.[21]

포틀랜드는 대서양을 관통해 아메리카로 가는 요충지다. 등대는 대서양 진출의 길잡이로 축조됐다. 웨이머스 해변에서 1번 버스를 타고 20분가량 달려 사우스웰(South Well)의 세인트 앤드루(St. Andrew) 교회 앞에서 하차했다. 등대를 향해 한 시간 정도 걸었다. 그러자 바닷가 쪽에서 올드 로어 등대(Old Lower Lighthouse)가 나타난다. 언덕 높은 곳에 자리한 올드 하이어 등대(Old Higher Lighthouse)도 보이기 시작한다. 그리고 바다를 향해 내민 끝자락에 붉은색과

포틀랜드 빌 등대

흰색이 칠해진 또 하나의 등대, 포틀랜드 빌 등대(Portland Bill Lighthouse)가 압도적으로 다가온다. 이곳엔 이렇게 세 개의 등대가 자리를 잡았다.

원래 높고 낮은 두 개의 등대는 1716년부터 한 쌍으로 운영됐다. 150년이 지난 1869년 재건됐고, 현재 가동 중인 포틀랜드 빌 등대가 완공된 후 퇴역했다. 당시 사람들은 올드 로어 등대와 올드 하이어 등대의 불빛을 교차하여 항로를 판가름했다. 이곳이 대서양으로 날카롭게 튀어나온 곳이기 때문에 등대가 세워지기 전에는 수많은 사고가 일어났다.

올드 로어 등대는 오늘날 조류관측소로 쓰인다. 등대를 찾아갔을 때 두 사내가 마침 새를 관측하고 있었다. 20세기 초 트리니티 하우스는 이 두 등대를 교체하기 위해 포틀랜드 남단의 빌포인트에 새로운 등대를 건설하겠다는 계획을 발표했다. 1903년 땅을 매입하여 건설을 시작했고, 1906년 1월 11일 점등했다. 20세기에 건축된 흰색과 빨간색 줄무늬가 특징인 이 등대도 어느덧 세워진 지 110년이 넘었다.

1996년 트리니티 하우스는 포틀랜드 빌 등대를 대중이 관람할 수 있는 문화 명소로 개방했다. 등대는 상대적으로 크고 넓다. 1층에는 소략하지만 치밀하게 설계된 등대전시관이 마련되어 있다. 등대의 역사, 500여 년간 영국 등대를 운영해온 트리니티 하우스, 프레넬 렌즈 등 광학기구의 원리에 대해 알 수 있으며, 아이를 위한 체험 공간과 다양한 등대 상품을 판매하는 숍도 있다. 이곳의 숍은 한 등대의 역사와 문화만 가지고도 얼마나 다양한 상품을 만들 수 있는지 보여주는 모범 사례다.

계단을 오르면 중간에 강력한 철판과 기둥으로 버틸 수 있게 만든 축조 양식을 보게 된다. 등대는 지름이 크기 때문에 건축 공학적

포틀랜드 빌 등대 정상의 프레넬 렌즈
포틀랜드 빌 등대 내부 계단

으로 힘을 받으려면 계단을 설치하는 것만으로는 불가능했을 것이다. 약 45분 동안 등대 투어가 진행되며, 153개의 계단을 직접 끝까지 올라가는 방문객은 등명기를 구경할 수 있다.

체험 투어뿐 아니라 등대 숙소도 운영한다. e-내비게이션 시대를 맞으면서 이제 등대는 고유의 역할을 벗어나 문화 공산화하고 있으며, 특수 숙박시설로 활용되는 추세다. 등대의 낭만만큼이나 '등대에서의 하룻밤'은 누구에게나 로망일 것이다.

마침내 근대 등대
에디스톤 탄생하다

첨단 건축기술이 발달한 21세기에도 시멘트는 여전히 중요하다. 시멘트는 너무도 흔하여 그 가치를 몰각하는 일이 많지만, 출현 당시에는 중요한 기술사적 사변이었다. 로마 시대에도 시멘트는 있었다. 그러나 우리가 일명 포틀랜드 시멘트라 부르는, 물과 결합해 굳는 성질을 가는 수성시멘트는 등대에서 실험되고 입증되어 진화해 나갔다. 그 획기적 실험은 영국의 남부 플리머스에서 이루어졌다.

가히 '등대의 나라'이자 '근대 등대의 메카'인 영국의 그 많은 등대 중에서도 압권은 플리머스의 에디스톤 등대다. 플리머스는 런던에서 서남쪽으로 약 310킬로미터 떨어진 데번주의 남쪽에 자리한 해안도시다. 기차를 타고 웨이머스에서 플리머스까지 장장 네 시간여를 달렸다. 기차는 속도가 빠르지 않았고, 객실은 손님이 가득해 입추의 여지가 없었다.

대개의 영국 해안 지대가 그러하듯 플리머스 역시 로마제국의 식민 정착촌이었다. 초기 역사는 로마인의 최초 정착지인 마운트배

튼 청동기 유적으로 거슬러 올라간다. 로마제국의 교역소로 기능했으나 그 후 두드러진 역사가 보이지는 않는다. 플리머스가 중요 거점으로 부각된 것은 대항해시대다. 홍보 팸플릿은 '영국의 해양도시'라고 이곳을 소개한다. 실제로 플리머스 역사는 영국 해양사의 축약본이라고 할 수 있다.

해적왕 프랜시스 드레이크는 1581년 이곳의 시장이 됐고 1593년에는 의회 의원이 됐다. 시장이라는 공식 직위에 있었음에도 그는 약탈을 일삼는 해적이었다. 그의 흔적은 호 언덕 위의 동상 그리고 시내에서 가장 큰 쇼핑몰인 '드레이크 서커스'에 남아 있다. 플리머스는 드레이크뿐 아니라, 대서양 노예무역을 본격적으로 전개한 존 호킨스(Sir John Hawkins) 같은 해상무역업자(사실은 반문명적 노예제의 주범)의 본거지이기도 했다. 1532년 플리머스에서 태어난 선장이자 상인인 호킨스는 노련하고도 계획적인 노예 장사꾼으로 악명이 높았으며, 수익이 높은 노예장사로 부를 축적했다.[22]

1620년 청교도는 종교의 자유를 찾아 메이플라워호를 타고 플리머스를 떠나 신세계로 향했으며, 아메리카에 플리머스 식민지를 세웠다. 당시 이 배의 승객은 102명, 승무원은 25~30명이었다. 메이플라워호는 프랑스와 노르웨이, 독일, 에스파냐 등 유럽과 영국 사이를 오가며 화물을 운반하던 약 180톤 규모의 배였다. 배는 약 66일간의 힘든 항해 후 아메리카 대륙 코드곶 프로빈스타운 항구에 닻을 내렸다. 플리머스 식민지는 13년 전 제임스타운을 건설한 버지니아 정착촌에 이은 미국의 두 번째 '영어 정착지'다. 플리머스의 옛 부두에 가면 17세기 청교도가 미국으로 떠났던 그 자리에 세운 기념문과 성조기 및 유니언잭이 동시에 게양된 것을 볼 수 있다.

플리머스는 산업혁명기에 아메리카와 교역하는 상업 선적 항구로 성장했다. 그러나 17세기에 들어오면서 무역항으로서의 탁월함

에디스톤 등대의 탄생, 1698

을 점차 잃어갔다. 영국 다른 곳의 농산물을 플리머스로 운송하기에는 비용이 많이 들었으며, 이 도시에는 식민지에서 들어오는 주요 제품인 설탕이나 담배를 처리할 수단이 없었다. 18세기 초 대서양 노예 매매에 참여한 것이 그나마 경제적 이득을 안겨주었다.

이웃 도시에 첫 조선소인 데번포트(HMNB Devonport)가 1690년 문을 열었는데, 전략적으로 왕립 해군조선소가 됐다. 1727, 1762, 1793년에는 더 많은 부두가 건설됐으며, 이런 부두 정착지를 독 또는 플리머스독이라고 불렀다. 아마도 독이라는 말은 이때부터 시작됐을 것이다. 부두를 계획한 사람은 당대 항만 및 등대 전문가 존 레니(John Rennie)였다. 레니는 로버트 스티븐슨과 함께 스코틀랜드에서 벨록 등대를 만들었던 인물이다.

플리머스를 상징하는 것은 등대다. 벽화나 간판, 팸플릿 등 곳곳에서 등대가 출몰한다. 특히 에디스톤 등대는 유명하다. 가공할 정도로 세계 등대사에 족적을 남긴 에디스톤 등대는 약 200년 동안 네

번에 걸쳐 조성됐다. 그래서 그 자체로 등대사의 증언자이자 세계 등대의 아이콘이 됐다. 당대 최고의 해양국가, 산업혁명을 이룩해 부를 축적한 국가 영국의 선진 기술력이 이 등대에 함축돼 있다.

등대는 레임헤드에서 14킬로미터 떨어진 위험한 에디스톤 암초 위에 서 있다. 암초 대부분은 물에 잠기고 만조 때는 수면 위로 약 90센티미터밖에 보이지 않는다. 평온한 날에도 파도가 암초에 부딪쳐 부서지는 모습을 볼 수 있다. 예전에 무역상인은 이 지역의 암초 군을 두려워하여 프랑스 노르망디 해변 가까운 채널제도로 우회하여 재난을 피하곤 했다.

파도가 일상적으로 때리는 암초 위에 등대를 세우는 일은 그 자체로 말도 안 되는 도전이었고, 실제 에디스톤 등대는 좌절과 실패를 거듭하면서 역사를 새롭게 써내려갔다. 시기를 달리하면서 등대를 기획하고 만들어낸 엔지니어가 등장했고, 이들의 도전은 세계적으로 근대 등대의 탄생을 알렸다. 이들의 기술적 실험이 훗날 세계 곳곳으로 전파되어 근대 등대가 확산된 것이다. 근대 등대 에디스톤은 대체로 4기에 걸쳐 완성됐다.

에디스톤 등대 제1기 · 윈스탠리 등대(1698~1703)

첫 등대는 헨리 윈스탠리(Henry Winstanley)가 세운 팔각형 목조 등대다. 윈스탠리는 조각가가 되기 위해 공부했으며 기계, 상수도 및 여러 발동기의 발명가이기도 했다. 건축에 오랜 관심을 가진 그는 당대에 명성을 떨친 에디스톤 등대 건축을 맡을 적임자로 평가됐다. 등대는 플리머스에서 약 22킬로미터 떨어진 바다의 작은 암초 위에 세워졌다.

등대는 1698년 11월 14일 점등했는데, 세계 최초의 근해 조명으로 인정된다. 윈스탠리는 목조 다각형 탑으로 건축했다. 목각 등대

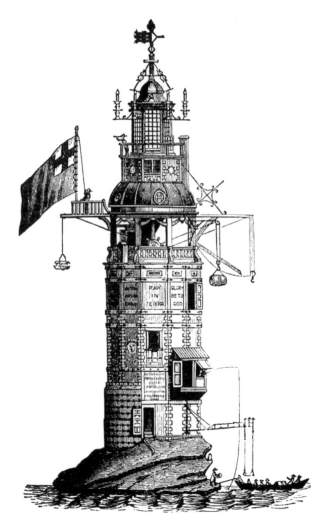

원스탠리의 에디스톤 등대

는 장식적 요소가 강했다. 등대는 첫 겨울을 견뎌냈지만 수리가 필
요했다. 팔각형 상단 부분의 목재 프레임 구조가 십이각형 석조 외
장으로 교체됐다. 원스탠리는 1699년 봄 등대를 크게 확장했다. 그
가 건축한 등대를 두 개로 여기는 이유가 여기에 있다.

　　더 크고 견고한 등대는 1703년 11월 대폭풍우가 닥쳐오기 전까지 작동했다. 윈스탠리는 폭풍 당시 등대 건물에서 일하고 있었고, 화재로 인해 등대지기와 함께 목숨을 잃었다.[23] 이 등대가 작동하는 동안 난파선 기록이 전혀 없는 것으로 미루어보아 등대가 얼마나 중요한 역할을 하는지 알 수 있다. 안타깝게도 윈스탠리의 등대는 대폭풍우에 휩쓸려 사라지고 말았고, 이틀 후 미국 버지니아에서 담배를 싣고 바다를 항해해온 윈첼시호가 난파되는 사고가 발생했다. 비극을 피하기 위해 에디스톤 암초에 새 등대를 설계하라는 압력이 거세졌다.

에디스톤 등대 제2기 · 러디어드 등대(1708~1755)

윈스탠리의 등대가 파손된 후 존 러벳(John Lovett) 대위는 에디스톤 암초를 임대한다. 그는 의회의 법령에 따라 통과 선박에 톤당 1페니의 요금을 부과할 수 있게 됐다. 그는 1706년 친구인 런던의 비단상인이자 모피장사꾼인 존 러디어드(John Rudyerd)에게 등대 설계를 의뢰했다. 건축가도 전문 기술자도 아니었지만 러디어드는 벽돌과 콘크리트의 핵심 주위에 원추형 나무 구조로 이루어진 새로운 등대 설계를 맡았다. 등대 하부는 오크나무와 화강암 벽돌을 이용했다. 등대는 36개의 철근으로 암초에 고정했다. 건물에는 매끄러운 원뿔 모양의 수직 널빤지를 입혔다.

21미터 높이로 우뚝 서게 된 러디어드 등대는 1708년 처음 점등했으며, 광원으로 24개의 양초를 사용했다. 등대는 튼튼했으며, 이후 50년 동안 버텼다. 1755년 프랑스군이 쳐들어와 상층부의 등롱을 떼어갔다. 1755년 12월 2일 밤에는 등롱 꼭대기에서 불길이 일어났다. 양초 중 하나가 불꽃을 일으켜 화재가 발생한 것이다. 세 명의 등대지기가 양동이로 물을 끌어올렸지만 역부족이었다. 등대는 전소되고 말았다.

에디스톤 등대 제3기 · 스미턴 등대(1759~1882)

제3등대는 새로운 건축용 콘크리트 소재 때문에 널리 유명해졌다. 일명 '스미턴 타워'로 불리는 이 등대는 구조 설계 면에서 중요한 진보를 이루었다. 1756년 건설을 시작해 1759년 10월 16일 점등했다. 건축비는 약 4만 파운드가 들었다. 이 3기 등대는 디자인 역사에서도, 콘크리트 건축 역사에서도 중요한 의미를 가진다.

산업혁명이 만들어낸 '시민 엔지니어' 존 스미턴은 왕립학회가 추천해 이 일을 맡았다. 스미턴은 등대의 내외부에 모두 포틀랜드산 화강암 벽돌을 이용했다. 등대는 약간 휜 모양인데, 이것이 무게중심을 부여하여 안정감을 주었다. 하부는 바닷물에서도 잘 응고되는 콘크리트를 사용했는데, 당시로서는 건축사상 획기적인 기술이었다. 수성시멘트를 등대 하부에 모르타르로 만들어서 붓고 벽돌을 시멘트로 고착하는 첨단 공법이 최초로 이 등대에 적용된 것이다.

이로써 스미턴이 완성한 에디스톤 등대는 등대 건설, 아니 전체 건축사에 새로운 이정표가 됐다. 교각 건설, 항만 건설 등 물과 접촉하는 특수한 공사에 콘크리트가 도입됨으로써 가공할 기술력을 발휘할 수 있게 된 것이다. 스미턴 등대는 그런 점에서 당대의 선진 기술력을 보여준 일대 사건이었다. 스미턴은 이외에 조인트를 이용해 화강암 벽돌을 고정하는 기술도 개발했다.

등대의 불빛은 처음에는 양초를 사용해 밝혔으나, 1810년 반사경이 달린 오일램프로 교체됐다. 반사경은 1845년 렌즈로 교체되어 빛의 강도가 뛰어나게 향상됐다. 그때까지만 해도 광학기술의 발달은 제한적이어서 프레넬 렌즈가 보편화되기까지는 시간이 좀 더 필요했다.

1841년 엔지니어 헨리 노리스(Henry Norris)의 지시에 따라 개조 공사가 이루어졌다. 높이 22미터, 지름 8미터, 상부 5미터였다. 이

스미턴의 에디스톤 등대, 1882

등대는 구조물 기초의 바위가 부식되기 시작하는 1877년까지 잘
버텼다. 하지만 점차 등대 아래쪽 암석이 바닷물에 부식돼 큰 파도
가 올 때마다 등대가 좌우로 흔들렸다. 그러다 1880년대 초 결국 쓰
러지고 말았다. 당시 등대는 현재 하부만 남아 있는데, 맑은 날이면
수평선에 떠 있는 모습을 육지에서도 볼 수 있다.

에디스톤 등대 제4기 · 더글러스 등대(1882~현재)

오늘날 플리머스 호 언덕에 남아 있는 등대다. 등대사에 큰 족적을
남긴 스미턴 등대의 뒤를 이어 해수면에서 40미터 높이의 언덕에 에
디스톤 등대를 재축조했는데, 이것이 더글러스 등대다. 트리니티 하
우스의 설계자인 제임스 더글러스는 스미턴 등대의 해체와 제거를
감독했으며, 스미턴의 기술을 더욱 개발한 스티븐슨의 기술로 3년

더글러스의 에디스톤 등대

에디스톤 등대 내부의 돌 계단

만에 이곳 언덕에 등대를 세웠다. 1882년 점등했다. 호 언덕에 다시 세워진 등대는 플리머스의 최대 상징물이자 많은 사람이 찾는 관광 명소다.

호 언덕은 플리머스의 정신적 고향과도 같은 곳이다. 배가 떠나고 들어올 때 이곳에 올라 기뻐하기도 하고 눈물짓기도 하던 언덕. 푸른 잔디로 뒤덮인 언덕에는 드레이크의 동상을 비롯해 전몰기념비, 전승기념비 등 전쟁 유산이 들어서 있다. 언덕 바로 아래에는 1812년 개장한 해변 풀장이 있어 이곳이 해양 친수적 환경을 배양해온 도시임을 알 수 있다. 언덕 동쪽 아래에는 메이플라워호가 출발했던 유서 깊은 서턴항이 있다. 국립해양아쿠아리움, 수산시장 등이 주변에 포진해 있다. 호 언덕의 등대는 주간에 입장료를 받고 개방한다.

계단은 모두 화강암을 깎아서 정밀하게 연결했다. 콘크리트나 철제 구조물이 아닌 화강암을 돌끼리 서로 아귀가 잘 맞도록 일일이 잘라내는 과정을 거쳤을 테니 많은 공력이 들었을 것이다. 등대의 층마다 목재 의자와 장을 두었는데, 고급 목재가 풍기는 품격 넘치는 색조가 빅토리아 시대의 위엄을 전해준다. 등명기는 없고 양초를 받치던 원형 촛대 받침만이 남아 있다. 회전식 등명기가 발명되기 이전의 모습이다.

야심한 밤에 호 언덕을 찾아갔다. 흰색과 붉은색 띠의 강렬한 조화, 하부가 넓고 위로 올라갈수록 점차 좁아지는 곡선의 미학 등 근대 초기 등대의 성격을 잘 드러낸다. 등롱은 귀족적 품격을 드러내며 빛나고 있다. 빅토리아풍의 세련된 곡선 지붕, 지붕 꼭대기의 황금색 방향키, 차분하게 가라앉은 회색빛 색조와 흰색 등탑의 어울림 등 근대 등대를 대표하는 등대로서 품격을 잃지 않는다. 기술사뿐만 아니라 건축미학적 선도성까지 보여준다. 등롱으로 올라서면 호 언덕 자체가 높기 때문에 플리머스 해안이 일망무제로 펼쳐진다.

호 언덕의 더글러스 등대와 함께 에디스톤 암초 위의 등대도 그대로 남아 있다. 그러나 지난 100여 년 동안 많은 변화가 있었다. 1959년 전력이 도입됐고, 1980년에는 유지 보수 요원이 착륙 및 점검을 수행할 수 있도록 헬기 착륙장이 건설됐다. 그리고 1982년 등대는 완전 자동화돼 280여 년간 이어오던 등대지기의 근무가 종결됐다. 지금은 콘월(Penlee Point Signal Station)에서 제어, 통제한다.

플리머스 주변 등대 1 · 스타트포인트 등대(1836)

에디스톤 등대가 4기에 걸쳐 장기 지속적으로 건설돼왔다면, 플리머스로 들어가는 접근로에는 두 개의 등대가 항로를 보위하며 서 있다. 런던에서 남행한 선박은 두 등대의 불빛을 받으며 플리머스로 진입하고, 다시 플리머스를 빠져나와 에디스톤 등대의 불빛을 받으며 대서양으로 원양항해를 시작했다. 근대적, 체계적 등대 시스템이 잘 갖추어진 사례라고 할 수 있다. 이처럼 밀도 있는 등대 시스템을 갖추었을 정도로 당시 영국의 해양력은 강력했다.

스타트포인트 등대(Start Point Lighthouse)는 데번에서 출발한 상선을 보호하기 위해 1836년 세워졌다. 등대 전문가 제임스 워커(James Walker)가 디자인한 29개 타워 중 하나다. 플리머스로 들어오기 위해서는 반드시 스타트만의 스타트포인트와 베리헤드의 불빛을 받아야 한다.

등대는 튀어나온 조그마한 반도의 바위투성이 절벽 위에 위태롭게 서 있다. 등대 입구에 도착하자 '개인 재산 – 트리니티 하우스'라는 간판이 붙어 있고, 휴일에는 빌려준다고 쓰여 있다. 영국의 등대가 모두 그러하듯이 이곳 역시 원격으로 등대를 관리하면서 체험 숙소로 내여하고 있다.

플리머스 주변 등대 2 · 베리헤드 등대(1906)

데번주 브릭섬 동쪽에 위치한 베리헤드는 지역 및 국가 자연보호 구역이다. 해안절벽은 희귀 조류의 안식처이며, 석회암 토양에 맞는 온화한 해양성기후대의 식물이 번식한다. 자연보호 구역에서는 토종 검정염소도 키운다. 토베이 지역에 주둔하던 해군 정박지를 프랑스군의 침략으로부터 방어하기 위해 만든 요새다. 돌문을 통과하면 절벽 위에 1906년 세운 베리헤드 등대(Berry Head Lighthouse)가

스타트포인트 등대

보인다.

베리헤드 등대는 등탑 없이 등롱만 있는 독특한 형태다. 워낙 높은 곳이라 지형적 특성을 이용해 큰돈 들이지 않고 간단하게 세웠다. 불과 높이 5미터의 등롱이지만 평균 해발 58미터 위에 서 있어 바다에서 보면 60미터가 넘는다. 등롱은 철판으로 만들었으며, 전체적으로 흰색이며 하부에만 초록색을 둘렀다. 프레넬 렌즈가 설치돼 있다. 등대에 서면 바다 건너편 애벗의 전경이 한눈에 들어온다. 절벽 아래로 수면에 노출된 암초가 여럿 보인다. 항해에 아주 위험한 바위다. 베리헤드 등대에서 멀리 바라다 보이는 서쪽 끝에 스타트포인트가 보인다. 배는 베리헤드의 불빛을 받고 스타트포인트를 거쳐서 플리머스로 진입했다.

바다·강·수로를 지키는
리버풀의 등대

리버풀은 머지강 어귀에 자리하며 산업혁명기에 런던 다음가는 큰 항만으로 성장했다. 1764년의 경우 연간 141척의 배가 리버풀에서 아메리카로 떠났다.[24] 원자재 수입과 공산품 수출은 물론이고, 대서양 노예무역도 이곳에서 이루어졌다. 앨버트독, 퀸독 등 여러 개의 독으로 이루어진 리버풀 항구에는 해양박물관과 국제노예박물관이 있어 이곳이 노예무역의 글로벌적 거점이었음을 알 수 있다. 오늘날 사람들은 앨버트독에 노예박물관을 세워 반문명적이었던 과거를 반성하고 있다.

또한 리버풀은 세계적 해운사인 큐나드(Cunard)와 화이트 스타 라인(White Star Line)의 본거지이며, RMS 타이태닉, RMS 루시타니

아(Lusitania), 퀸 메리, 올림픽 같은 거대 선박의 등록 항구였던 역사
가 증명하듯 강력한 해양력을 보유했던 곳이다. 하지만 영국 해양
산업의 침체와 더불어 점차 과거의 영예를 상실했다.

2004년 유네스코는 리버풀을 '해상상업도시'로 인정, 세계문화
유산으로 지정했다. 세계적 항구 도시였던 리버풀의 흔적은 다양한
인구, 문화, 종교를 가진 여러 인종의 커뮤니티로 남아 있다. 바다를
건너온 아일랜드와 서남쪽에서 올라온 웨일스 출신의 영국인이 많
이 살고 있다. 가장 오래된 아프리카 흑인 공동체, 유럽에서 가장 오
래된 차이나타운도 여기에 있다. 시내 곳곳에 중국 음식점이 햄버
거 가게만큼이나 흔하다. 해변에는 길을 걷는 비틀스의 청동상이
세워져 있어 리버풀이 '비틀스의 도시'임도 알려준다. 비틀스로 인
해 종래의 산업 도시에서 관광 도시의 이미지가 생겼다.

리버풀을 찾은 것은 바다와 강과 수로를 지키는 성격이 다른 세
개의 등대를 통시적으로 관찰할 수 있기 때문이다. 리버풀 등대의
다양한 존재 양식은 불리한 지리적 여건 때문이다. 머지강 어귀는
모래톱이 쌓여서 진입이 어렵다. 그래서 운하와 독을 만들어 배를
들였으며, 불을 밝히지 않는 다양한 부이와 등탑을 수로에 띄워서
뱃길을 안내했다.[25]

리버풀 1 · 강을 지키는 비드스톤힐 등대

리버풀에서 버컨헤드까지는 전철로 30분이면 간다. 비드스톤힐은
버컨헤드 교외의 위럴반도에 있는데, 100에이커에 달하는 히드로
위럴에서 가장 높은 70미터 지점에 위치한다.

등대는 1771년 이후 이곳에 있었다. 바다에서 강을 따라 올라온
선박의 안전에 꼭 필요한 등대였다. 화강암 벽돌을 원통 형태로 쌓
아올려 만들었으며, 등롱도 일부는 돌을 사용했고 지붕은 구리판이

비드스톤힐 등대

다. 등탑 옆에는 전형적인 영국 시골집 양식의 단층짜리 등대지기 숙소와 사무동이 붙어 있다.

　등대 출입문에 '1873-머지독 에스테이트(Mersey Dock Estate)'라고 각인되어 있다. 1913년 10월 9일 일출까지 운영됐다. 개인 소유이며, 때때로 대중에 공개된다.

리버풀 2 · 만을 지키는 뉴브라이턴 등대

리버풀 센트럴 역에서 뉴브라이턴 역까지는 30분이면 당도한다. 머지강과 바다가 만나는 만 입구, 모래톱이 북쪽으로 튀어나와 작은 반도를 형성한 끝자락에 뉴브라이턴 등대(New Brighton Lighthouse)가 서 있다.

등대 입구에 도착했을 때는 이미 어둠이 깃들고 있었다. 강 건너편에 리버풀 컨테이너 부두의 크레인이 보이고 도시는 불빛으로 불야성을 이룬다. 예전에는 불빛이 전혀 없었기 때문에 만 입구에서 강을 거슬러 올라가던 배가 모래톱에 좌초하기 십상이었다. 모래톱 입구에 나폴레옹 시대에 축조된 자그마한 퍼치 요새가 있다. 밀물에는 요새 일부가 바다에 잠겨 최적의 방어 조건이 됐다. 등대는 대략 1683년 건설된 것으로 알려진다. 리버풀항의 물류 수요가 증대되면서 등대는 변신을 거듭했다.

현존 등대는 1827년 톰킨스 회사(Tomkinson & Company)가 화강암 벽돌을 조인트로 연결하는 공법으로 시공한 것이다. 70년 전 존 스미턴이 에디스톤 등대를 만들 때 사용했던 것과 동일한 건축기술이다. 1830년 처음 점등했으며, 현대적 항해기술로 대체되면서 1973년 10월 폐기됐다. 현재는 리버풀의 상징적 등대로 존재하며, 관광객이 찾는 곳이 됐다.

리버풀 3 · 수로를 지키는 엘즈미어 등대

리버풀 센트럴 역에서 30분 거리인 버컨헤드 역에서 환승하면 20분 만에 엘즈미어항에 닿는다. 엘즈미어는 체셔에 있는 제법 큰 항구도시이며, 체스터와 머지강을 연결하는 수로의 도시이기도 하다.

엘즈미어에 도착하자마자 수로박물관부터 찾았다. 박물관은 엘즈미어 운하의 역사와 과거 이곳 사람의 삶을 보여준다. 맨체스터 선박용 운하와 머지강변에 자리한 박물관은 운하 건축의 영광스러웠던 자료와 다양한 고선박 컬렉션을 보유하고 있다. 수로 아카이브, 대장간, 엔진 홀, 컨퍼런스와 교육 센터, 항구 노동자 숙소 등 여러 건물로 구성된다. 수로 아카이브는 17세기로 소급되는 영국의 수로와 운하 회사에 관한 약 2200장의 사진, 3만 7000여 개의 역사

뉴브라이턴 등대

기록물을 보유하고 있다.

산업혁명기에는 철이나 석탄처럼 무거운 원료를 저렴한 가격에 운반해야 했다. 도로 사정이 좋지 않았기 때문에 운하 건설은 필수적이었다. 1761년 브리지 운하가 성공적으로 건설되자, 영국 전역에 운하 열풍이 불었고, 엘즈미어에도 1795년 맨체스터독과 머지강을 연결하는 운하가 건설된다.

등대 역사에서 참고로 기억해둘 것은, 리버풀은 영국에서 처음으로 반사경을 사용한 등대가 있던 곳이라는 사실이다. 항구 및 등대 전문가 윌리엄 허친슨(William Hutchinson)이 1763년 반사경을 리버풀 등대에 도입한 것으로 기록돼 있는데, 이는 1777년 발간한 등대 기술서에서 확인할 수 있다.[26]

스코틀랜드의 등대 그리고
스티븐슨의 보물섬

스코틀랜드는 영국령이다. 그러나 적어도 등대에 관해서는 아일랜드와 스코틀랜드가 북방등대위원회라는 하나의 결속된 시스템에 따라 오랫동안 공동보조를 취해왔다. 런던과 스코틀랜드의 종족적 친연성보다는 더블린과 스코틀랜드의 켈트적 친연성이 역사적으로 더 강할 것이다. 1703년에야 독립 왕국 스코틀랜드가 잉글랜드와 합병하여 그레이트브리튼 왕국이 된 것을 생각해본다면, 같은 영국이면서도 스코틀랜드 등대의 독자성은 당연하다.[27]

로마제국이 영국이라는 섬에 미친 영향은 문명사적으로 볼 때 절대적이다. 브리튼 남부와 중부는 로마제국의 일부가 됐으나, 북부 진출은 진전이 없었다. 거친 숲이 우거진 소택지에 사는 반야만

족인 브리간테스족(Brigantes), 북부 지방의 켈트족인 픽트족(Picts)은 평화적 진출에 대해서도 반항적이었다. 타 부족과 융화하지 못하고 비협조적인 이들은 로마화한 여러 켈트 도시의 재화를 약탈하기 위해 여러 번 남침했다가 로마군의 반격에 밀려 도망치곤 했다. 로마가 스코틀랜드로 진격할 때는 늘 병참선이 차단됐으며, 수비대는 자주 전멸했다.[28]

이처럼 로마령 브리타니아는 장기적인 안정을 확보하지 못했다. 결국 로마는 북부 영토 대부분을 포기하고 현대 스코틀랜드 국경선 부근의 요새화된 변경 지대로 철수해버렸다. 로마는 국경선 이북으로는 정찰대나 파견하고 외교적으로 협상하며 보조금을 지급하여 환심을 사는 등의 방법으로 원주민을 통제했다.[29] 스코틀랜드가 일반적 의미의 영국과 달리 독립적으로 존재할 수밖에 없었던 역사적 근거를 알 수 있을 것 같다.

스코틀랜드에 무수하게 포진된 등대 가운데 압권은 앵거스 앞바다의 벨록 등대(Bell Rock Lighthouse)다. 험한 파도가 들이치는 북해의 벨록 등대는 세계에서 가장 오래 견뎌낸 '바다 위의 등대'로 유명하다. 벨록 등대는 기술과 지속성의 승리다. 건설하는 데 오랜 세월이 걸렸고, 건축 과정은 고난의 연속이었다. 벨록은 스코틀랜드 해안에서 18킬로미터 떨어진 험한 곳인데, 교통량이 많기 때문에 암초를 피하기 위한 등대가 꼭 필요했다.

이곳의 전설에 따르면, 14세기에 한 수도원장이 종을 설치하여 선박에 위험을 경고했다. 거기서 벨록이라는 등대 명칭이 생겨났다. 그러나 네덜란드 해적이 종을 설치한 지 1년 만에 귀중한 황동 종을 훔쳐갔고, 아이러니하게도 그 해적선은 암초에 부딪쳐 난파하고 말았다. 이 전설은 19세기 시인 로버트 사우디(Robert Southey)의 시 〈인치곶 암초(Inchcape Rock)〉에 전해온다. 암초는 하루 중 불과 몇 시간만

썰물에 노출되기 때문에 이곳 근처를 항해하기는 대단히 위험했다.

등대는 로버트 스티븐슨(Robert Stevenson)이 1807~1810년 육지에서 동쪽으로 18킬로미터 떨어진 북해의 벨 암초 위에 세웠다. 35미터 높이에, 56킬로미터 밖에서도 불빛이 보인다. 약 200년 전 세워진 이 같은 튼튼한 벽돌 등대는 사실상 없을 것이다. 1843년 일부 램프와 반사경이 교체됐으나, 지금도 여전히 초기 장비가 대부분 쓰이고 있다. 당대의 높은 건축 수준과 공력을 잘 보여주는 등대다. 등대 건축 과정에서 직면한 어려움은 산업계의 7대 불가사의 중 하나로 거론되곤 한다.

벨록 등대 건축은 존 스미턴이 설계한 초기 에디스톤 등대를 참고했다. 건설 책임자인 스티븐슨은 1807년 대장장이를 포함해 모두 60명의 인부를 고용했다. 기초 작업은 곡괭이로 암초에 구멍을 뚫는 일이었다. 하지만 암초에 구멍을 뚫는 일은 쉽지 않았다. 스티븐슨은 암초 위에 100미터 길이의 철도를 부설하기로 결정했다. 그것이 1톤의 화강암을 포함하여 엄청 큰 건축 자재를 운반하는 가장 쉬운 방법이었다. 그들은 돌을 정확히 잘라서 벽돌로 만들고 거대한 3D 바위 퍼즐처럼 단단히 결합했다. 등대 밑

바닥은 넓게 설계하여 폭풍을 견딜 수 있게 했다. 수십, 수백 개의 거대한 화강암이 놓였다.

등대가 완성되기도 전에 많은 사람이 이곳을 찾아와 바다에 어떻게 등대가 세워지는지 보고 싶어 했다. 이미 벨록 등대는 관광 명소였다. 2835개의 화강암을 소비한 후 1810년 마침내 등대가 완공됐다. 프로젝트는 거

로버트 스티븐슨

벨록 등대

의 4년이 걸렸다. 1811년 2월에는 등대에 불을 밝혔다. 벨록 등대는 1813년 아브로스 항구 입구에 지어진 벨록 신호 타워와 함께 운영됐다. 오늘날 이 건물에는 등대의 역사를 자세히 설명하는 방문자 센터인 '신호타워박물관'이 들어섰다. 등대는 1988년 자동화됐다.

벨록 등대가 오래도록 유지, 보존되는 것은 로버트 스티븐슨이라는 걸출한 등대 건축가가 있었기 때문이다. 스티븐슨의 세 아들도 등대 엔지니어가 됐다. 그의 손자인 로버트 루이스 스티븐슨(Robert Louis Stevenson)은 공학을 공부하지 않고 당대의 가장 유명한 소설가가 되어 가족을 크게 '슬프게 했다'고 한다. 한편으로 생각하면, 이처럼 늘 바다와 등대를 생각하던 가족사가 없었더라면 로버트 루이스 스티븐슨의《보물섬》이 탄생할 수 있었을까. 그야말로《보물섬》같은 명작이 등대 가문에서 탄생한 것은 당연한 귀결이다. 이와 같은 벨록 등대에 얽힌 이야기는 스코틀랜드의 등대에 대한 무수한 이야기 중에서 지극히 단편적인 한 가지 사례일 뿐이다.

이민자의 빛;
아메리카로
가는 길

식민자 혹은
디아스포라의
불빛

보스톤 등대

등대, 이식 문화로
전파되다

15세기 이래로 인류 최대의 이민과 식민이 전개됐다. 신대륙 '발견' 은 인종학살과 인종의 확산·전파를 가져왔고, 전혀 다른 세계사가 서술되는 계기가 됐다. 이전 인류 문명의 어떤 움직임도 15세기 이후의 파장을 능가하지 못했다. 이민과 식민의 파장에서 큰 몫은 역시 아메리카 대륙에서 빚어졌다. 미국의 탄생 그리고 부수적이기는 하나 호주나 캐나다 등의 탄생은 전적으로 영국, 프랑스 그리고 전 유럽과 연관돼 있다. 중남미에서는 히스패닉의 새 역사가 인디언의 피와 죽음 위에 쓰이기 시작했다. 등대 역시 이들 이민과 식민의 동선을 따라서 확산돼 나갔다.

  놈 촘스키의 표현을 빌린다면, 신대륙은 '발견'된 것이 아니라 '학살'된 것이고 '능욕'된 것이다. 학살과 능욕으로 인한 빈자리를 차지한 것은 새로운 문명이 아니라 유럽에서 건너온 이식 문화였다. 독립전쟁 이후 방대한 대륙과 자원을 기반으로 미국이라는 신흥 국가가 번성을 거듭해 나가는 데는 본토와의 배를 통한 연락, 끊임없는 이민객의 유입 등이 필수였다. 문화 이식과 문화 전파, 변종 문화의 탄생 등이 이루어지는 가운데, 유럽의 해양력이 구축해온 등대 문명 또한 미국 사회에 급속도로 확산됐다. 미국 해양력의 증대가 필연적으로 등대를 요구했기 때문이다.

하워드 진(Howard Zinn)이 방대한 자료에 근거해 저술한《미국 민중사》는 크리스토퍼 콜럼버스의 이야기에서 출발한다. 황금에 눈먼 콜럼버스가 에스파뇰라(히스파니올라)섬에서 인디언을 납치해 노예로 삼거나 수족을 절단해 살해했던 전율은 고정 관념에 박혀 있는 독자에게 충격을 안겨줄 것이다.[1] 북아메리카의 영국 식민지에서도 콜럼버스가 바하마군도에서 보여준 것과 비슷한 약탈이 일찌감치 시작됐다. 버지니아주 제임스타운에 최초로 세워진 영국 식민지는 원래 인디언의 영토였다. 추장 포우하탄은 자기 부족의 땅에 영국인이 정착하는 광경을 보았지만 공격하지 않았고 침착한 태도를 잃지 않았다. 그러나 인디언을 노예로 만들지도 못하고 공존할 수도 없었던 영국인은 인디언 절멸을 결심했다.

이후 1620년 메이플라워호를 타고 영국 플리머스를 출발해 미국 플리머스에 청교도가 당도한다. '필그림 파더스(Pilgrim Fathers)'라 불리는 그들은 미국의 진정한 시조로 추앙된다. 그들이 떠난 영국 플리머스의 포틀랜드섬에 위대한 등대의 역사가 존재했음을 강조할 필요가 있다. 아메리카에 이들이 이민자로 당도한 것은 문명사적으로 엄청난 사건이었다. 인디언의 오랜 문명은 멸종하고 미국이라는 인류 역사의 독특한 나라가 탄생하는 계기가 됐기 때문이다.

이민의 물결이 속속 매사추세츠주 연안으로 밀려왔다. 매사추세츠베이식민지는 뉴잉글랜드 전체의 발전에서 중요한 역할을 하게 된다. 17세기 아메리카에 당도한 대부분의 정착민은 영국인이었지만, 중부 해안에는 네덜란드인, 에스파냐인, 독일인도 살고 있었다. 1680년 이후 영국은 이미 이민자의 주요 모국이 아니었다. 수많은

보스턴 등대

난민이 전쟁과 탄압, 토지 착취로 말미암은 가난을 피해 유럽 대륙을 떠나 이곳으로 왔다. 1690년 아메리카의 백인 인구는 25만 명 정도로 늘어났다.[2]

　보스턴은 실로 영국-아메리카의 중심이었다. 보스턴에는 식민지의 주 세력인 영국인이 다수 살고 있었다. 소수에게 경제 권력이 집중됐고, 다수의 사람이 불안하고 궁핍한 삶을 살았다. 보스턴의 상인 그룹은 본토와의 무역으로 막대한 수입을 올리고 있었기 때문에 안전한 항해를 위해 등대 건축을 원했다. 그리하여 보스턴의 지배 그룹이 등대를 구상하기 시작한다. 1716년 마침내 아메리카의 첫 등대가 보스턴의 리틀브루스터(Little Brewster)섬에 세워졌다. 보스턴 등대 건립 이전인 1711~1715년 신세계에서 가장 긴 부두가 보스턴 항구에 마련됐다.[3] 등대는 항구가 정비되던 시점에 함께 건설됐다. 보스턴항을 오가는 선박마다 톤당 1페니의 등대세를 징수해 운영했다. 첫 등대지기 조지 워시레이크(George Worthylake)는 50파운드의 연봉을 받고 항구로 들어가는 선박의 파일럿 역할도 겸했다. 건축비와 유지비, 등대지기 봉급 등은 보스턴의 상인 세력이 분담했다. 등대의 불빛은 당시 성행하던 포경으로 잡은 고래의 기름으로 밝혔다. 보스턴 등대는 60여 년 동안 그 불빛을 밝혔다.

차츰 보스턴은 식민 모국과 아메리카 사이의 갈등 속으로 빠져들었다. 이민, 분리 그리고 독립이라는 역사의 순서는 자연스러운 일이었다. 영국 정부의 인지세법(일명 타운센드법)과 징용에 대항해 반발이 거세지던 상황에서 1770년 3월 5일 유혈사태가 벌어지고 말았다. 군중을 향해 영국군이 총격을 가해 다섯 명이 죽고 여러 명이 다치는 보스턴 학살 사건이 벌어진 것이다.

1773년에는 보스턴 차 사건이 일어났다. 영국 정부의 차조례에 반대하던 세력이 인디언으로 위장한 채 보스턴 항구에 정박한 배를 습격해 5만 5000달러에 상응하는 동인도회사의 차를 바다로 내던져버린 것이다. 1774년 영국이 섬을 점령했고 1775년에는 항구가 막혀서 등대가 쓸모없어졌다.

마침내 1776년 7월 4일 독립선언서가 선포됐다. 이 와중에 영국군은 보스턴을 떠나면서 폭약으로 등대를 파괴했다. 자신들이 세운 등대를 제 손으로 날려버린 것이다. 현재의 것은 1783년, 전쟁의 마지막에 건설됐다. 전쟁이 끝나고 1789년 8월 7일 법령에 따라 미국 의회는 전 식민 당국으로부터 등대에 관한 권한을 넘겨받았다. 넘어온 등대는 모두 열두 개였다.[4]

1790년 등대는 새로운 연방정부로 양도됐다. 아직 서부 개척은 시작도 하지 못한 시절, 모든 등대는 유럽에서 대서양을 통해 북아메리카에 당도하는 동부 연안과 섬에 포진하게 된다. 영국 식민지 시대에 등대의 이름은 자신들이 떠나온 영국의 지명을 고스란히 붙이거나 번안해 썼다. 섬나라 문명이 신대륙에서 '아메리카식 카피본'으로 복제된 것이다.

탄탄한 등대 강국의
등장

유럽에서 아메리카에 당도한 이들은 유럽과 연관을 끊고 살 수 없었다. 금속제 수공업품, 옷, 럭셔리 제품 등을 수입해오고, 그 대신 담배나 곡식 등을 수출했다. 모든 수출입 거래는 배로 이루어졌다. 미지의 신대륙 해안으로 진입할 때 낮은 해수면과 암초는 뱃사람을 괴롭히는 장애물이었다. 밤이나 낮이나 위험은 도사리고 있었다. 영국 식민 당국이 키포트(Key Port)를 건설하면서 등대 건축부터 서두른 것은 이러한 위험 부담 때문이었다.

식민 시대가 끝나고 본격적인 미연방 시대가 찾아왔다. 조지 워싱턴 대통령은 항해 전문가는 아니었으나 해상무역의 중요성이나 등대의 필요성을 충분히 인지하고 있었다. 그래서 해안 여행을 할 때마다 등대를 세울 만한 전략적 위치를 기록하곤 했다. 1756년 25세의 워싱턴은 몬타우크(Montauk Point)를 방문하고 훗날의 등대 위치로 삼았다. 워싱턴은 대통령이 되어 이때의 계획을 실행하게 된다.

미국은 독립 이후 1800년까지 24개의 등대를 건설했다. 1791년 매사추세츠주 포틀랜드헤드 등대(Portland Head Light)가 세워졌다. 이 석조 이 등대는 케이프엘리자베스 등대(Cape Elizabeth Light)라고도 불리는데, 오늘날 메인주 포틀랜드 항구 진입로에 위치한다. 미

포틀랜드헤드 등대

국에서 가장 아름다운 등대에 속할 정도로 경관이 뛰어나다.

1795년 포틀랜드 북쪽 러기드(Rugged)섬에도 등대를 세웠다. 1796년 조지 워싱턴의 임기 마지막 해에는 뉴욕에 몬타우크 등대(Montauk Point Light)를 세웠다. 존 매콤(John McComb)은 뉴욕의 이름난 건축가로 시청을 설계한 인물이다. 뉴욕과 프린스턴, 뉴저지 등에 그의 흔적이 남아 있다. 그는 오늘날에도 남아 있는 케이프헨리, 버지니아, 이턴스넥(Eatons Neck) 같은 미국의 중요한 등대와 세인트 존 교회(St. John's Church) 등을 설계했다.[5] 매콤은 1년 만에 석조 등대를 완성했다. 40여 년 전 워싱턴이 등대를 구상하던 바로 그 장소에 등대가 들어선 것이니, 조지 워싱턴으로서는 청년 시절의 꿈을 이룬 셈이다.

미국 등대사에서 1820~1852년은 스티븐 플리존턴(Stephen Pleasonton)의 시대라 일컫는다.[6] 19세기 중반까지 미국은 유럽 본토에 비해 해양력이 낙후한 상태였다. 완성된 등대 역시 초라하기 그지없었다. 당대의 첨단 장치인 프레넬 렌즈도 없는 상태였다. 1830년대 의회에서 플리존턴에게 프레넬 렌즈 주문을 권했고, 관리를 파리에 파견해 렌즈 샘플을 들여왔다. 이때 들여온 프레넬 렌즈가 뉴저지주 뉴욕항과 대서양 입구의 네이브싱크 등대(Navesink Light, 1828년 점등)에 미국 최초로 장착됐다.

보스턴항 남동쪽에 있는 마이노츠 레지 등대(Minots Ledge Light)는 미국의 자체 실력으로 만들었다. 이곳은 1832년부터 1841년에만 40척 이상의 선박이 실종되는 등 재산 피해가 극심했다. 그래서 영국의 에디스톤 등대와 비슷한 등대를 물속에 짓자는 제안이 나왔지만, 수중 작업에 대한 논란이 일었다. 마침내 철근더미를 수중에 만들어 등탑을 올리는 선진 기술을 기반으로 1850년 1월 등대가 완공돼 빛을 발했다. 그러나 불과 3개월 뒤인 4월 어느 날 보스턴을 가격한 폭풍으로 인해 등대는 파괴되고 말았다.

1863년 육군 공병대의 수석 기술자 조지프 토튼(Joseph G. Totten) 은 영구 등대를 설계해 프로젝트를 무사히 완수한다. 철제를 박아서 등대를 올리는 고난도 작업은 여러 번 폭풍에 휩쓸리면서 실패했지만, 이후 화강암으로 바꾸자 강풍을 견뎌낼 수 있었다. 1855년부터 1860년에 이르는 긴 시간을 거쳐서 당시 30만 달러가 투입된 미국에서 가장 값비싼 등대가 프레넬 렌즈를 장착하면서 빛을 드러냈다.

이민자의 등대를 상징하는
몬타우크

맨해튼 남단의 배터리 부두에서 페리를 타면 자유의 여신상을 지나 엘리스(Ellis)섬까지 갈 수 있다. 엘리스섬이 있었기에 오늘의 뉴욕이 가능했다. 이민자가 입국 도장을 찍던 유서 깊은 공간이다. 유대인을 비롯해 영국인, 이탈리아인, 아일랜드인, 독일인 등이 대부분 엘리스섬을 통해 아메리카 땅을 밟았다. 아메리칸 드림의 관문이었으나, 천신만고 끝에 섬에 당도해도 신체검사에 불합격하면 되돌아가야 했기에 노심초사하던 고난의 관문이기도 했다.[7]

뉴욕은 미국이 이민자의 나라임을 잘 말해주는 공간이다. 이민국 통계를 보면 1892~1924년 2000만 명의 이민자 중 1428만 명(71퍼센트)이, 1925~1954년 417만 명 중 234만 명(56퍼센트)이 뉴욕에 내렸다. 이민자 다수가 뉴욕과의 인연을 떼어놓을 수 없다는 말이다. 뉴욕은 두말할 것 없이 해양도시다. 맨해튼을 비롯해 퀸스, 브루클린 따위가 모두 섬이다. 뉴욕은 섬과 섬의 네트워크로 형성되며, 지

몬타우크 등대 내부

금도 허드슨강을 비롯해 맨해튼의 좌우를 흐르는 강은 대서양과 만나는 중요 수로다. 뉴욕은 본디 네덜란드인이 개척했던 뉴암스테르담이었다.

펜(Penn) 역에서 기차를 타고 롱아일랜드 동쪽 끝까지 간다. 롱아일랜드 끝에 자리한 몬타우크 등대는 이민자가 뉴욕으로 들어올 때 가장 먼저 보던 신호다. 등대는 곶 정상에 서 있다. 천천히 등대로 올라가면 2층 건물이 있고 곁에 등탑이 서 있다. 등탑은 흰색과 붉은색을 교차해 칠했다. 등대를 지켜온 등대지기의 역사 등을 담은 작은 박물관 역할도 겸하며, 별도 건물에 판매점이 마련돼 있어 다양한 등대 상품을 팔고 있다. 뉴요커라면 롱아일랜드의 몬타우크를 방문하지 않은 이가 없을 것이다. 몬타우크는 뉴욕의 아이콘과도 같기 때문이다.

몬타우크 등대는 뉴욕 최초의 등대다. 뉴욕은 해외 무역의 3분의 1을 처리하고 있었으나 겨울철 세찬 바람 때문에 이곳을 오가는 배

몬타우크 등대

미시간주 포리프 등대에 모인 소리신호 전문가, 1929

가 위험에 빠지기 쉬웠다. 그래서 롱아일랜드 동난에 등대를 세워 배를 안전하게 뉴욕항으로 안내할 필요가 있었다. 1792년 미국 의회의 승인을 받아 1796년 공사가 시작됐고, 같은 해 11월 5일 완공됐다. 이는 뉴욕의 새로운 첫 번째 공공사업 프로젝트였다.

몬타우크 등대는 롱아일랜드 대서양 양안의 가장 아름다운 곳에 위치한다. 미국의 등대가 만인의 사랑을 받는 것은 경관적 가치가 뛰어나기 때문이다. 원시의 땅에 뒤늦게 발을 디뎠기에 그들은 가장 위험하면서도 아름다운 공간에 사유재산 같은 별도의 문제 없이 곧바로 등대를 세울 수 있었다. 위험한 곳이거나 오지라는 것은 곧바로 경관의 아름다움이 보장되는 조건이기도 하다.

미국은 역사가 짧다. 그 짧은 역사에서 보스턴 등대처럼 300년이 넘는 해양 유산은 존재감 하나만으로도 감동을 안겨주기에 충분하다. 설령 19세기나 20세기 초반에 완공된 후대의 등대라도 지역 공간의 요충지에 자리 잡아 경관을 장엄하게 만든다. 미국인은 전통적으로 대서양을 건너온 해양 친화적인 이들의 후손이며, 많은 미국인의 삶이 해안과 섬에서 이루어진다. 미국의 지역사회는 등대 유산을 최대의 자랑거리로 여긴다. 그들은 등대 클럽을 조직하고 등대 상품을 만들어 판매하면서 지역과 해양 유산을 자긍심의 상징으로 내세운다.

영연방의 식민, 매쿼리와 루이부르 등대로 가는 길

부수적이지만, 캐나다와 호주의 등대도 들여다볼 필요가 있다. 캐나다의 등대 역사는 미국과 궤를 같이하며, 프랑스적 미학을 간직하고 있다. 1534년 프랑스 브르타뉴 출신인 자크 카르티에(Jacques Cartier)는 선원 60명과 함께 두 척의 배를 나누어 타고 북아메리카 래브라도(Labrador) 해안에 도착했다.[8] 이로부터 프랑스적 미감이 퀘벡을 비롯한 아메리카 북동부 해안에 뿌리내리게 된다.

캐나다의 첫 번째 등대는 미국의 보스턴 등대 다음에 세워졌다. 노바스코샤(Nova Scotia)의 케이프브리튼(Cape Breton)섬에 세워진 프랑스 요새 루이부르(Louisbourg)를 보호하기 위한 등대로 출발했다. 케이프브리튼섬은 역사적으로 볼 때 독특하다. 16세기 초반 포르투갈이 이곳에 '낚시 식민지'를 건설했는데, 당시에는 스코틀랜드 게일어, 프랑스어, 영어 등 여러 언어가 통용됐고, 가톨릭, 개신교, 정교회, 유대교, 이슬람교 신도가 함께 살아가는 혼합적인 공간이었다.

1627~1629년 영국-프랑스전쟁으로 프랑스가 퀘벡을 점령하면서 케이프브리튼섬은 프랑스 정착촌으로 바뀌었다. 루이부르는 이 새로운 프랑스에 가장 중요한 상업 및 군사 중심지 중 하나였다. 1713년 프랑스군은 루이부르 요새를 세웠고 요새화된 항구도 건설했다. 1730년 선박의 안전한 항해를 돕고자 등대 건설이 시작됐고, 1733년 마침내 불을 밝혔다. 오일 램프를 사용했으며, 15개의 램프가 배열됐다.

1758년 영국이 요새를 포위하는 공략 작전을 펼쳐 루이부르 등대(Louisbourg Light)는 파괴되고 말았다. 1842년 검은색 줄무늬의 사각 목조 등대로 재건축됐지만, 1922년 화재로 파괴됐다가, 1923년 신고전주의 건축 양식의 팔각 콘크리트 등대로 복원됐다. 흰색 등탑에 붉은 등롱을 얹고 있다. 파도가 들이치는 암석 위에 올라선 등대는 캐나다 최고(最古)의 등대이자 북아메리카의 두 번째 등대로서 깊은 위용을 드러낸다.

1760년 북아메리카의 다섯 번째 등대인 샘브로섬 등대(Sambro Island Light)가 세워졌다. 핼리팩스(Halifax) 항구 입구에 위치한다. 뉴저지주의 현존하는 미국 최고(最古)의 등대인 샌디훅 등대보다 4년 앞서 점등한 북아메리카에서 가장 오래 지속되고 있는 현역 등대다. 이 등대는 1758년 7년 전쟁 와중에 지어졌으며, 선박과 알코올 수입에 등대세를 부과했다. 1758년 벽돌 공사가 완료됐고, 1759년 점등했다. 핼리팩스항 입구는 많은 섬과 암초로 둘러싸여 있어 난파 사고가 자주 일어났다. 핼리팩스의 대서양해양박물관에 가면 1968년까지 사용됐던 거대한 프레넬 렌즈를 구경할 수 있다.

18세기에 지어진 또 다른 캐나다 등대로는 1788년 점등한 케이

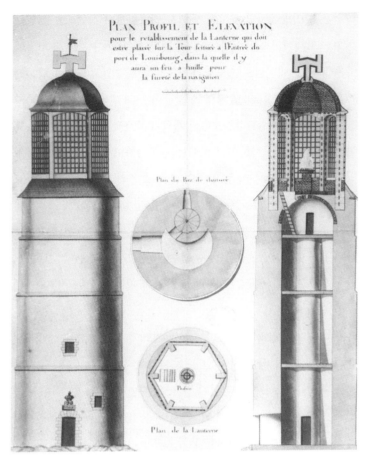

루이브루 등대 단면도, 1730

프로즈웨이 등대(Cape Roseway Light)를 꼽을 수 있다. 이 등대 역시 노바스코샤주 맥너츠(McNutts)섬에 팔각형 벽돌 타워로 세워졌으며, 목재로 장식됐다. 캐나다의 첫 번째, 두 번째 등대가 모두 유럽에서 캐나다로 들어오는 길목에 자리한 섬에 세워진 것이다. 등대의 목적은 원해 선박이 무사히 핼리팩스항, 퀘벡항 등으로 진입하는 것이었다. 이곳은 케이프로즈웨이 등대의 불빛을 받고 남서쪽으로 향하면 보스턴, 뉴욕 등에 닿기도 하는 대서양의 전략적 위치였다.

같은 영연방이지만 호주의 등대는 캐나다보다 상대적으로 뒤늦은 19~20세기의 산물이다. 그런데 몇몇 호주 등대는 18세기 말에 첫 등장한다. 네덜란드인 모험가가 호주를 발견하고 연안을 탐사해 뉴홀랜드(New Holland)로 명명했을 때 이 거대 대륙에는 이미 100만 명의 애버리지니(원주민)가 300여 개의 부족으로 나뉘어 적어도 250여 개의 언어를 구사하면서 평화롭게 살아가고 있었다. 1769년 제임스 쿡이 재발견한 다음, 영국의 죄수 폭증과 미국의 독립전쟁으로 인해 호주는 새로운 유배지로 주목을 받았다. 1788년 1월 26일 아서 필립이 이끄는 열한 척의 배에 1500명을 태운 첫 함대가 시드니에 도착했다. 이들 중 절반이 죄수였다. 그 후 1868년까지 약 16만 명의 죄수가 호주로 왔다. 세계 각지의 자유정착민은 1790년대부터 오기 시작했다.

등대는 자유정착민이 오면서 선박 왕래가 잦아진 1790년대부터 본격적으로 건설되기 시작했다. 첫 항로표지는 1793년 시드니 사우스헤드(South Head)에 건설된 것으로 보인다. 삼각대에 나무와 석탄을 장착한 등대로 불을 밝혔을 것이다. 1815년 나폴레옹전쟁의 종식은 새롭게 발견한 신대륙 등지로의 장거리 무역을 활성화했다. 그 결과 세계적으로 등대 건립이 본격화됐다.

1818년 호주 최초의 등대가 포트잭슨(Port Jackson)이라 불리는 시드니항 입구의 보클루즈 절벽 꼭대기에 세워졌다. 뉴사우스웨일스 주지사 라클런 매쿼리(Lachlan Macquarie)의 이름을 따서 매쿼리 등대(Macquarie Light)라고 명명됐다. 유명 죄수 건축가 프랜시스 그린웨이(Francis Greenway)가 설계했으며, 1818년 11월 30일 점등했다. 부드러운 사암으로 지어졌기에 수명이 짧았으며, 1823년 무너지기 시작했다. 새로운 등대는 원래 구조물에서 불과 4미터 떨어진 곳에 완공돼 1883년 공식 점화됐다. 흑백사진을 보면 신구 탑이 한 동안 병존했음을 알 수 있다. 매쿼리 등대의 불빛은 고래 기름으로 유지되다가 차츰 등유가 도입됐다.

1800년대 후반까지 대부분의 호주 등대에서 등유가 사용됐으며, 프레넬 렌즈의 회전을 위한 수은 통을 사용하는 등대가 많았다. 초기에는 등대에 경비원이 배치됐다. 석양이 내리기 전에 나선형 계단을 올라가 등유를 주입하고 광달거리를 유지할 수 있게 렌즈를 닦았다. 그들은 최악의 폭풍우에도 등대를 정비했다. 연방정부가 공식적으로 호주의 모든 육지와 연안의 조명 관리 책임을 맡았을 때는 이미 전역에 103개의 등대가 세워졌을 정도로 호주의 등대는 넓게 확산된 상태였다.

포르투갈 식민의 등대, 리스본에서 고아와 마카오까지

이민자의 등대가 아니라 오직 '식민의 등대'로만 기능한 경우는 포르투갈의 식민지에서 볼 수 있다. 포르투갈이 개척한 항로는 에스파냐의 필리핀 항로, 멕시코 항로와 이어져 세계를 하나로 연결했다. 포르투갈은 리스본에서 고아(Gôa), 믈라카(Melaka), 마카오, 일본으로 연결됐으며, 에스파냐는 필리핀과 멕시코를 오갔다. 에스파냐와 포르투갈이 하나가 됐던 펠리페 2세 때 에스파냐는 해가 지지 않는 제국을 완성했다. 히스패닉 세계라 일컬어지는 독특한 세계가 아메리카 대륙과 아시아, 아프리카에 만들어졌다. 포르투갈이 아시아에 만든 인도와 중국의 등대 두 개를 표본으로 살펴보면, 이민 아닌 식민의 등대가 어떤 양상으로 글로벌 체제를 갖추었는지 알 수 있다. 히스패닉의 확산은 앵글로색슨계의 확산과는 그 양상을 달리

인도 고아의 이구아다 등대

하면서 등대의 세계사를 확장했다.

1510년 포르투갈은 아라비아해 연안에 위치한 고아의 술탄을 부수고 영구 정착지를 건설한다. 1961년까지 무려 4세기 반을 지속한 고아 식민화의 출발이었다. 1843년 포르투갈은 거점을 만도비(Mandovi)강 안쪽의 올드고아에서 좀 더 아라비아해와 가까운 파나지(Panaji)로 옮겼다. 고아를 점령하고 나서 100여 년 뒤인 1612년에는 만도비강 어귀에 아구아다 요새(Aguada Fort)를 세웠다. 17세기 초반은 네덜란드의 추격이 거칠어지던 시기였는데, 이곳은 만 입구의 남쪽으로 내민 곳이기 때문에 유럽에서 오는 배를 관측하기 좋은 포인트라는 점이 고려됐다.

포르투갈은 전략적 위치인 만도비강 어귀에서 배를 감시했다. 이곳에 79개의 대포도 설치했다. 요새에는 우물이 있어 선박에 용수를 공급할 수 있었다. 토착어로 아구아다는 '물'을 뜻한다. 지나가는 선박은 용수를 가득 채우기 위해 이 요새에 들르곤 했다. 엄청난 천연 용천수를 담보한 특이한 지질 조건을 갖춘 곳이었다. 요새는 두 부분으로 나뉘는데, 하나는 상층부, 다른 하나는 용수 저장고다. 낮은 곳은 포르투갈 배가 접안할 때 이용됐다.

아구아다 등대(Aguada Lighthouse)는 요새보다 훨씬 뒤인 1864년 세워졌는데, 고아에서 파나지로 거점을 옮긴 1843년으로부터 20여 년 뒤의 일이다. 등대는 4층 높이다. 이런 형식의 건축물로는 아시아 최초다. 아구아다 요새는 포르투갈 역사에서 가장 논쟁적 건축물이다. 요새가 워낙 커서 바르데즈(Bardez)의 남서단 반도 전체를 뒤덮는다. 이 요새는 한때 정치범 수용소로도 이용됐다. 등대는 1979년에야 그 기능을 멈추었다.

요새 밖으로 나가 해안으로 내려갔다. 바가강이 흐르는 가운데 작은 요새의 검은색 축대가 모래밭의 흰 모래와 대조되면서 그림처럼 보였다. 고향 포르투갈을 떠나 머나먼 이곳에 온 병사가 원주민을 거느리고 요새를 지켰을 것이다. 제국을 경영하는 것이 쉽지만은 않았을 듯싶다. 바가 요새가 작은 전진기지라면, 아구아다 요새는 거대 전략기지다. 아구아다 등대는 그 전략기지를 밝히는 '제국의 불빛'이었다.

이제 마카오로 가본다. 고아 점령 1년 뒤인 1511년 포르투갈은 믈라카 해협을 접수했다. 이윽고 중국 남부에 나타나 때를 기다렸다. 그리고 부패한 중국 관리를 매수해 1535년 마카오에 정착했다. 중국 남부를 괴롭히던 해적을 포르투갈 함대를 역이용해 제압하려는 숨은 뜻도 있었다. 그리하여 '리스본 – 고아 – 믈라카 – 마카오', 다시 '나가사키 – 마닐라 – 마카오'로 되돌아오는 제국적 세계화가 완성됐다. 유럽과 아시아, 아프리카, 아메리카가 엮이는 범지구적 네트워크였다.

주장강(珠江) 어귀의 마카오는 광저우(廣州)로 가는 남방항로의 드센 물길을 묵묵히 지켜왔다. 아열대성 항구도시답게 사계절 언제나 녹음이 우거져 남단의 중개무역항으로 손색이 없었다. 겨울인데도 따뜻한 바람이 분다. 바람은 선원에게는 최악의 선물이자, 최선의 선물이다. 바람이 불지 않는다면 풍선(風船)은 대책이 없다. 그 바람의 신이 여신 마조(媽祖)다. 마조는 광저우에서 믈라카에 이르는 머나먼 뱃길, 푸젠성(福建省)과 펑후제도(澎湖諸島)와 타이완 그리고 산둥반도(山東半島)에 이르기까지 해안의 뱃길 지킴이다.[9]

마카오의 문화 원형이 그 마조다. 마조를 모신 600년 전통의 마조궁으로 인파가 몰려든다. 바위에 아름답게 채색한 풍선이 해상 안전의 성소임을 암시한다.[10] 포르투갈인이 처음 정박한 곳도 마조궁 앞이었다. 요란법석한 동양의 신전에서 피어오르는 향 연기에 취해 놀라움을 금치 못했으리라. 중국적 공간이 마조궁이라면, 17

마카오의 기아 등대

세기 예수회가 세운 바오로 성당은 가장 유럽적이다. 둘의 이중적 양면성이야말로 유럽과 중국, 제국과 식민, 동과 서를 극명하게 대비시킨다. 신의 도시, 무역의 도시, 성의 도시인 마카오.¹¹ 그 무너진 고건축에서 강렬한 동방 선교의 열망, 신비로운 우울증, 제국의 허망이 감지된다. 70여 단의 계단을 오르자니 역사의 고단한 층계가 떠오른다.

17세기에 세워진 기아 요새(Guia Fortress, 松山炮台)에 오른다. 돌을 박아 넣은 도로 자체에서 역사가 배어 나온다. 대포의 포신이 마카오항을 정조준하고 있다. 포르투갈은 네덜란드의 침략에 대비해 마카오에서 가장 높은 언덕에 기아 요새를 만들면서 등대도 세웠다. 공원으로 변한 요새를 천천히 올라가면 기아 등대와 성당, 포대가 보인다. 성당은 포르투갈 특유의 노란색이다. 성당 벽화에는 중국의 전통 옷을 입은 천사가 그려져 있어 마카오의 동서 융합적 특성이 엿보인다. 성당은 성모설지전교당(聖母雪地殿教堂)이라 부른다. 성모마리아가 아기를 품에 안은 평화로움과 대조적으로 막사, 물탱크, 탄약 및 장비고, 지휘관의 집과 기아 레이더 등이 병렬적으로 존재한다. 기아 요새는 마카오의 해양, 군사, 선교를 복합적으로 상징한다.

포르투갈은 1612년 아구아다 요새를 세운 이후 10년 만인 1622년 기아 요새를 짓기 시작했다. 기아 등대(Guia Lighthouse, 東望洋燈塔)는 1864~1865년에 세웠는데, 중국 최초의 서양식 등대다. 아구아다 등대는 1864년 완공됐다. 인도와 중국은 상대적으로 먼 거리인데도 두 요새와 등대의 건축 연도가 비슷한 것은 고아와 마카오가 포르투갈의 글로벌 전략에 의해 연동되고 있었음을 시사한다.

근대 프랑스의 빛;
렌즈의
탄생

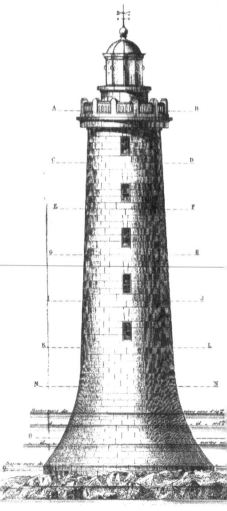

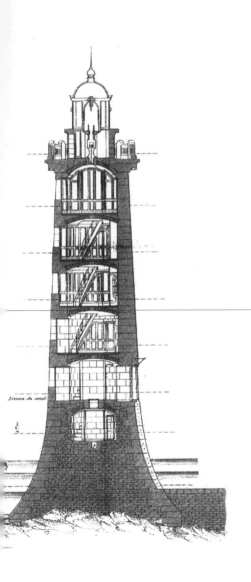

10

프레넬,
등대의 역사를
바꾸다

등대화가 라민이 그린 코르두앙 등대

와인무역 루트를 보호하라

에스파냐 북부 바스크 지역의 항구도시 빌바오에서 고속버스를 타고 대서양을 왼쪽으로 끼고 네 시간 정도 달려 도착한 곳은 프랑스 보르도의 보르도생장 역 근처 터미널이다. 내리는 순간부터 와인 도시 특유의 번영과 축적된 부가 감지됐다. 돌과 벽돌을 섞어서 지은 장식성 강한 건축물이 즐비하게 서 있다. 화려하기 그지없는 보르도 오페라 극장은 와인무역이 쌓아올린 경제적 부가 없었다면 불가능했을 건물이다. 세계와인박람회가 열리는 보르도는 '세계의 와인 수도'라 할 만하다.

보르도 와인의 역사는 이곳에 최초의 포도원이 만들어졌을 약 2000년 전 로마 시대로 소급된다. 로마는 군대를 위해 와인용 포도원을 설립했는데, 보르도는 당시에도 포도 재배에 알맞은 해양성기후와 토양을 갖추고 있었다. 보르도는 카이사르의《갈리아 전기》에 등장하는 갈리아 지방의 남서부에 위치한다. 프랑스 남부가 로마에 병합됨으로써 갈리아도 로마제국의 핵심이 되어갔다. 갈리아 정복으로 로마는 제국 영역의 3분의 1 정도를 확장하게 됐다. 로마 지배기에 보르도는 부르디갈라(Burdigala)로 불렸으며, 지중해변의 나르본(Narbonne)을 통해 뱃길로 로마와 연결됐다.

로마는 조세, 징집, 화폐, 물품을 담당할 관리와 군인을 실어 날랐고, 언어와 문서(책)도 엄청나게 들여왔다. 군사제국 로마는 다른 곳과 마찬가지로 갈리아에서도 정복과 강화조약을 통한 약탈이 목적이었다. 언어나 종교, 문화는 부수적으로 따라온다고 생각했다. 포도나무의 보르도 식재도 부수적인 것이었다. 그러나 오묘하게도 그 부수적인 것이 중심이 되는 데는 그리 오랜 시간이 필요하지 않았다. 대서양 연안의 따뜻하면서도 강한 바닷바람과 변화무쌍한 날씨는 로마가 들여온 포도에 훌륭한 맛을 선사했다.

지롱드강 어귀는 바다를 건너 영국으로 가는 이상적인 무역로였다. 보르도 와인은 제한된 포도밭에서 생산돼 생산량이 적었기 때문에 내국인에게 인기는 있었지만 외국으로는 거의 수출되지 않았다. 그러나 12세기 노르망디공국의 헨리 플랜태저넷(후에 영국 왕 헨리 2세)과 아키텐공국의 공주 알리에노르(Alienor)의 결혼 이후 사정이 급변했다. 보르도는 영국령이 됐으며, 와인이 영어권 시장으로 나아가는 창구가 됐다. 보르도라는 이름 자체도 '바다를 따라'라는 의미의 프랑스어 '오 보르 드 로(au bord de l'eau)'에서 유래한 것이다.

보르도 와인은 지롱드강을 따라 오늘날의 영국과 프랑스 북부로, 육로를 거쳐 지중해변으로 이동해 바르셀로나 등지로 수출됐다. 17세기에 들어 네덜란드 상인은 보르도의 북쪽에 있는 메도크를 눈여겨보았다. 그들은 메도크의 습지대를 배수하여 포도원 조성을 장려했다. 네덜란드는 부르주아지를 상대로 하는 새 유통 채널을 열어 번영의 두 번째 계기를 이끌어냈다. 이러한 절대적인 와인무역 루트를 보호하기 위해 지롱드강 하구의 등대 건설은 필연적이었으며, 그 출현 시기는 무려 9세기로 소급된다.

세계 최초로 등대세를 낸
지롱드강 길목

세계 곳곳에 등대는 흔하디흔하지만 코르두앙 등대는 역사적으로
나 미학적으로 명품 반열에 오를 만하다. 코르두앙 등대(Phare de
Cordouan)를 보기 위해 아침 일찍부터 서둘러 보르도생장 역에 나가
기차를 탔다.

오른쪽으로 지롱드강을 끼고 기차는 메도크반도를 86킬로미터
가량 북상하여 마침내 르베르동 역에 당도했다. 메도크 와인의 이
름은 이곳 메도크반도 지명에서 유래한 것이다. 역에는 내리는 사
람이 없었다. 2층 역사(驛舍) 하나만 덩그렇게 놓인 종착역. 감에 의
지해 항구를 향해 걸었다. 항구는 생각보다 멀었다. 당연히 택시 따
위는 없는 시골 동네다. 트럭처럼 생긴 낡은 노란색 승합차가 옆에
와 서더니 어디로 가느냐고 물었다. 코르두앙 등대를 찾아간다고
하니, 50대 초반의 프랑스 여인이 친절하게도 초면의 외국인을 태
워준다. 알아듣지도 못하는 이방인을 옆에 두고 여인은 연신 수다
를 떨면서 항구까지 달렸다. 차로는 멀지 않았지만 도보로는 족히
한 시간 거리다. 열심히 동네 선전과 자랑을 하던 그녀는 한국인을
처음 만난다고 했다.

내가 내린 베르동쉬르메르(Verdon-sur-Mer)는 인구가 약 1300명
밖에 되지 않는 작은 동네다. 그것도 겨울에는 본 마을인 술라크쉬
르메르(Soulac-sur-Mer)로 이동하기 때문에 마을은 텅 빈다. 술라크
는 메도크반도의 중심으로, 2500여 명이 사는 제법 큰 마을이다. 기
차역과 와인을 실어 나르는 컨테이너 부두도 있다.

코르두앙 등대가 번창하던 시절, 술라크는 중세 지롱드강변의 중
요 항구였다. 많은 순례자가 로테르담 대성당을 거쳐 술라크 항구

그라브 등대

에 당도했으며, 에스파냐의 산티아고데콤포스텔라로 순례길을 재촉했다. 동네 입구에 위치한 단아한 중세풍 대성당 노트르담은 12세기 후반 축성됐다가 무너진 것을 19세기에 들어와 재건축한 것이다. 노트르담은 당대 산티아고 순례길의 쉼터였다.

중세에는 순례길로 유명했던 뱃길이었지만, 이후 모래더미에 파묻혀 물경 19세기까지 숨죽였으며, 완연한 쇠퇴기에 이르자 오로지 와인을 실은 배만이 등대 불빛을 받으며 명맥을 이어갔다. 그러다 1874년 메도크 철도가 생기면서 휴양지로 차츰 주목받기 시작했다. 베르동 포구에는 4층의 직사각형 등대가 서 있다. 그라브 등대 (Phare de Grave)다. 흰색 등탑에 테두리가 짙은 회색이라 안정적이면서도 세련된 느낌이다.

르네상스 시대의 걸작, 코르두앙 등대의 탄생

코르두앙 등대는 포구에서 뱃길로 20여 분 거리에 있다. 간조에는 해수면이 낮아져 섬과 육지가 연결된다. 어부는 천천히 걸어 들어가거나 짐차를 끌고 등대 주변의 어장으로 가 고기를 잡거나 조개를 캔다. 지롱드강이 실어온 모래와 개흙이 쌓여서 이루어진 섬이라 모래톱이 곳곳에 있어 뱃길은 정말 위험천만하다. 지롱드강 어귀의 코르두앙섬과 그 앞에 딸린 작은 암초 같은 섬이 복병처럼 도사리고 있다. 밤 뱃길에 이러한 복병은 치명적이다. 그래서 코르두앙섬에 등대를 세워 뱃길을 오가는 선박에 경고를 보냈다. 코르두앙 등대는 쉽게 말해 지롱드강 길목의 지킴이인 셈이다.

샤를마뉴(Charlemagne) 가문은 880년 지롱드강 하구의 기수대에 성당을 세웠다. 강어귀에서 7킬로미터 떨어진 위치다. 성당의 탑을 이용해 야간이나 안개 속에 항해하는 배를 향해 트럼펫을 불어 경고했다. 1409년 작성된 지도에는 성당 탑의 등대 기능이 명시돼 있다. 제대로 된 구조물은 1370년 흑태자 에드워드에 의해 세워졌는데, 당시 보르도는 영국령이었다. 15미터 높이로 상단에는 플랫폼을 설치해 장작불을 지펴 불을 밝히게 설계했다. 등대는 수도승이 관리했다. 이곳을 통과하는 배는 세계 최초로 등대세를 내야 했다. 등대 옆에는 작은 성당도 마련했다. 중세에는 등대가 신앙과 견고하게 결부돼 있었음을 알 수 있다. 등대는 여러 번 무너졌고 다시 세워야 했다. 1100년대 말 수리했다는 기록이 남아 있다. 코르두앙 등대는 어려운 자연 조건 속에서도 1612년까지 그 기능을 다했다.

정작 코르두앙 등대의 역사가 분명하게 드러나는 시점은 16세기다. 16세기 전반기에 등대는 복구가 불가능할 정도로 무너졌고, 이는 보르도의 와인무역에 위협이 됐다. 헨리 3세는 주민의 청원을 받아들여 궁정 건축가 루이 드 푸아(Louis de Foix)에게 등대 건축을 명한다. 왕은 애초에 기존 등대를 수리해볼까도 생각했다. 푸아가 올린 보고서를 보니 예산이 생각보다 많이 들 것 같았다. 결국 그 자리에 새로 등대를 세울 것을 명령한다.

푸아는 경험 많은 엔지니어로, 에스파냐 마드리드 근처의 에스코리알궁(Escorial Palace) 건축에 참여했으며, 프랑스는 물론이고 해외에서도 물과 관련된 일에 종사했다. 다리와 성을 지었고, 강둑과 시계도 만들었다. 1584년 등대 설계안이 허가됐고, 예상 비용은 40만 프랑 혹은 1만 6000파운드(1914년 현재)였다. 1584년 건축을 시작해 1595년 80여 명의 노동자가 투입됐고, 이듬해 3층이 올라갔다. 육지에서 말 일곱 마리가 건축 자재를 운반하면, 선원 27명을 태운 여섯 척의 배가 육지와 섬 사이를 오가며 그것을 옮겼다. 90여 명의 노동자에게 막대한 양의 포도주가 지급됐다.

그런데 한창 공사 중에 푸아가 사라졌다. 빚에 빠진 그가 정치적, 종교적 이유로 투옥되고 만 것이다. 그의 아들이 작업을 이어갔으나, 비용이 폭등하여 1606년 결국 건축을 포기하고 말았다. 당시 현장주임이었던 이가 뒤를 이어 4년 후에야 등대는 완성됐다. 건축을 시작한 지 무려 27년 만인 1611년 르네상스 시대의 걸작이 마침내 선보이게 된 것이다.

코르두앙 등대가 건축되던 16세기 전반기부터 프랑스에는 르네상스 열풍이 불었다. 열렬한 이탈리아 애호가였던 프랑수아(François) 1세는 이탈리아의 예술가, 화가, 학자를 프랑스로 초빙했다. 레오나르도 다빈치가 1519년 앙부아즈(Amboise, 프랑스 중부의 도시)에서 사망한 것도 이러한 풍조의 영향이라고 할 수 있다. 그 덕에 16세기의 프랑스 궁정은 이탈리아풍 르네상스 양식과 가치관으로 온통 치장됐다.[1] 코르두앙 등대가 아름다운 르네상스풍이 된 것은 당연한 시대적 조류였다.

건축가는 국왕의 명령대로 화려하고 장엄한 장식의 최고급 건축을 지향하면서도 등대 건축의 안전성과 내구성을 고려해야 하는 고충이 있었을 것이다.[2] 코르두앙 등대는 우선 규모가 크다. 높이가 68미터에 이르는데, 전통 등대로서는 세계에서 열 번째 높이다. 푸아는 등대 둘레에 높이 2.4미터, 직경 41미터의 방어벽을 세워 바닷물이 등대 안쪽으로 넘어오지 못하게 했다. 간조 때는 모래등 위에 세워진 등대가 고스란히 노출되지만, 만조 때는 방어벽 둘레를 바닷물이 둘러싼다. 그래서 2.4미터의 높은 방어벽은 필수적이다. 하지만 조수가 가장 높을 때는 바닷물이 방어벽을 넘어오기도 하는데, 이 물을 저장했다가 내보낼 수 있는 탱크도 설치돼 있다.

등대는 총 4개 층으로 설계됐다. 1층에는 직경 15미터의 큰 방이

코르두앙 등대

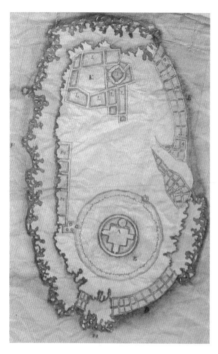

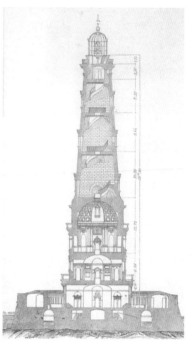

코르두앙 등대가 무너지고 남은 기단, 1606

코르두앙 등대 단면도, 1867

코르두앙 등대 내부

있고, 측면에 네 명의 등대지기 숙소가 있다. 중앙에는 화려한 장식성이 돋보이는 홀을 배치했다. 나선형 계단이 안정적인 각도로 이어진다. 화려한 호텔의 로비를 보는 듯한 느낌이다. 2층은 옷방, 대기실, 거실 등으로 꾸며진 왕의 숙소다. 푸아는 왕과 주교가 방문할 것을 예상하고 그들의 입맛에 맞게 등대를 건축했다. 그러나 왕과 주교는 한 번도 방문하지 않았다. 3층은 모자이크로 장엄하게 마감한 돔 성당이다. 두 개의 사각 기둥을 세우고 가운데 성상(聖像)을 모셨다. 촛불과 꽃으로 장식한 성당은 코르두앙 등대가 종교적으로도 관련이 있음을 암시한다. 성당 위에 랜턴이 설치됐는데, 장작을 쇠 컨테이너에 넣어서 태우는 방식이었다.

결과적으로 코르두앙 등대는 세계 등대 역사에서 장식성이 강한 등대의 상징이 됐으며, 조형적 아름다움으로 극찬을 받는다. 왕궁, 성당, 요새의 기능을 두루 겸하는 복합적 성격을 창출해낸 것이다.

오늘날 남아 있는 등대는 원형 그대로는 아니다. 개축이 이루어졌기 때문이다. 처음의 등대 높이로는 멀리까지 빛을 보내지 못했다. 1790년 등대는 해수면 60미터 높이로 증축됐다. 1788년 공사를 시작해 수년 만에 증축을 마쳤다. 1789년 시작된 프랑스혁명의 극심한 상황 속에서도 등대는 기능하고 있었다. 코르두앙 등대의 문제점은 불빛을 밝히는 석탄 구입에 비용이 많이 든다는 것이었고, 더구나 그을음 때문에 광달거리가 짧아서 등대를 이용하는 선원의 불만이 많았다. 1790년 포물선 반사경이 도입되지만, 여전히 등대의 기능은 밑바닥이었다.

코르두앙 등대가 결정적으로 변화하게 된 것은 프랑스에서 개발된 프레넬 렌즈가 도입되면서부터다. 1823년 당대 광학기술의 압권인 프레넬 렌즈가 세계 최초로 이 등대에 장착되면서 광달거리가 증폭되어 등대의 기능이 강화됐다. 등대 역사를 획기적으로 전환시

킨 프레넬 렌즈의 첫 번째 실험 적용이 코르두앙 등대에서 이루어
졌음은 실로 그 의미가 크다. 코르두앙 등대가 안전 항해에 그만큼
중요성이 높았던 것이다.

근대 등대의 진정한 탄생은 프레넬 렌즈에서

오귀스탱 프레넬
(1788~1827)

프레넬 렌즈의 초기 원형을 보려면 파
리 에펠탑 옆의 국립해양박물관을 찾
아가면 된다. 프랑스 해양사를 중심으
로 전쟁과 선박, 해군의 역사가 전시의 주
종을 이루는 가운데 한 코너가 프레넬 렌즈
로 채워져 있다. 1870년 발표된 제1차 회전
굴절형 프레넬 렌즈가 세워져 있고, 프레넬
(Augustin-Jean Fresnel)의 청동 반신상도 서 있
다. 프레넬은 산업혁명 이후 출현한 '시민 엔지니어'이자 물리학자
였다. 노르망디에서 태어났으며, 생후 2년 뒤에 프랑스혁명이 일어
났다.

그는 1830년대부터 19세기 말까지 지배한 뉴턴(Isaac Newton)의
'빛 입자론'을 배제하면서 '빛 파동설'을 지지했다. 뉴턴은 눈에 들어
와 시각을 자극하는 빛을 광원에서 방출된 입자의 흐름이라고 생각
했다. 뉴턴은 입자설을 이용해 빛의 반사와 굴절 현상을 설명했다.
하지만 빛이 파동이라는 여러 실험적 증거가 속속 등장했다. 프레
넬은 이론가이면서 동시에 실용적 엔지니어였다. 반사·굴절 프레넬
렌즈를 발명하고 계단형 렌즈를 이용해 등대의 광달거리를 늘려서

바다에서 많은 생명을 구한 등대사의 획기적 인물이었다. 등대의 기술발달사는 어찌 보면 빛이 도달하는 '광달거리의 발달사'라 바꾸어 말해도 되기 때문이다.

다만 렌즈를 사용해 등대의 불빛을 집중시킨 최초의 인물이 프레넬이 아니라는 것에 유의해야 한다. 1788년 영국의 트리니티 하우스에 런던의 유리 제작자 토머스 로저스(Thomas Rogers)가 프레넬과 비슷한 아이디어를 일찍이 제시했다. 1789년 그가 만든 직경 53센티미터, 두께 14센티미터의 첫 번째 로저 렌즈가 영국 포틀랜드 빌의 올드 로어 등대(Old Lower Lighthouse)에 실험적으로 장착됐다.

그러나 굴절형 계단 렌즈가 실용화되려면 아직 시간이 필요했다. 18세기 말에서 19세기 초까지 다양한 실험이 시도되고 실패를 거듭했다. 마침내 영민한 천재 프레넬이 계단형 다단계 원형 렌즈를 발명했고, 등대에 적용할 수 있었다. 그가 등대의 역사를 바꾸었다. 선대의 여러 실패를 딛고서 독자적으로 재창조한 굴절형 계단 렌즈가 마침내 프랑스에 출현한 것이다.

1822년 8월 20일 당시 공사 중이던 개선문에서 공식 실험이 실시됐다. 그리고 개선문에서 32킬로미터 떨어진 장소에 있던 루이 18세와 그의 신하들이 불빛을 목격했다. 당시만 해도 등대와 관련한 중요 실험은 국가적 관심사였다. 그해 겨울 프레넬 렌즈는 코르두앙 등대에 장착됐으며, 이듬해인 1823년 7월 25일 마침내 점등했다. 역사적인 코르두앙 등대에서 역사적인 렌즈가 기능을 발휘해 점등함으로써 세계 등대사의 새로운 역사를 쓴 것이다.

프레넬 렌즈가 성공적으로 안착된 1823년 시점을 주목할 필요가 있다. 16세기 사람들의 큰 관심은 해상 관측을 위한 전문 기기의 설계와 제작에 있었다. 특히 16세기 말에서 17세기 초에는 흥미로운 과학적 발견을 가능케 해준 새로운 기기와 도구가 속속 만들어

초기 코르두앙 등대 안에 설치된 프레넬 렌즈

졌다. 프리드리히 엥겔스는《자연변증법》에서 "중세의 암흑을 지난 후 갑작스럽게 여러 과학이 예상 밖의 힘을 얻어 소생하여 기적적인 속도로 성장했는데, 이러한 기적은 다시금 생산에 힘입었다"라고 했다. 망원경과 현미경은 당대 과학기술의 대표 주자였다.

18세기 후반, 특히 19세기에는 이미 100~150년간 사용돼온 많

프레넬 동상과 프레넬 렌즈, 파리 국립해양박물관

은 정밀기기의 사용 범위가 눈부시게 확산됐다. 그리고 1830년대
는 광학기기 제조의 최성기였다. 프랑스, 독일, 오스트리아 등에 많
은 광학기기 회사가 등장했으며, 회사 간 경쟁과 공장제 생산으로
저렴하면서도 선진적인 광학 기계가 널리 보급됐다.[3] 프레넬 렌즈
가 처음 등대에 장착되어 점등된 1823년은 이 같은 광학기기 시대
의 전조를 알리는 예고 같은 것이었다.

프레넬 렌즈가 코르두앙 등대에서 작동하던 즈음, 프레넬은 결핵
에 걸려 객혈을 하기 시작했다. 늘 가난에 쫓기던 이 불우한 천재는
병이 악화돼 1827년 사망했다. 그의 나이 39세였다. 파리의 페르 라
셰즈 묘지(Cimetière du Père-Lachaise)에 가면 좀처럼 사람들이 찾지
않는 그의 안식처가 있다. 짧은 생애 탓에 공적으로 유명인이 되지
는 못했지만, 프레넬은 런던왕립학회의 럼퍼드 메달(Rumford Medal)
을 수상하는 등 꽤 인정을 받았다.

그의 사후 19세기를 풍미했던 파리엑스포에서는 프레넬 렌즈가
단골손님으로 전시됐다. 여전히 대항해 시대가 이어지던 때라 세계
각국은 프레넬 렌즈의 매력에 흠뻑 빠져들었다. 프레넬 렌즈는 전
문 광학 회사가 생산해 전 세계로 팔려 나갔다. 그중 몇 개는 일제강
점기와 해방 이후 조선에까지 팔렸다. 지금도 몇 개는 제 기능을 하
고 있고, 몇 개는 포항 호미곶의 등대박물관에 보존, 전시되고 있다.

위험한 항로, 다양한 등대가
밀집한 브르타뉴

보르도를 떠나 프랑스 대서양 연안에서 등대가 집중적으로 세워져
있는 북서부 서단의 브르타뉴(Bretagne)로 향했다. 대서양 쪽으로 크

브레스트의 등대

게 튀어나온 브르타뉴반도는 북쪽으로 영국해협, 남쪽으로 비스케이(Biscay)만과 접한다. 브르타뉴 해안은 프랑스 전체 해안의 3분의 1을 차지하며, 800여 개의 섬을 안고 있다.

브르타뉴 지방의 중요 도시 브레스트(Brest)의 중세 역사는 '성의 역사'였다. 이 전통은 계속 이어져 도시는 해군과 무기고가 집중되는 군항도시로 발전했다. 본격적인 요새화는 1680~1688년에 집중적으로 이루어졌으며, 해군도시로의 성장은 18~19세기에도 계속됐다. 제1차 세계대전 중인 1917년 브레스트는 미군 병력을 위한 하선 항구로 사용됐다. 수천 명의 병사가 이 항구를 통과해 전선으로 갔다. 제2차 세계대전 때 독일은 브레스트를 대규모 U-보트 잠수함 기지로 삼았다. 1944년 연합군의 노르망디 상륙 이후 도시는 완전히 파괴됐고, 온전히 남아 있는 건물은 없었다. 브레스트 사람들은 미국 정부와 함께 미국-프랑스 기념탑을 바닷가에 높이 세웠다.

브레스트 역사는 항상 바다와 연결된다. 브레스트 항구에서 서쪽 끝단으로 반나절을 걸었다. 거대한 해군기지가 나온다. 군사도시답다. 해군기지 끝쯤에 등대가 있었다. 포르트지크 등대(Phare du Portzic)다. 화강암을 각이 지게 쌓아올리고 붉은 등롱을 머리에 얹었다. 포르트지크 건너편으로 돌출된 곳에는 디아블 등대가 길목을 지킨다.

등대에서 굽어보자니 왜 브레스트에 등대가 이런 식으로 튀어나온 곳이나 섬마다 집중적으로 존재하는지 알 수 있었다. 영국과 가깝고 에스파냐에서 북유럽으로 올라가는 길목이라는 지정학적 이유 등으로 많은 배가 오가는 빈번한 바닷길이지만, 리아스식의 복잡한 해안과 벼랑, 섬과 암초가 많은 위험한 항로이기 때문일 것이다. 포르트지크 등대도 바로 위에 철조망이 지나가고 해군기지가 버티고 있다. 브레스트가 유력한 군사항구임을 기억해둘 필요가 있다.

브르타뉴는 프랑스에서, 아니 전 세계에서도 등대를 사랑하기로 손꼽는 동네일 것이다. 등대는 브르타뉴반도를 둘러싸고 무려 50여 개가 밀집 대형으로 분포한다. 워낙 다양하고 자유로운 생김새를 자랑할 뿐만 아니라 예술적으로도 높은 품격을 보여준다. 원형 기둥의 등대일지라도 단순히 흰색으로만 마감하는 경우가 드물다. 검은색이나 붉은색으로 띠를 두른다거나 층위를 구분한다. 사각의 등대도 밋밋하게 설계된 경우는 드물고, 모서리에 변형을 준다거나 기단을 강조하고 등롱을 장식적으로 꾸며 화려하면서도 위엄 있게 만들어낸다. 현재 브르타뉴는 프랑스 땅이지만 문명사적으로는 '켈트의 땅'이기 때문에 가능한 것이 아닐까, 그런 생각도 들었다.

켈트의 흔적찾기

브르타뉴에서 켈트의 흔적을 찾기란 어려운 일이 아니다. 도로 간판만 봐도 프랑스어와 켈트어가 병기돼 있다. 아일랜드에서 영어와 켈트어가 병기된 것과 같다. 브르타뉴는 독특한 문화권을 형성했으며, 켈트어 계열의 독자적 언어인 브르타뉴어를 사용한다. 브르타뉴는 지금도 문화적 차별성을 유지하고 있는데, 그것에 영향을 준 것은 특히 1960~1970년대에 일어난 새로운 문화부흥운동이었다. 이후 이중 언어 학교가 개설됐고, 대중가수는 브르타뉴어로 노래를 부르기 시작했다. 이러한 문화부흥운동은 영국 브리튼 지역주의적 연합(URB)의 기초 및 아일랜드, 웨일스, 스코틀랜드 독립당 등의 독립운동과 내연 관계가 있다. 켈트 문명의 장기 지속성은 하루아침의 일이 아닌 것이다.

로마 정복 이전 갈리아에는 이미 켈트인이 살고 있었다. 켈트인은 기원전 900년 무렵부터 기후변화로 인해 고향인 유럽 중앙부에서 동서 방향으로 이동했다. 건너편 브리타니아(브리튼섬)와 히베르니아(아일랜드섬)도 이때는 이미 켈트의 섬이었다. 세월이 흘러 로마제국의 세력이 확장하자 대부분 동화되어 켈트의 정체성을 상실했다. 그러나 변경부인 아일랜드, 스코틀랜드, 잉글랜드의 웨일스와 콘월, 맨섬(Isle of Man) 그리고 프랑스 북서부의 브르타뉴 해안 지대에는 켈트의 흔적이 남았다.

로마제국이 무너진 후 4세기 말, 웨일스와 남서부 반도의 영국인이 이민을 시작했다. 브르타뉴로의 켈트족 정착은 5~6세기 영국 앵글로색슨족의 침공 기간 동안 증가했을 것이다. 바다는 장벽이 아닌 의사소통의 창구였다.[4] 바다를 넘나드는 소통은 브르타뉴를 영국에 대응하는 '작은 브리타니아(Little Britannia)'라고도 부르게 했다.

브르타뉴는 15~18세기에 경제적 황금기를 맞이했다. 에스파냐, 영국, 네덜란드 사이 해상에서 큰 경제적 이득을 취할 수 있는 지정학적 요충지였기 때문이다. 브레스트와 생브리외(Saint-Brieuc) 같은 지역 항구가 빠르게 확장됐으며, 많은 사람이 미국의 독립전쟁에 참여하기 위해 대서양을 건넜다.

동아시아의 빛;
해양 실크로드의
길

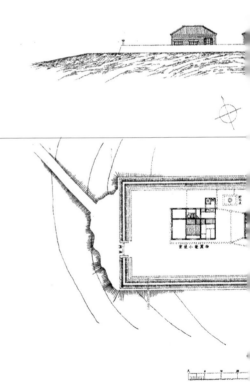

圖 之

11

津城

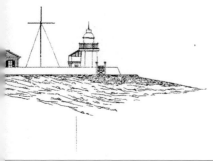

등대,
오리엔탈리즘을
넘어서

호미곶 등대 내부

중국, 해양 실크로드 1번지에서

마호메트가 닻을 내린 곳

취안저우(泉州)는 오래전부터 '해양 실크로드 1번지'였다. 북서아프리카의 모로코 출신 대여행가 이븐바투타는 취안저우를 본 인상을 이렇게 기록했다.[1]

> (자이툰) 항구는 세계 대항(大港)의 하나, 아니, 어찌 보면 가장 큰 항구라고 할 수 있다. 나는 거기에서 약 100척의 대형 준크(정크)를 봤으며 소형 준크는 이루 다 헤아릴 수가 없었다.

당시 취안저우는 세계의 '중심'으로,[2] 외국인은 취안저우를 자이툰이라고 불렀다. 북송 대인 1009년 지어진 청정사(清淨寺)부터 찾았다. 문루부터 당대에 유행하던 중세 아랍의 건축 양식이다. 이곳에 아랍인이 몰려들었다는 증거다. 애초에 마호메트는 네 명의 현자를 중국에 파견했는데, 오늘날 취안저우의 명당인 영산(靈山)에는 이슬람 성인의 무덤이 남아 있다.

취안저우의 해외교통사박물관 전시실에는 이슬람 석각은 물론이고 마니교, 힌두교, 심지어 기독교의 한 파인 경교의 금석문과 묘비명이 무수히 많다. 시리아와 파스파 문자, 기독교 비문 등도 보인다. 연화문과 십자가가 연출하는 동서 융합의 묘한 미학을 보여준다. 원 대인 1229년 페르시아 호르무즈에 사신을 파견한 기록이 새겨진 석각도 있다. 취안저우에서 출발한 외교 사절이 페르시아에 다녀왔음을 알 수 있다.

진장강(晋江) 강변에는 당나라 때의 개원사(開元寺) 쌍탑이 위엄을 뿜으며 서 있다. 개원사는 취안저우의 대표적인 절이다. 돌기둥에서 힌두 양식의 문양을 볼 수 있다. 개원사는 완전한 중국 절인데, 힌두 양식이 섞여 있는 것이다. 원 대에는 남인도 계통의 번불사(番佛寺)가 개창했고, 남인도에서 수마트라를 거쳐 취안저우로 불교문화가 전래된 사실이 확인된다. 로마와 페르시아 문화가 해상 실크로드를 따라 들어왔듯 힌두 문명도 이 루트로 들어왔다.

취안저우는 송 대 이후 급부상했다. 도자기, 방적 제품, 일상생활품, 약재, 화장품, 문방구 등이 동남아시아와 인도는 물론이고 아라비아를 거쳐 유럽까지 들어갔다. 원 대에는 취안저우 상인이 아라비아반도, 페르시아만, 아프리카 동부와 인도 대륙 그리고 동남아시아 일대로 진출했다.[3] "대식(大食) 사람이 취안저우 서북쪽에 산다"라는 기록은 무슬림 집단 거주지가 형성됐을 정도로 국제 교류가 활발했음을 환기시킨다.[4]

서양인이 기술한 대양의 역사는 늘 서구 세계의 제패에 대해서만 기술해왔다. 유럽인이 주도한 대항해시대 이전에 이미 세계 체제는 아시아 중심으로 형성돼 있었다. 중국의 해양굴기(海洋崛起) 이후 다시 조명된 명 대의 정화(鄭和)가 대표적이다. 그가 죽은 지 약 200년 후, 그와 동행했던 항해사들의 집단 기록이 모원의(茅元儀)가 쓴《무비지(武備志)》에 재수록돼 전해진다.[5] 정화는 바르톨로뮤 디아스나 바스쿠 다가마보다 약 60년(혹은 80년) 앞서 아프리카 동북 해안에 도달했다. 대항해시대라는 유럽 중심의 사관을 뒤바꿀 엄청난 항해를 그가 이미 치러냈음을 중국 역사는 증언한다. 정화 정도의 해양력을 발휘하려면 당연히 항로 표지나 항해 기술 없이는 불가능하다. 항해 지도를 보면 그의 선단이 지형 등 자연 지표를 이용해 험한 물길을 헤쳐 나갔음을 알 수 있다. 바다로 흐르는 물길의 위험한 곳 근처 바위에 글씨를 써서 직접 항로를 표시한 중국의 고지도도 남아 있다.

고대와 중세 사회에서 종교와 수도승은 뱃길 안전과 안내에 헌신적인 역할을 수행했으며, 중국도 예외는 아니다. 남방항로가 이어진 광저우(廣州)나 푸젠성(福建省)의 바닷가 높은 산 정상에 세워진 불탑은 두말할 것 없이 종교 기능과 등탑 기능을 겸했다. 아예 항로 표지 자체만을 목적으로 한 등탑도 세워졌다.

해양 실크로드 탐방 중에 취안저우만 입구의 진차이산(金釵山) 육승탑(六勝塔)을 찾아간 적이 있다. 탑이라고는 하지만 동남아시아는 물론이고 인도, 아랍 등과 교역하던 무역선을 위한 등대였다. 1339년에 세워졌으니 680년이 지났지만, 지금도 취안저우의 컨테이너항을 굽어보면서 등대 역할을 하고 있다. 등대를 바라보는 시각이 서구 중심적이었기에 육승탑이 등대로 보이지 않았을 뿐이다.

동양에는 이 같은 불탑 형태의 등대가 곳곳에 있으며, 이는 이슬람 사원 미너렛의 등대 역할과 상통한다. 불탑은 항로 안내와 종교적 안전판을 겸했다. 탑 내부는 성벽이라 할 만큼 석벽으로 짜여 있으며, 천년을 버틸 수 있게끔 야무지게 축조됐다. 무역선 난파를 막기 위한 목적이 분명한 만큼 많은 재력을 쏟아 부어 건축했다.

광저우의 광탑사(光塔寺)도 해양 실크로드의 무역선을 위한 등탑이다. 회성사(懷聖寺)는 7세기에 세워진 중국에서 가장 오래된 이슬

육승탑
회성사의 광탑

숭무고성

람 사원인데, 사원 내에 솟아 있는 약 37미터의 흰색탑이 광탑이다. 이 지역은 아랍 상인이 집단 거주하던 곳으로, 무역선이 절 앞에까지 닿았다. 미너넷과 또 다른 전형적인 등탑 양식의 건축물이다. 광탑이야말로 '라이트'나 '파로스'에 해당할 것이다.

874년 상하이를 흐르는 마오허강(泖河) 가운데 자리한 섬에 묘탑(泖塔)이 세워졌다. 송 대인 1279년까지 불을 밝혔다. 전형적인 불탑으로, 등탑 기능을 더했다. 푸젠성 후이안현(惠安縣) 동쪽 끝에 위치한 숭무고성(崇武古城)은 온전하게 보존된 800년 역사를 간직한 명대의 성이다. 등대는 고성의 남동쪽 가장 높은 곳에 위치한다. 취안저우만과 충우(崇武)항으로 들어오는 선박의 안전한 항행을 돕는 표식이다. 1387년 비교적 일찍이 민간에서 만들었다.

산둥성 동북부의 옌타이에서 서쪽으로 가면 소도시 펑라이(蓬萊)가 나오는데, 이곳에 한국인 관광객도 자주 찾는 유명한 봉래각(蓬萊閣)이 있다. 봉래각은 예로부터 진과 한의 황제가 신선과 같은 삶을 찾기 위해 찾았던 인간선경(人間仙境)으로 불리던 명소다. 바로 이 봉래각에 보조(普照) 등대가 있다. 펑라이 해안은 한반도와 직항 노선으로 가장 빈번하게 교류하다 침몰한 고려선이 다수 발굴된 곳이다. 다수의 한국인 조상이 이 등대의 불빛을 바라보며 산둥반도에 당도했을 것이다.

헨더슨, 런던에서 저우산군도까지

중국의 근대, 특히 바다에서의 근대는 해관(海關)의 역사와 더불어 시작됐다. 해관은 나라의 관문으로 항구에 설치됐다. 광저우 주장강(珠江) 시아멘섬의 고풍스러운 해관 건물을 찾아가보니 역사의 무게가 무겁게 현판 위에 내려앉은 듯하다. 해관의 역사가 그만큼 오래됐기 때문이다. 1429년(명, 선덕 4)부터 이미 교량, 도로, 항구 등 여러

곳에 세관을 설치해 화물 통
행세를 부과하기 시작했다.

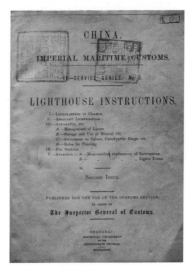

中국 해양 세관의 등대 계획서

영국인 로버트 하트(Rob-
ert Hart)가 광둥 해관의 부세
무사였는데, 그는 서양인이
지만 관세와 항구 실무, 등
대 건설 등으로 중국 정부에
현저한 공을 세웠으며, 그
로 인해 막강한 권력을 휘둘
렀다. 1908년 북아일랜드로
귀환할 때까지 무려 45년간
총세무사로 군림했다. 하트

를 통해 영국식 등대가 손쉽게 중국에 뿌리내릴 수 있었다.

세무사는 중국 해안을 북, 중, 남 3단으로 나누었다. 북단은 옌타
이, 중단은 상하이, 남단은 푸저우(福州)에서 주재했다. 그리하여 등
대와 부표의 설계, 건축, 관리, 수리 등 많은 업무가 정상 궤도에 올
랐다. 등대 기술자는 런던에서 초빙했는데, 첫 초빙 등대 기사는 데
이비드 헨더슨(David Marr Henderson)이었다. 일군의 등대 기술자가
기술과 경험을 적용해 대영제국의 영역을 확장하는 데 기여했다.
1868년 중국에 온 헨더슨은 이듬해 상하이 남동쪽으로 16킬로미터
떨어진 양쯔강변에 다치산(大奇山) 등대를 철제로 건축했다. 이미 만
들어진 재료를 조립해 신속히 세운 것이다. 이런 이유로 그는 '중국
등대의 아버지'라고 불리게 된다. 근 29년에 걸쳐 헨더슨의 계획에
따라 중국 곳곳에 많은 등대가 건설됐다. 그가 감독한 등대가 34개
이고, 그 외에 10개는 재건축한 것이다.

조너선 스펜스(Jonathan D. Spence)는 서양 침략이 본격화되는 19

세기 이후의 동서 문화사를 조명했는데, 서양인 고문은 그들의 전문 분야가 무엇이든 중국의 진보를 돕는다는 믿음을 가지고 중국에 왔다고 보았다. 그는 서양인이 중국인을 이용한 것처럼 중국인도 서양인을 이용했다고 주장했다. 또 서양인 고문은 중국인에게 비중국적 가치를 주입하려 했지만, 결국 실패했다고도 주장했다.[6] 그래서일까, 서양인 기술자가 세운 등대를 보면 순수 서양식이라기보다 그 속에서 완강한 중국적 양식이 감지된다.

중국 근대 등대의 역사는 닝보, 상하이 등으로 진입하는 가장 빈번한 항로인 저우산군도에서 시작된다. 1865년 세워진 저우산 칠리치(七里峙) 등대는 중국 본토에 건설된 근대 초기 등대 중의 하나다. 선박이 닝보, 베이룬(北崙)항 서부 항구, 상하이, 진산(金山), 항저우만 항로에 출입하는 중요한 표식이다. 저우산 창투(長塗)항에 있는 서학취(西鶴嘴) 등대는 칠리치 등대가 세워지고 6년 후인 1871년 세워진다. 그 후 9년 뒤 저장성 샹산(象山)의 싼먼산(三門山)에 등대가 세워진다. 샹산은 저장성 연해 남북 통로의 요충지다. 중화사상을 유지하면서 서양의 과학기술을 도입하자던 양무운동이 1861년 시작되고, 캉유웨이가 추진한 변법자강운동이 1898년에 일어났으니, 청 말의 이 같은 근대를 향한 열망 속에 서구식 등대가 도입된 것이다.

타이완 해협에서 쓰인 중국 등대의 첫 역사

중국에서 가장 오래된 등대는 저우산군도의 등대지만, 이것은 타이완을 별개의 국가로 볼 경우다. 중국을 하나로 본다면 당연히 타이완 등대가 가장 오래됐다. 본토의 19세기 등대와 달리, 타이완에서는 이미 18세기부터 본격적으로 근대 등대가 출현한다. 평후제도의 어옹도(漁翁島) 등대가 그것이다.

타이완 해협은 옛날부터 선박이 항행하기에 위험한 바다였다. 청

어옹도 등대

정부는 선박 안전을 고려해 시위(西嶼)의 고대 요새에 석조 불탑을 세웠다. 밤에 기름으로 불을 붙여서 타이완과 샤먼(廈門) 두 지역을 왕래하는 선박의 안전을 도모했다. 타이완이 포모사(Formosa) 혹은 메이리다오섬(美麗島)으로 독립적으로 남아 있는 조건하에 청 정부는 타이완 진출의 교두보로 평후제도를 점령하고 1788년 첫 등대를 세운다. 지방관과 민간이 자금을 모아 함께 건설한 최초의 등대다.[7] 18세기 건축이라는 사실이 중요하다. 아시아에서는 매우 빠른, 아니 가장 빠른 시점에 등대가 들어섰다.

타이완 등대의 2막은 일본의 점령과 더불어 시작됐다. 식민 통치 50년 동안 일본은 타이완에 무수한 등대를 세웠다. 일본에서 타이완의 지룽(基隆)항이나 타이베이(臺北)로 접근하자면 등대 없이는 불가능했다. 타이완의 등대는 일본의 필요에 따라 만들어진 것이 많은데, 대부분 지금도 제 기능을 하고 있다. 타이완의 첫 등대가 청에 의해 주체적으로 세워졌다면, 다수의 타이완 등대는 '제국의 불빛'으로 태어난 것이다. 다만 등대를 등탑이라고 하는 데서 중국식 등대의 주체성을 읽을 수 있다.

일본, 메이지 등대에서 제국의 등대로

브런턴, 런던에서 요코하마까지

히로시마에서 배를 타고 미야지마섬으로 갔다. 바다 위에 떠 있는 붉은 오토리(大鳥居, 신사 입구의 문)로 유명한 이쓰쿠시마(嚴島) 신사는 800만 신을 섬기는 '신들의 섬'에 떠 있다. 섬의 해변 길목에는 석등(石燈)이 즐비하다. 불 밝힌 풍경을 보니 영락없는 전통 등대다. 이처럼 에도 시대나 그 이전 시대에도 각각의 항구나 포구마다 석등을 밝혀 배를 안내했다. 석등 전통은 메이지 시대에도 여전히 이어졌다. 서양 등대가 도입되기 전 일본에 자체적으로 등대가 존대했다는 사실이 중요하다. 오리엔탈리즘 극복이라는 과제는 일본 등대의 이해에서도 필수다.

  일본의 등대에는 두 계통이 있다. 하나는 먼바다를 항행하는 배를 인도해 항로를 벗어나지 않도록 목표점을 알려주는 항로용이고, 다른 하나는 항구로 돌아오는 배를 향해 여기가 항구라는 사실을 알려주는 항용(港用)이다. 항용은 에도 시대에 이미 정비돼 있었다. 절이나 신사의 등명대(燈明臺)를 모방한, 생각지도 못한 것이 항구 근처에 세워졌다. 화풍(和風)이나 서양풍이 아니었다. 미야지마섬에서 목격한 석등이 바로 전통시대의 등명대였다.

이쓰쿠시마 신사의 석등

에도 시대에 일본 내 항해는 기타마에선(北前船)처럼 오사카에서 홋카이도까지 왕래하는 노선이 가장 길었다.[8] 그러나 미국 페리 함대에 의해 개항하게 되고 원해 항해가 빈번해지자 사정이 달라졌다. 막부 말기에는 개항을 계기로 무역선 출입 항로에 자리한 암초나 곳을 따라서 서구식 항로용 근대 등대가 속속 들어섰다. 메이지 정부의 부국강병 근대화 프로그램에는 항만, 조선, 선박 등이 필수 불가결한 요소였으며, 등대는 이들 해양 인프라의 안전 운용에 필수였다. 미국과 소통하기 시작하면서 일본은 태평양을 가로지르는 원해 항해의 시대로 넘어가게 된다.

메이지 정부는 등대 기술의 선도국이었던 영국의 직접 지도를 갈망했다. 단시간 내에 해양강국으로 진입하기 위해서는 당대 최고의 해양력을 갖춘 영국의 도움이 절대적으로 필요했다. 그리하여 영국으로부터 해양 용어를 시작으로 모든 해양 시스템을 이식받는 최단기, 초고속 전략을 채택했다. 동아시아 침략과 지배, 해양강국으로서의 위치 유지 등을 목적으로 하는 영국은 일본과 영일동맹을 체결하고 '극동의 베이스캠프'로 일본을 설정해 집중적으로 산업기술을 지원했다.

이식 문화의 확산과 충돌이라는 세계사적 전환기에 그 선봉장이 되어 일본으로 건너온 사람이 스코틀랜드 출신 리처드 헨리 브런턴(Richard Henry Brunton)이다. 당대의 엔지니어가 그랬던 것처럼 브런턴 역시 영국의 철도회사에서 경력을 쌓았다. 영국 무역위원회는 그를 일본 등대 건설 책임자로 선정했으며, 이로써 그는 메이지 시대에 선임된 일본 최초의 외국인 기술자가 됐다. 그는 저명한 등대 기술자인 토머스 스티븐슨의 친구였다. 그의 일본 파견은 일본 정부가 오랜 쇄국을 끝내고 본격적으로 무역 궤도에 진입하려는 시점이었다.

1868년 8월 브런턴은 요코하마에 도착했다. 그에게 주어진 등대국 자리는 요코하마의 땅 4에이커였다. 그 땅에 제작소와 저장고가 세워졌다. 12미터에 달하는 3층짜리 등대가 징집된 새 일본 등대지기의 도움을 받아 제작됐다. 건축 디자인, 조명 메커니즘, 실무 제작 등은 스티븐슨 회사에서 차용해왔지만, 그는 일본의 잦은 지진을 견딜 수 있는 새 기술을 개발해 적용했다. 1876년 일본을 떠날 때까지 브런턴은 열세 개의 등대와 두 척의 표지선 건조를 추진했다. 단순히 등대 건설에 그치지 않고 등대 시스템을 만들었으며, 자신이 잘 알던 스코틀랜드 북부의 등대위원회를 벤치마킹했다.

등대 건설 프로젝트는 간단한 사업이 아니어서 많은 숙련된 직원이 필요했다. 이에 브런턴은 훈련 학교도 만들었다. 학교는 엔지니어와 장인뿐만 아니라, 운용 요원인 등대지기를 위해서도 필요했다. 브런턴은 등대는 물론이고 일본의 근대화 해양 전략이 추구해야 할 점을 실질적으로 가르치는 '바다의 교사'였으며, 통칭 '일본 등대의 아버지'가 됐다.[9]

개항장 요코하마에서 브런턴의 존재는 각별했다. 그는 이 도시의 서구화에 큰 영향을 끼쳤다. 가나가와현에서 요코하마에 이르는 중앙도로 설계를 비롯해, 일본 최초의 서구식 오수 시스템, 부서진 돌을 이용한 최초의 포장도로, 첫 서구식 공원인 요코하마 공원도 그가 남긴 것이다. 그는 또 요코하마-도쿄 간 철도 사업과 일본 정부의 첫 번째 케이블 사업에도 자문을 아끼지 않았다. 요코하마의 운하와 항구 디자인 그리고 민간 엔지니어링 학교를 처음으로 세운 업적이 선명하게 남아 있다. 영국과 영국인 브런턴이 없었더라면 일본 근대 등대는 불가능했을 것이다. 해양제국 영국의 글로벌적 확산 속에 아시아의 맹주를 꿈꿨던 일본의 비전과 야욕이 등대에서 겹쳐 보인다.

일본의 등대 건설은 에도 막부 말기에 시작됐다. 각 번(藩)이 각자 등대를 관리하다가 1866년부터 전국의 등명대를 총괄했다. 1867년 등명기를 프랑스에서 주문했고, 같은 해 영국 군함과 상선을 빌려와 외국인을 고용해 등대 건립지를 측량했다. 메이지 원년인 1868년 요코스카(橫須賀)에 등대사무소를 설치했으며, 등명기를 수입하고 등대와 표지선을 건조했다. 1869년에는 연와조(煉瓦造, 벽돌로 축조된 구조물) 관음기(觀音埼)등대에 제3등명기를 점화했다. 외국인을 초빙해 등대 업무를 전수하는 한편, 등대 사무를 외국인에게 관할하게 했다. 1870년에는 프랑스의 기선을 구입했으며, 영국인을 고용해 등대를 건조했다. 1872년에는 〈항로표지편람〉, 〈등대표〉를 간행, 배포했다. 1873년에는 오스트리아 만국박람회에 출품해 명예상을 받았다. 만국박람회 수상은 서구 기술을 수입하는 단계에서 상을 받는 단계까지 발전했음을 뜻한다.

브런턴에 의한 메이지 시대를 대표하는 오래된 일본 등대는 지금도 곳곳에 남아 있다. 시즈오카현 시모다의 외해 작은 섬에 1870년 축조된 미코모토시마섬(神子元島) 등대가 대표적이다. 시모다에서 배로 돌을 운반해 만든 높이 18미터, 벽 두께 1.8미터의 빈틈없이 단단한 등대다. 진짜로 유명한 등대는 홋카이도 무로란(室蘭)에 있는 '지큐곶(地球岬) 등대'다.[10] 등대 하부는 팔각형으로 변화를 주었지만, 기본적으로는 미코모토시마섬 등대의 브런턴 양식을 계승했다.

타이완, 조선 그리고 남양군도에 이르는 제국의 빛

제국의 팽창에 따라 일본 등대는 바깥으로 확산을 거듭했다. 1898년에는 타이완 식민지의 등대를 총괄하는 법을 제정했다. 1899년에는 홋카이도 등대를 총괄했다. 1918년(다이쇼 7) 조선항로표지규칙을 발표해 조선 식민지의 등대도 법으로 총괄했다. 1925년에는 남양군도항로표지규칙을 정했으며, 남양청장관의 허락과 통제를 받

미코모토시마섬 등대
지큐곶 등대

추크의 영국식 등대

도록 했다.[11] 홋카이도, 타이완, 조선 그리고 남양군도에 이르는 드넓은 지역에 일본 등대국의 빛이 퍼져 나갔다. 조선총독부 관할의 등대국은 요코하마에 본부를 둔 대일본제국 등대국 산하의 홋카이도등대국, 오키나와등대국 그리고 남양군도등대국과 더불어 광대한 제국 등대에 속했다.

남양군도에 속하는 미크로네시아연방 추크(Chuuk)의 일본군 등대를 찾았다.[12] 정글 안에 전형적인 영국식 등대, 바로 브런턴식 등대가 있었다. 등탑에 오르니 수은회전식 등명기가 그대로 남아 있는 게 보인다. 그 위에 프레넬 렌즈가 놓여 있었을 것이다. 렌즈가 돌면서 추크 초호(礁湖, 환호초)로 들어오는 배를 향해 적어도 30킬로미터 정도까지 나아가는 빛을 쏘았을 것이다. 이 등대도 '제국의 불빛'의 본령에 오른 것이다.[13] 요코하마에 위치한 대일본제국등대국에서 관할하던 남양군도등대국 소속 제국의 불빛이었다.

한국, 전쟁과 식민 지배를 위한 등대

이시바시 아야히코, 도쿄에서 인천까지

1123년 북송의 사신으로 고려를 다녀갔던 서긍이 남긴《고려도경 (高麗圖經)》에는 "바닷길은 깊은 곳이 아니라 얕은 곳이 두렵고 무섭다"라고 기록돼 있다. 이른바 '배가 깨지는' 해난 사고는 대부분 해변과 가까운 바다에서 일어나는 것이기 때문이다. 불을 밝혀 배를 안내하는 고전적 등대는 고대부터 존재했다. 오늘날 남아 있는 해안의 여러 지명, 예를 들어 불도, 탄도, 연도, 인화도, 화도, 명도 따위는 선박에 신호를 보내던 역사적 사실과 관련이 있다.

제주도에는 도대불이라는 토착 등탑이 속속 들어섰다. 제주는 화 359

산암 암초가 대단히 위험해 뱃길이 위험하다. 그래서 밧개에 등대를 설치해야 했으니 그것이 '도대'다. 산지등대, 마라도등대, 우도등대 등이 일제에 의해 건설됐으나, 이는 전적으로 난바다를 항해하는 배에만 도움이 될 뿐, 작은 포구에는 소용이 없었다. 그래서 창안된 것이 도대불. 도대불이라고 하는 제주도 토착 등대는 대략 20세기 전반기에 세워졌다. 어유(魚油)나 석유 등이 불을 밝히는 데 이용됐다.[14] 조선시대에도 이와 유사한 등탑이 있었을 가능성을 배제할 수 없다.

한국의 본격적인 서구식 근대 등대는 제국주의 침략기에 만들어졌다. 제국의 침략은 언제나 바다로부터 시작됐다. 조선의 등대 사업은 일본의 침략과 맞물렸다. 조선으로서는 지극히 불행한 일이었다. 조선은 중국과 일본에 비해 개항 자체가 늦었고, 그 또한 강제적이었기에 전혀 다른 상황이 전개됐다. 조선에서 등대 사업은 1894~1895년 청일전쟁 시기에 함선 통항의 필요성 때문에 시작됐다. 오로지 제국의 욕구와 필요에 의해 촉발됐다는 불행한 역사의 출발을 뜻한다.

일본은 등대의 위치와 설비, 등대의 종류에 관한 측량과 설계 조사를 행했으며, 공학박사 이시바시 아야히코(石橋絢彦)를 한국에 보냈다. 그는 1895년 6월부터 4개월간 증기선 메이지마루호를 타고 다니며 한국의 연안을 측량하고 등대 건설 위치 등을 조사했다.[15] 1870년대 영국인에게서 등대 경영 기술을 습득한 일본은 불과 25년 만에 한국의 항로 표지 근대화를 지도하는 입장이 됐다.

이시바시는 한국 등대사의 첫머리를 장식하는 가장 주요한 인물이다. 에도 출신으로 영국에서 유학해 등대 공사와 여타 해상 공사를 연구하고 귀국했다. 귀국 후 공부성 추천으로 등대국에서 근무했다. 1894년 청일전쟁이 발발하자 대본영의 위촉으로 쓰시마섬, 고도(五島)섬의 5개소에 등대를 건설했으며, 1904년 러일전쟁 때는

어청도 등대와 무종

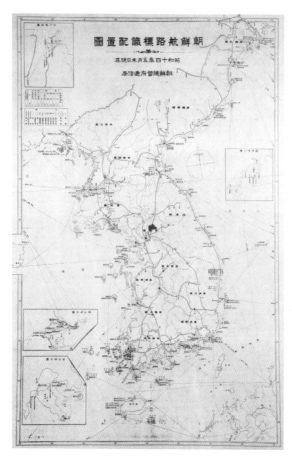

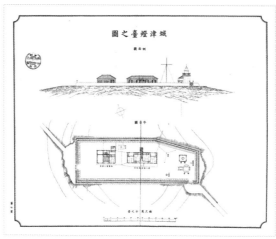

조선항로표지배치도
성진등대 평면도

한국으로 들어와 부표를 설치했다. 요코스카의 다리를 개수하면서 일본 최초로 철근 콘크리트 다리를 완성한 인물이기도 하다. 공학자이자 제국주의 전선에 충실했던 인물이었다.

'제국의 시대'이자 '등대의 시대'

1901년 5월 한일무역규칙이 정해지고 해관 세목 등에 관한 한일 양국 간 체결이 있었다. 조약 31항에는 한국 정부로 하여금 통상 항구의 수리와 등대를 건설하게 한다는 취지가 들어 있었다. 침략을 위한 방식이건, 일반 무역을 위한 목적이건 등대 없이는 안전 항해를 보장할 수 없고 선박의 난파를 피할 수 없었기 때문이다. 같은 해 일본에서 등대 건축 기사를 파견해 한국 연안의 등대 건설을 관장하게 된다.

같은 해 11월 이시바시는 총세무사와 협의해 한국 연안 77개소의 등대 건설지를 선정했다. 1902년 3월에는 해관등대국을 인천 중국인촌에 설치했다. 인천항로의 등대 건설에 착수해 소월미도, 팔미도, 북장자사 및 백암 등대는 1903년 6월에, 부도는 1904년 4월에 점등했다. 한국 등대의 효시다. 서울과 인천으로 진입하는 경기만에 집중적으로 등대를 세운 것이다.

일본이 러일전쟁에서 압승을 거둔 1905년 이후, 즉 1906년부터 한국에 등대가 다시 본격적으로 건설된다. 외교권을 장악한 상태에서 일제는 한반도 연안에 중요한 등대를 하나둘 완공해 1910년 국권피탈 시기 즈음에는 이미 많은 등대가 가동하고 있었다.

1904년 3월 중 항로표지관리소 기수 2인이 한국정부 초빙에 응하여 등대건축 사무와 등대 감수의 업무에 종사했다. 1905년 2월, 일본 함선이 드나들기 위해서 압록강구에 도달하는 항로에 등대와 부표를 설치해야 할 필요가 있었다. 그해 4월 체신기사 이시바시가 일본 대본영의 위탁을 받아 압록강 항로에 다수의 부표를 설치했다. 6월에는 대화도 등대에 점등했다.

1905년 러일전쟁의 급박한 상황에서 칠발도 등대와 독도 등간, 거문도 등대 건축에 착수했다. 항로표지관리소 기수 3명을 대본영이 위촉하여, 이시바시의 지휘 아래 등대 건설에 몰두한 것이다. 일본해군은 한국 남해안 우도와 홍도, 동해안 울기와 갈마각 4개 장소에 등간을 건설했다. 한국정부는 사업을 보조하고, 부산항구의 제뢰입표를 건설하여 6월에 점등했다. 한국연안에 등대를 건설한 이유는 제국주의 침략용이었음은 너무도 당연했다.[16]

1906년 신설된 관세공사부 소속의 등대국은 치밀하게 조직됐다.[17] 1907년 직원 37명 중 과반수가 넘는 20명이 1910년 조선총독부 직원록에 그대로 계승됐는데, 다수가 일본인이다. 이는 등대국의 기본 성격이 일제에 의한 것이었음을 반증한다.

이처럼 팔미도등대(1903)를 시작으로 부도(1904), 거문도(1905), 우도(1906), 울기(1906), 죽도(1907), 시하도(1907), 당사도(1909), 목덕도(1909), 하조도(1909), 격렬비도(1909), 가덕도(1909), 죽변(1910), 소리도(1910), 방화도(1911), 어청도(1912), 산지(1916), 주문진(1918), 홍도(1931), 미조항(1939), 서이말(1944) 등대 등은 대한제국기와 일제 침략으로 요동치는 한반도의 현장을 지켜본 근대 등대의 총아다.[18]

등대가 집중적으로 들어선 20세기 초반은 '제국의 시대'이자 '등대의 시대'였다. 즉 일제의 한국 강점이 본격화된 통감부 시기 그리고 총독부 시기 초에 몰려 있다. 대한제국 말기에 인천 팔미도, 부도 등지에 등대가 들어선 것은 인천을 통한 한양 진입이라는 절대적 항로의 보호, 한일 간의 물동량 급증과 군사적 항로의 증대, 인천에 거주하던 일본 거류민단의 대외 활동을 보장하기 위한 면도 있었다. 한반도를 실질적 식민지로 만들어버린 통감부, 총독부 초기의 등대는 일본 고베항 등으로부터 중국 다롄으로 가는 원해 항로의 길목에 건설됐다. 동쪽으로는 러일전쟁을 계기로 북조선으로 가는 길목에 등대가 들어섰다. 어선을 보호하는 자그마한 항구의 방파제에 등대가 들어선 것은 후대의 일이며, 그것도 제한적이다. 따라서 20세기 전반기의 한국 등대에 '제국의 등대'라는 호칭을 붙이는 것은 과하지 않다 하겠다.

일본이 세운 등대는 영국 등 해양력을 갖춘 유럽 국가에 비해 대체로 소박하고 어찌 보면 초라하기까지 하다. 후발 자본주의 제국인 일본의 역량 한계를 보여준다. 동시에 식민지 건설과 확장이라는 발전론적 팽창에만 몰두할 뿐, 기념비적 유산을 세울 의사도 태도도 없던 수탈 국가의 수준을 잘 보여준다. 바다를 통한 최대의 수탈, 빼앗은 물품을 본국으로 가져가는 데만 급급했을 뿐 식민지에 기념비적 등대를 세운다거나 하는 일은 고려의 대상이 아니었다. 그렇지만 어쨌든 한국 등대의 양식은 일본의 프리즘을 통해 굴절, 반영된 영국식 근대 등대의 형식과 논리를 따르고 있다.

등대는 등탑 외에도 등대지기 숙소, 창고 등의 연관 시설이 중요하다. 등탑을 제외하고는 대체로 일본식 목조 건물이 있었지만, 현재 이어지지 못하고 대부분 사라졌다. 다만 호미

호미곶 등대

곶등대처럼 건축학적, 미학적 완성도가 돋보이는 몇 개의 등대 유산이 남아 있을 뿐이다. 워낙 등대가 처음 자리한 곳의 경관이 아름다워서 등대는 건축적 성과와 무관하게 만인의 사랑을 받고 있다. 현재 한국의 등대는 해양 문화 공간으로 재인식돼 문화 관광의 명품 거점으로 받아들여지는 중이다.

등대의 원형을 잘 간직한 북한 등대

일제가 남긴 등대는 고스란히 유산으로 이어졌다. 해방 후에는 독도(1954), 송대말(1955), 속초(1957), 울릉도(1958), 후포(1968), 대진(1973), 도동(1979) 등대가, 심지어 21세기에는 영덕 창포말 등대, 통영 문학기념 등대, 해운대 APEC 기념 등대 같은 조형 등대에 이르기까지 새로운 발자취가 만들어졌다. 난바다로 나아가는 등대가 이미 20세기 초반에 마련된 이상, 더 이상 특별하게 원해 등대를 세울 이유는 없다.

북한에도 일제강점기와 해방 이후 만들어진 다수의 등대가 남아 있다. 한국전쟁과 이어진 남북분단 속에 북한의 등대는 현재로서는 '잊힌 등대'가 됐다. 북한의 등대가 상대적으로 덜 알려진 것은 등대가 여전히 전략적 해양기지로 작동하고 있기 때문이다. 그러나 북한의 등대는 전략적으로 중요할 뿐만 아니라 경관이 뛰어난 공간에 위치해 그 보존 가치가 상당히 높다. 불필요한 개발을 하지 않았기에 100여 년 전 등대의 원형과 경관 배경을 잘 간직한 것으로 보인다. 다음은 북한의 현존 등대다.

동해안: 오갈산등대, 난도등대, 곽단등대, 나진항등대, 대초도등대, 소초도등대, 쾌암도등대, 송도등대, 청진등대, 어랑단등대, 경성만등대, 성단등대, 쾌단등대, 운만대등대, 무수단등대, 성진등대, 용대갑등대, 단천항등대, 천초도등대, 죽도등대, 신창항등대, 동호동등

대, 송도갑등대, 송령만등대, 마양도등대, 안성갑등대, 서호진등대, 광성곳치등대, 용진등대, 장적도등대, 원산동등대, 원산서등대, 신도등대, 압룡단등대, 여도등대, 고저항등대, 총석단등대, 사월각등대, 장아대단등대, 장천등대, 수원단등대 등

서해안: 방도등대, 초도등대, 몽금포등대, 서도등대, 자매도등대, 흑암등대, 찬도등대, 지리도등대, 피도등대, 오리포등대, 마치지등대, 비발도등대, 덕도등대, 함성열도등대, 납도등대, 만낭기등대, 수문도등대, 운도등대, 다사도항등대, 마안도등대, 문박등대 등

한국의 등대는 중국과 일본 사이의 반도국가라는 지정학적 조건을 잘 반영한다. 서해안 등대는 중국, 남해안과 동해안 등대는 일본과 관련이 높다. 특히 동해안 등대는 러시아-시베리아 북방으로 가는 환동해 문명권에 놓여 있기도 하다. 환동해의 외연이 확장될수록 동해안 등대의 문명사적 역할도 변화해갈 것이다. 제주도를 비롯한 남해안 등대는 태평양과 동남아시아 등지에서 진입하는 길목에 놓여 있다. 유럽에서 이른바 '극동'이라 칭하던 동아시아가 글로벌 체제의 새로운 중심으로 자리를 잡았으며, 그 중심에 한반도의 등대가 포진한 것이다. 남북한의 통일 역량과 평화 체제 구축에 따라서 앞으로 남북한의 등대 역시 전혀 새로운 차원으로 해석되고 의미를 부여받게 될 것이다.

1. 신화시대의 빛; 파로스의 탄생

1 정수일,《이븐바투타 여행기》1, 창작과 비평, 2001, 44쪽.

2 데이비드 아불라피아, 이순호 역,《위대한 바다》, 책과함께, 2013, 473~477쪽.

3 조엘 코트긴, 윤철희 역,《도시, 역사를 바꾸다》, 2013, 25쪽.

4 알렉산드리아의 로만글라스는 한반도의 신라에까지 당도했다. 이인숙,《한국의 고대 유리》, 창문, 1993, 26쪽.

5 Sally-Ann Ashton, 'Ptolemaic Alexandria and Egyptian Tradition', "Alexandria, Real and Imagined," The American University in Cairo Press, 2004, p.15.

6 Edited by Michael Haag, "An Alexandria Anthology: Travel Writing through the Centuries," The American University in Cairo Press, 2014, Cairo, p.2.

7 Edited by Michael Haag, "An Alexandria Anthology: Travel Writing through the Centuries," p.4.

8 Edited by Mervat Abdel Nasser, "Alexandria and Other Centers of Thought in Ancient Egypt" (Proceeding), Bibliotheca Alexandria, 2009. 12. 10~11, p.9.

9 장 카르팡티에, 프랑수아 르브룅 엮음, 강민경·나선희 옮김,《지중해의 역사》, 한길사, 2006, 100~104쪽.

10 Duafa Belgacem, "Rosetta," Antiqities Press, 2009, Cairo.

11 요시무라 사쿠지, 김이경 옮김,《이집트》, 서해문집, 2002, 364쪽.

12 Justin Pollard & Howard Reid, "The Rise and Fall of ALEXANDRIA," (Penguin Books), 2006, pp.26~27.

13 Jean-Yves Empereur, "Alexandria; Past, Present and Future," Thames & Hudson, 2002, London, p.37.

14 Strabon,《Geography》, volume 17, A.D. 23

15 Edited by Deborah Manley, "Women Travelers in Egypt," The American University in Cairo Press, 2012, Cairo, p.9.

16 D. Alan Stevenson, "The World's Lighthouses: from Ancient Times to 1820," Dover Publications, New York, 2002, pp.6~7.

2. 고대의 빛; 로마의 유산

1 '토레 데 페르(Torre de fer)'라고도 하는데, 여기서 페르(fer)는 프랑스어로 철을
   말한다. 에스파냐어 페로(fero, 등대)를 페르로 헷갈린 데서 비롯됐을 것이다.

2 페르낭 브로델, 강주헌 역,《지중해의 기억》, 한길사, 2006, 458쪽.

3 레이먼드 카, 김원중·황보영조 역,《스페인사》, 까치, 2006, 47쪽.

4 페르낭 브로델, 앞의 책, 428쪽.

5 레이먼드 카, 앞의 책, 38~56쪽.

6 진 쿠버, 이윤기 역,《그림으로 보는 세계 문화상징 사전》, 까치, 1978, 194~195쪽.

7 D. Alan Stevenson, "The World's Lighthouses: from Ancient Times to 1820,"
   Dover Publications, New York, 2002, pp.10~11.

8 D. Alan Stevenson, 앞의 책, pp.19~20.

9 소아시아 데니즐리와 파묵칼레 사이에 위치하며, 에페소스에서 시리아에 이르는
   가도 연변의 통상 도시로 융성했다. 133년 로마의 속주가 됐으며, 약 7킬로미터
   떨어진 언덕 위에 로마 유적 히에라폴리스(Hierapolis)가 있다.

10 Strabon,《Geography》, volume 2.

11 영국을 바라보는 등대는 칼레(Calais)에도 세워졌는데, 칼레의 지정학적 위치를
   적극 이용했다. 칼레는 영국해협에서 가장 좁은 지점인 도버 해협을 내려다보며,
   해협의 좁은 곳은 겨우 34킬로미터에 불과하다. 칼레는 중세 이래 중요한 항구였고,
   영국과의 운송과 무역에 필요한 중요 거점이었다. 1347년 영국 왕 에드워드 3세에
   의해 병합됐으며, 양모 생산 중심의 번성하는 항구로 발전했다. 주석, 납, 레이스와
   모직이 거래되는 출입구로서 중요했기 때문에 '영국 왕관에서 가장 빛나는
   보석'이라고 불리기도 했다. 칼레는 오랫동안 영국에 불가분의 일부로 간주됐으나,
   자연적 방어 조건이 취약했기에 요새화에 많은 비용이 들었다.

12 Hogg, Garry, Odd Aspects of England, David & Charles, Newton Abbot,
   Devon, 1968.

3. 중세의 빛; 지중해 패권의 중심

1 데이비드 아불라피아, 이순호 역,《위대한 바다》, 책과함께, 2013, 424~425쪽.

2 데이비드 아불라피아, 앞의 책, 472쪽.

3 장 카르팡티에·프랑수아 르브룅 편, 강민정·나선희 역,《지중해의 역사》, 한길사,
   2006, 217쪽.

4 무역이 대서양 세계로 확장되면서 지중해 해양 세계는 쇠퇴, 몰락했을 것이라는
   견해에 대해 역사학자 페르낭 브로델은《지중해-펠리페 2세 시대의 지중해
   세계》에서 여러 가지 구체적 증거를 들어 반박했다. 16세기 지중해는 서쪽의
   대서양에 대해 분명한 특권을 누렸으며, 대서양무역의 번영은 지중해에도 이득이
   됐다는 것이다.

5 페르낭 브로델, 주경철·조준희 역,《지중해-펠리페 2세 시대의 지중해 세계》1,
   까치, 2017, 291쪽.

6   페르낭 브로델, 앞의 책, 452~453쪽.

7   데이비드 아불라피아, 앞의 책, 704~705쪽.

8   크리스토퍼 히버트, 한은경 역,《메디치 스토리》, 생각의 나무, 2010.

9   아서 스탠리 리그스, 김희정 역,《시칠리아 풍경》, 산지니, 2015, 219쪽.

10 요한 볼프강 폰 괴테, 홍성광 역,《이탈리아 기행》1, 펭귄클래식코리아, 2008, 403~404쪽.

4. 북해와 발트해의 빛; 북방으로 가는 길

1   '하나의 독일'이라는 국가적 개념을 부여한 타키투스의 책 《게르마니아(Germania)》는 뒤늦은 1455년에야 이탈리아의 인문주의자 포조 브라치올리니(Poggio Bracciolini)에 의해 '발견'됐다. 하겐 슐체, 반성완 역,《새로 쓴 독일 역사》, 지와사랑, 2017, 59쪽.

2   율리우스 카이사르, 박석일 역,《갈리아전기》, 동서문화사, 2016, 83쪽.

3   Gareth Williams, "The Viking ship," British Museum, London, 2014, p.96.

4   VIKINGS, National Historical Museum, Stockholm, 1997, p.60.

5   김용희 외,《발트해》, 바다위의정원, 2017.

6   한자(Hansa)는 한세(Hanse)라고도 쓰는데, '한세'는 '무리'나 '친구'라는 뜻의 고트어에서 유래한 중세 독일어로, '길드'나 '조합'을 의미한다.

7   하겐 슐체, 앞의 책, 2017, 39~40쪽.

8   Treasures of The Baltic SEA, Swedish Maritime Museum, 2003, Stockholm, pp.25~27.

9   "Hansetic City of Lubeck," Scho'ning, Lubeck, 2009, p.7.

10 Dollinger, Phillipe. Casson, Mark, "The German Hansa: The Emergence of International Business, 1200~1800," London, Routledge, 2000, p.41.

11 Gun Westholm, "Hanseatic Sites, Routes and Monuments: A Traveller's Guide to the Past and Present," Council of Europe Cultural Routes, Gotland, 1994, pp.47~48.

12 Carta Marina of Bishop Olaus Magnus of 1539. 라틴명은 Marina et Descriptio Septentrionalium Terrarum. 지도에는 오늘의 스웨덴, 고틀란드, 노르웨이, 덴마크, 아이슬란드, 핀란드, 에스토니아, 라트비아 등을 망라한다.

13 "HAMBURG," Past Finder, Hamburg, 2008, p.112.

14 Ulf Kruger, Beatles in Hamburg, Ellert & Richter Verlag, Hamburg, 2007.

15 Gun Westholm, op. cit., 1994, p.13.

16 김용희 외, 앞의 책, 2017, 269~271쪽.

17 현재는 박물관(Polderhuis Westkapelle Dijk-en Oorlogsmuseum)이 만들어져서 등대를 찾는 방문객에게 장엄한 경관을 제공할 뿐만 아니라, 제일란트의 전형적인 삶과 자연에 관한 다양한 전시를 제공한다.

18 김용희 외, 앞의 책, 2017, 185~186쪽.

19 "POLIN; 1000 Year History of Polish Jews", Museum of the History of Polish

Jews, Warsaw, 2015.

20 Apolonius Łysejko, "The History of Hell Lighthouse," The Society of Friends of the Central Maritime Museum, 2007, Gdansk, p.15.

21 Apolonius Łysejko, op. cit., 2008.

22 R. Chartrand 'K. Durham' M. Harrison' I. Heath, "The Vikings: Voyages of Discovery and Plunder," Oxford, 2006, pp.142~150.

23 Richard Hall, "Exploring the World of The Vikings," Thames & Hudson, London, 2007.

24 Gun Westholm, op. cit., p.112.

25 Ibid., 1994, p.104.

26 Anki Dahlin, "See Gotland," Gotland Museum, 2006, Visby, pp.209~210.

27 Ibid., 2006, Visby, pp.213~214.

28 The History of St. PETERSBURG–PETROGRAD 1830~1918, The State Museum of the St. Petersburg, 2006, p.7.

29 상트페테르부르크의 증권거래소, 원주 등대, 불쇼이 극장 등을 설계했다.

30 이덕형,《빛의 도시 상트페테르부르크》, 책세상, 2002, 98~99쪽.

5. 대항해시대의 빛 1 ; 에스파냐의 길

1 이븐 쿠르다디바가 쓴《도로 및 왕국 총람》에는 "중국 맨 끝의 금이 많은 신라라는 나라에 들어간 무슬림이 이 나라가 너무 좋아 절대로 떠나지 않았다"라는 내용이 나온다.

2 데이비드 아불라피아, 이순호 역,《위대한 바다》, 책과 함께, 2013, 390쪽.

3 페르낭 브로델, 주경철·조준희 역,《펠리페 2세 시대의 지중해 세계》1, 까치, 2017, 101쪽.

4 앞의 책, 147쪽.

5 안토니오 피가페타, 박종욱 역,《최초의 세계일주》, 바움, 2004.

6 앞의 책, 196쪽.

7 페르낭 브로델, 앞의 책, 101쪽.

8 앞의 책, 295쪽.

9 앞의 책, 132쪽.

10 박물관에는 984~985년 이란(혹은 이라크)에서 만들어졌을 하미드 이븐 알키드르 알쿠잔(Hamid Ibn Al-Khidr Al-Khujan)의 아스트롤라베 그리고 아랍인 퇴각 이후에도 불안정한 독립 상태인 이베리아반도에 존속하던 그라나다에서 1309~1310년 만들어진 것으로 추정되는 아흐메스 이븐 후사인 이븐 바소(Ahmes Ibn Husain Ibn Baso)의 아스트롤라베가 전시되어 있다. 아랍어로 표기되며, 대항해시대 초기에 에스파냐의 배는 이들 아랍어 항해 도구를 그대로 쓰면서 항해에 결정적 도움을 받았다. "Museum of Islamic Art", Doha' Qatar, 2016, pp.113~114.

11 Michael Hamilton Morgan, "Lost History; The Enduring Legacy of Muslim Scientist, Thinkers, and Artists", National Geography, Washington, 2007,

pp.126~136.

12 디미트리 구타스, 정영목 역,《그리스 사상과 아랍 문명》, 글항아리, 1998. 17쪽.

13 에드워드 사이드, 김성곤·정정호 역,《문화와 제국주의》, 창, 2011.

14 제리 브로턴, 이창신 역,《욕망하는 지도》, RHK, 2012, 50쪽.

15 버나드 루이스, 김호동 역,《이슬람 1400년》, 까치, 1994, 271쪽.

16 레이몬드 카 외, 앞의 책, 85쪽.

17 니코스 카잔차키스, 송병선 역,《스페인 기행》, 열린책들, 2008, 148쪽.

18 정수일,《이슬람 문명》, 창비, 2015, 264쪽.

19 알랭 트라누아 외, 장 카르팡티에·프랑수아 르브룅 편, 나선희·강민정 역,《지중해의 역사》, 한길사, 2006, 38쪽.

20 알랭 트라누아 외, 앞의 책, 49쪽.

21 페르낭 브로델, 강주헌 역,《지중해의 기억》, 한길사, 2012, 298~301쪽.

22 카디스와 더불어 인근 거리의 카르타헤나(Cartagena)도 로마 문명과 관련해 주목할 필요가 있다. 고대 세계에서 로마의 새로운 힘이 구체화된 곳은 결국 바다 위에서였다. 카르타고에 대한 로마의 최종적 승리는 로마 해군이 당대에 가장 힘 있는 세력 가운데 하나로 부상했음을 보여준다. 기원전 241년 제1차 포에니전쟁에서 카르타고가 로마에 패하면서 카르타고는 에스파냐로 눈길을 돌렸다. 이 정책을 주도한 이는 하밀카르 바르카(Hamilcar Barca)였는데, '흰색의 요새'라는 곳에 새로운 거점을 건설했다. 이베리아 공략은 카디스에서 시작됐으나, 곧이어 '새로운 카르타고(Nueva Cartago)'라는 로마식 이름으로 알려진 카르타헤나가 출현했다. 기원전 218년 한니발이 이 지역을 점령했으며, 카르타헤나는 급성장하여 인구가 3만 명에 이르렀다. 그들 중 다수는 페니키아 이주민으로 채워졌는데, 북아프리카에서 건너온 이들이었다. 카르타헤나는 세비야에서 불과 두어 시간 거리에 위치한다.

23 필립 프리먼, 공민희 역,《지금 시작하는 그리스 로마 신화》, 21세기북스, 2014.

6. 대항해시대의 빛 2; 포르투갈의 길

1 데이비드 아불라피아, 이순호 역,《위대한 바다》, 책과 함께, 2013, 599쪽.

2 베른하르트 카이, 박계수 역,《항해의 역사》, 북폴리오, 2006, pp.210~225.

3 김명섭,《대서양문명사》, 한길사, 2008, 146쪽.

4 앞의 책, 150쪽.

5 Verdadeira Escola Pratica de Navegacao.

6 페르낭 브로델, 주경철·조준희 역,《펠리세 2세 시대의 지중해 세계》1, 까치, 2017, 134~135쪽.

7 앞의 책, 292쪽.

8 플랑드르의 겐트는 13세기 당시 파리 다음으로 규모가 컸으며, 중세 북유럽에서 인구가 많고 늘 붐비던 항구도시였다.

9 에스파냐의 왕(1527~1598). 포르투갈의 왕을 겸했다. 에스파냐어로는 펠리페(Felipe), 포르투갈어로는 필리프(Filipe)로 표기한다.

10 크리스토퍼 콜럼버스, 이종훈 역,《콜럼버스 항해록》, 서해문집, 1989.

11 구약성서의 창세기, 출애굽기, 레위기, 민수기, 신명기를 말한다.

12 페르낭 브로델, 앞의 책, 135쪽.

13 Milreu Ruins, Instituto Portugues Do Partrimonio Arquitectionico, 2002, Agrave.

14 조지 바이런, 윤명옥 역,《바이런 시선》, 지만지, 2015.

15 현재의 포르투갈 전체와 에스파냐 일부를 포함하는 이베리아반도에 있었던 고대 로마의 속주 이름.

16 장 카르팡티에·프랑수아 르브룅, 강민정·나선희 역,《지중해의 역사》, 한길사, 2006, 241쪽.

17 CCTV 다큐멘터리 대국굴기 제작진,《대국굴기, 강대국의 조건》(포르투갈/스페인), 도서출판 안그라픽스, 2007, 75쪽.

18 EXPO 98' LISBOA OFFICIAL GUIDE, Commissariat of the 1998 LISBON WORLD EXPOSITION, 1998, LISBON, 27쪽.

19 최영수,《라틴아메리카 식민사》, 대한교과서, 1995, 66~70쪽.

7. 켈트의 빛; 아일랜드의 DNA

1 Marc Mulholland, "Nothern Ireland: A Very Short Introduction", Oxford University Press, 2002, OXFORD, p.31.

2 Gail Seekamp & Pierce Feiritear, "The Irish Famine", Pixie Books, 2016, Dublin.

3 아일랜드에서 가장 오래된 대학교. 더블린 대학교(University of Dublin)가 정식 명칭이며, 더블린 대학교를 구성하는 첫 번째 단과대학으로 세워졌기 때문에 더블린 대학교를 일컬을 때 트리니티 대학이라고도 한다. 1591년 당시 영국·아일랜드 여왕인 엘리자베스 1세가 설립해 더블린에 기증했다.

4 Nathaniel Harris, "Heritage of Ireland", Bounty Books, 2006, London, pp.89~93.

5 Bill Rolston, "Drawing Support: Murals and conflict transformation in the Northern Ireland", 2013, Belfast.

6 북아일랜드 데리에서 시민권운동을 벌이던 비무장 가톨릭교도를 향해 영국군이 발포하여 다수의 사망자와 중상자가 발생한 사건이다.

7 John Eagle, "Ireland's Lighthouse," The Collin's Press, 2013, Cork, p.12.

8 D. Alan Stevenson, "The World's Lighthouses: from Ancient Times to 1820," Dover Publications, New York, 2002, pp.25~39.

9 Ibid., pp.25~39.

10 Simon James, "The CELTS," Thames $ Hudson, 2005, London, p.163, pp.162~163.

11 Edit by Eugenio F. Biagini & Mary E. Daly, "The Cambridge Social History of Modern IRELAND," Cambridge, 2017, p.497.

12 19세기에 일어난 난파 사건만 추려도 손(Thorne, 1814), 도브(Dove, 1814), 세인트
     패트릭(St. Patrick, 1831), 로열 아서(Royal Arthur, 1864) 등 다수가 확인된다. 이전의
     난파선은 그레이트 루이스(Great Lewise, 1642) 외에는 파악 자체가 안 된다.
     20세기에도 마거릿(Margaret, 1911), 코타운 래스(Courtown Lass, 1918), 스파클링
     웨이브(Sparkling Wave, 1958), 그로건(Grogan, 1973) 등 해난 사고가 멈추지 않았다.
     21세기에 들어와서도 파이시스(Pisces, 2002) 등 근년까지도 사고가 그치지 않고
     있다. 안개가 심하고 암초가 많아서 사고가 많은 위험 지대다.

13 Richard Nairn, David Jeffrey, Rob Goodbody, "Dublin Bay: Nature and
     History," The Collin's Press, 2017, Cork, pp.229~235.

14 John Eagle, op. cit., p.204.

8. 제국 영국의 빛: 근대 등대의 탄생

1   David Starkey·Susan Doran, "ROYAL RIVER", Royal Museums Greenwich,
     2012.

2   조지프 콘래드, 《어둠의 심연》, 을유문화사, 2008.

3   Cathy Ross·John Clark, "LONDON", Allen Lane, 2008, p.177.

4   켄트(Kent)의 사우스 포랜드(South Foreland) 등대 전기 조명의 선구자로서 트리니티
     하우스의 과학 자문위원인 마이클 패러데이가 활용하던 공간이기도 하다.

5   트리니티 하우스의 공식 명칭은 다음과 같이 길다. The Master Wardens and
     Assistants of the Guild Fraternity or Brotherhood of the Most Glorious and
     Undivided Trinity and of St. Clement in the Perish of Deptford Strond, in the
     Country of Kent. 출전: Trinity House 팸플릿, London, 2017.

6   아메리카에 펜실베이니아를 건설한 윌리엄 펜의 아버지.

7   D. Alan Stevenson, "The World's Lighthouses: from Ancient Times to 1820,"
     Dover Publications, New York, 2002, p.21.

8   Harwich, Great Yarmouth, East Cowes, Penzance, Holyhead, Swansea.

9   D. Alan Stevenson, op. cit., p.70.

10 Jeremy Paxman, "The Victorians: Britain Thorough the Paintings of the
     Age," BBC BOOKS, 2009. p.178.

11 닐 퍼거슨, 김종원 역, 《제국》, 민음사, 2003, 16쪽.

12 카를로 치폴라, 최파일 역, 《대포 범선 제국》, 미지북스, 2010, 38~39쪽.

13 세르게이 고르시코프, 임인수 역, 《국가의 해양력》, 130~131쪽.

14 Cathy Ross·John Clark, op. cit., pp.124~138.

15 Paul M. Kennedy, 김주식 역, 《영국, 해군 지배력의 역사》, 한국해양전략연구소,
     2010, 285~288쪽.

16 "Eddyston Lighthouse, Smeaton Tower Substructure," Engineering
     Timelines, Retrieved 31 January 2017.

17 出水力, 〈博覽會と大量生産技術の移轉〉, 吉田光邦 篇, 《万國博覽會の硏究》,
     思文閣出版, 1986, pp.137~178.

18 주강현,《세계박람회 1851~2012》, 블루&노트, 2012, 330~334쪽.

19 Cary Biltcliffe, "The Spirit of Portland; Culture, Folklore and History," Roving Press, 2016, Dorset, p.88.

20 Robert Hesketh, "Tales of the Dorset Coast," Inspiring Places Publishing, 2015, p.5.

21 Robert Westwood, "Weymouth, Portland and Dorchester," Inspiring Places Publishing, 2011, p.15.

22 Laura Quigley, "PLYMOUTH; Bloody British History," The History Press, 2012, p.25

23 Ibid., pp.78~79.

24 D. Alan Stevenson, op. cit., p.151.

25 Ibid., p.149.

26 William Hutchinson, "Treatise on Practical Seamanship," 1777.

27 이 책에서는 지면 관계상 영국 편에 스코틀랜드 등대를 붙여놓았으나, 본디 독립적 서술이 이루어져야 한다.

28 앞의 책, 36쪽.

29 티머시 H. 파슨스, 장문석 역,《제국의 지배》, 까치, 2012, 63~64쪽.

9. 이민자의 빛; 아메리카로 가는 길

1   하워드 진, 유강은 역,《미국 민중사》 1, 이후, 2006, 15~22쪽.

2   미국해외공보처,《미국역사개관》, 1994, 30쪽.

3   Robert J. Alleson, "A Short History of BOSTON," Boston: Commonwealth Editions Beverly, 2009, p.112.

4   Robert J. Alleson, 앞의 책, pp.68~69.

5   www.nyhistory.org

6   Ray Jones, "Lighthouse Encyclopedia," Connecticut: Globe Pequot Press, 2004, p.62.

7   Pamela Reeves, "Ellis Island: Gateway to the American Dream," New York: Fall River Press, 2000, pp.9~12.

8   엘렌 푸레·로베르 푸레, 서정복 역,《프랑스인의 아메리카 회상》, 삼지원, 1991, 12~13쪽.

9   海峽兩岸媽祖文化 學術研討會論文集, 北京: 中國文史出版社, 2009, p.53.

10 Christina Miu Bing Cheng, "MACAU: A Cultural Janus," Hong Kong University Press, 1999, Hong Kong, p.105.

11 Phillippe Pons, "Macao," Hong Kong University Press, 1999, Hong Kong, p.64.

10. 근대 프랑스의 빛; 렌즈의 탄생

1 콜린 존스, 방문숙·이호영 역,《케임브리지 프랑스사》, 시공사, 2001, 153~155쪽.
2 Ray Jones, "Lighthouse Encyclopedia," Globe Pequot Press, 2004, Connecticut, p.6.
3 소련과학아카데미 편, 홍석욱 역,《세계기술사》, 동지, 1990, 356~364쪽.
4 율리우스 카이사르, 박석일 역,《갈리아 전기/내전기》, 동서문화사, 2016, 412~413쪽.

11. 동아시아의 빛; 해양 실크로드의 길

1 이븐바투타, 정수일 역주,《이븐바투타 여행기》2, 창작과비평사, 2001, 328쪽.
2 야곱 단코나, 오선황·이민아 역,《빛의 도시》, 까치, 1997, 197쪽.
3 中國航海學會, 泉州港與 海上絲綢之路, 2002, p.152.
4 諸蕃志, 1225.
5 鄭和航海圖, 1621.
6 조너선 스펜서,《근대 중국의 서양인 고문들》, 도서출판 이산, 2009.
7 西嶼塔灯碑記.
8 주강현,《환동해문명사》, 돌베개, 2016.
9 增田彰久, 近代化遺産を歩く, 中央公論新社, 2001.
10 田端 宏, 蝦夷地から北海道へ, 吉川弘文館, 2004, pp.39~40.
11 일본등대국,《등대국연보》, 1936년 3월.
12 주강현,《적도의 침묵》, 김영사, 2007.
13 주강현,《등대: 제국의 불빛에서 근대의 풍경으로》, 생각의나무, 2007.
14 주강현,《등대문화사》, 해양수산부, 2015, 615쪽.
15 韓國稅關工事部燈臺局第壹年報, 1907.
16 한국 최초의 등대인 팔미도등대의 정체성과 관련해 흥미로운 주장이 나왔다. "팔미도등대는 지금까지 알려진 것처럼 이시바시 아야히코 혼자서 설계, 부설한 것이 아니라, 덕수궁 석조전을 설계한 영국인 J. R. 하딩(Harding)이 부설, 관리, 운영에 깊이 관여한 것으로 드러났다, "대한제국이 외국의 전문가를 초빙해 대한제국 예산으로 주체적으로 건립한 것"이라는 주장이다. 총체적인 역사서술에서 어떤 지엽 사실 하나를 가지고 한국의 등대는 한국인의 주체적인 손으로 만들어졌다는 주장을 강조할 필요는 없다는 생각이다. 대한제국의 주체성을 강조하는 학설도 있으나, 실제로 해양에 관한한 모든 행정과 정책의 방향은 외국인의 손에 장악된 상황이었다. 영국인의 개입도 당시 영일동맹에 가까운 양 제국의 입장을 들여다본다면 주체성을 강조할 사례로 볼 일은 아니다. 다만 팔미도등대가 국내 최초의 콘크리트 건축물이라는 주장은 한국의 콘크리트 건축 역사를 20~30년 정도 앞당기는 것이어서 주목을 요한다. (김종헌,〈대한제국기 서양식 등대 건축의 도입 과정에서 이시바시 아야히코와 하딩의 역할에 대한 연구〉,《한국항해항만학회 2009 공동학술대회논문집》, 한국항해항만학회, 2009, 463~466쪽).
17 韓國稅關工事部燈臺局第壹年報, 1907.
18 주강현,《등대문화사》, 해양수산부, 2015, 24쪽